心一堂彭措佛緣叢書•劉兆麒大圓滿譯著文集

藏傳佛教寧瑪派日常法行念誦儀軌

劉兆麒　編譯

書名：藏傳佛教寧瑪派日常法行念誦儀軌（下）
系列：心一堂彭措佛緣叢書•劉兆麒大圓滿譯著文集
編譯：劉兆麒
責任編輯：陳劍聰

出版：心一堂有限公司
地址/門市：香港九龍尖沙咀東麼地道六十三號好時中心LG六十一室
電話號碼：(852)2781-3722 (852)6715-0840
傳真號碼：(852)2214-8777
網址：www.sunyata.cc
電郵：sunyatabook@gmail.com
心一堂 彭措佛緣叢書論壇： http://bbs.sunyata.cc
心一堂 彭措佛緣閣： http://buddhism.sunyata.cc
網上書店： http://book.sunyata.cc

香港及海外發行：香港聯合書刊物流有限公司
香港新界大埔汀麗路36號中華商務印刷大廈3樓
電話號碼：(852)2150-2100
傳真號碼：(852)2407-3062
電郵：info@suplogistics.com.hk

台灣發行：秀威資訊科技股份有限公司
地址：台灣台北市內湖區瑞光路七十六巷六十五號一樓
電話號碼：(886)2796-3638
傳真號碼：(886)2796-1377
網絡書店：www.govbooks.com.tw
經銷：易可數位行銷股份有限公司
地址：台灣新北市新店區寶橋路235巷6弄3號5樓
電話號碼：(886)8911-0825
傳真號碼：(886)8911-0801
網址：http://ecorebooks.pixnet.net/blog

中國大陸發行•零售：心一堂•彭措佛緣閣
深圳流通處：中國深圳羅湖立新路六號東門博雅負一層零零八號
電話號碼：(86)755-82224934
北京流通處：中國北京東城區雍和宮大街四十號
心一堂官方淘寶流通處：http://shop35178535.taobao.com/

版次：二零一四年三月初版，平裝

定價（上下兩冊）：
港幣 三百八十元正
人民幣 三百八十元正
新台幣 一千三百八十元正

國際書號 ISBN 978-988-8266-31-9

（三十二）
清淨大樂剎土離欲證得祈願頌

རྣམ་དག་བདེ་ཆེན་ཞིང་གི་སྨོན་ལམ་རཱ་ག་ཨ་སྱས་མ
ཛོད་པ་བཞུགས་སོ།

德欽萌拉

唯此不懈發誓願，

手中亦復持精進，

一些豐足利心否?

猶如斷欲不動搖，

比這無有大功德，

比這無有深教言。

這是我的根本法，

尋常勤修勿退轉，

這是經義聖因緣，

不證經教仍誦持。

ཨེ་མ་ཧོ།

唉瑪火！

འདི་ནས་ཉི་མ་ནུབ་ཀྱི་ཕྱོགས་རོལ་ན།

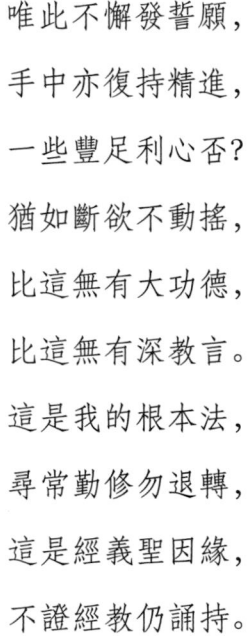

德內尼瑪努吉肖若那，

從這太陽落下之方向，

གྲངས་མེད་འཇིག་རྟེན་མང་པོའི་ཕ་རོལ་ན།

章美吉旦芒波帕若那，

諸多無數世界在彼岸，

ཅུང་ཟད་སྟེང་དུ་འཕགས་པའི་ཡུལ་ས་ན།

君薩當都帕比隅沙那，

微微上方殊勝境地中，

རྣམ་པར་དག་པའི་ཞིང་ཁམས་བདེ་བ་ཅན།

南巴達比香康帝哇堅，

清淨無垢極樂聖剎土，

བདག་གིས་ཆུ་བུར་མིག་གིས་མ་མཐོང་ཡང་།

達格曲烏莫格瑪彤央，

以我憑依眼睛無所見，

རང་སེམས་གསལ་བའི་ཡུལ་ལ་ལམ་མེར་གསལ།

讓賽薩威優拉拉美薩，

自心光明示現境閃爍，

དེ་ན་བཅོམ་ལྡན་རྒྱལ་བ་འོད་དཔག་མེད།

帝那覺旦嘉哇敖華美，

在此佛出有壞無量光，

པདྨ་རཱ་གའི་མདོག་ཅན་གཟི་བརྗིད་འབར།

貝瑪熱迦多堅詩吉巴爾，

離欲蓮花色澤光閃豔，

དབུ་ལ་གཙུག་ཏོར་ཞབས་ལ་འཁོར་ལོ་སོགས།

烏拉支多夏拉科洛索，

頂上肉髻是中輪等等，

མཚན་བཟང་སོ་གཉིས་དཔེ་བྱད་བརྒྱད་ཅུས་སྤྲས།

參桑索尼會夏嘉吉扎，

三十二相⑥¹八十隨好⑥² 飾，

ཞལ་གཅིག་ཕྱག་གཉིས་མཉམ་བཞག་ལྷུང་བཟེད་འཛིན།

夏吉夏尼娘夏龍曬增，

一頭二臂等持執缽盂，

ཆོས་གོས་རྣམ་གསུམ་གསོལ་ཞིང་སྐྱིལ་ཀྲུང་གིས།

切蓋南松索香吉仲格，

三種法衣祈請跏趺坐，

པདྨ་སྟོང་ལྡན་ཟླ་བའི་གདན་སྟེང་དུ།

貝瑪冬旦達哇旦當都，

千葉蓮花月輪法座上，

བྱང་ཆུབ་ཤིང་ལ་སྐུ་རྒྱབ་བརྟེན་མཛད་དེ།

香琪香拉格嘉登作帝，

身後所依神聖菩提樹，

ཐུགས་རྗེའི་སྤྱན་གྱིས་རྒྱང་ནས་བདག་ལ་གཟིགས།

陀吉堅吉江內達拉詩，

雙目悲憫遠處照見我，

གཡས་སུ་བྱང་ཆུབ་སེམས་དཔའ་སྤྱན་རས་གཟིགས།

伊蘇香琪賽華堅熱詩，

右方大悲觀世音菩薩，

སྐུ་མདོག་དཀར་པོ་ཕྱག་གཡོན་པར་དཀར་འཛིན།

格多迦波夏雲巴迦增，

全身潔白右手持白蓮，

གཡོན་དུ་བྱང་ཆུབ་སེམས་དཔའ་མཐུ་ཆེན་ཐོབ།

雲都香琪賽華陀欽妥，

右方菩提薩埵大勢至，

སྔོན་པོ་རྡོ་རྗེས་མཚན་པའི་པདྨ་གཡོན།

俄波多傑參比貝瑪雲，

藍色金剛裝扮之蓮花，

གཡས་གཉིས་སྐྱབས་སྦྱིན་ཕྱག་རྒྱ་བདག་ལ་བསྟན།

伊尼嘉興夏嘉達拉旦，

左右兩側我持施願印，

གཙོ་བོ་གསུམ་པོ་རི་རྒྱལ་ལྷུན་པོ་བཞིན།

佐烏松波惹嘉林波音，

猶如三位須彌山主尊，

ལྷང་ངེ་ལྷན་ནེ་ལྷམ་མེར་བཞུགས་པའི་འཁོར།

朗尼蘭尼拉美秀比科，

具有清晰威儀赫奕輪，

བྱང་ཆུབ་སེམས་དཔའི་དགེ་སློང་བྱེ་བ་འབུམ།

香琪賽華格龍希哇波，

菩薩比丘聖眾百千萬，

ཀུན་ཀྱང་གསེར་མདོག་མཚན་དང་དཔེ་བྱད་བརྒྱན།

更江賽爾多參當會夏堅，

普現金色相隨好莊嚴，

ཆོས་གོས་རྣམ་གསུམ་གསོལ་ཞིང་སེར་ལྷེམ་མེ།

切格南松索香賽帝美，

身著三種僧衣黃燦燦，

མོས་གུས་ཕྱག་ལ་ཉེ་རིང་ཁྱད་མེད་ཕྱིར།

米格夏拉尼讓恰美希爾，

虔誠頂禮親疏無分別，

བདག་གིས་སྒོ་གསུམ་གུས་པས་ཕྱག་འཚལ་ལོ།

達格果松格比夏叉洛！

由我三門[63]恭敬而頂禮！

ཆོས་སྐུ་སྣང་བ་མཐའ་ཡས་རིགས་ཀྱི་བདག།

切格囊哇塔伊仁吉達，

法身阿彌陀佛聖部主，

ཕྱག་གཡས་འོད་ཟེར་ལས་སྤྲུལ་སྤྱན་རས་གཟིགས།

夏伊敖賽列智堅熱詩，

右手光芒顯化觀世音，

ཡང་སྤྲུལ་སྤྱན་རས་གཟིགས་དབང་བྱེ་བ་བརྒྱ།

央智堅熱詩旺希哇嘉，

復顯化觀自在百千萬，

ཕྱག་གཡོན་འོད་ཟེར་ལས་སྤྲུལ་སྒྲོལ་མ་སྟེ།

夏雲敖賽列智卓瑪帝，

右手光芒顯化救度母，

ཡང་སྤྲུལ་སྒྲོལ་མ་བྱེ་བ་ཕྲག་བརྒྱ་སྟེ།

央智卓瑪希哇擦嘉帝，

復顯化救度母百千萬，

ཐུགས་ཀྱི་འོད་ཟེར་ལས་སྤྲུལ་པདྨ་འབྱུང་།

陀吉敖賽列智貝瑪君，

意的光芒顯化蓮花生，

ཡང་སྤྲུལ་ཨྱོན་བྱེ་བ་ཕྲག་བརྒྱ་འགྱེད།

央智鄔金希哇擦嘉傑，

復顯化鄔金師百千萬，

ཆོས་སྐུ་འོད་དཔག་མེད་ལ་ཕྱག་འཚལ་ལོ།

切格敖華美拉夏叉洛！

法身無量光前我頂禮！

སངས་རྒྱས་སྤྱན་དུ་ཉིན་མཚན་དུས་དྲུག་ཏུ།

桑傑堅都寧參德智都，

憑依佛眼晝夜六時中，

སེམས་ཅན་ཀུན་ལ་བརྩེ་བས་རྟག་ཏུ་གཟིགས།

賽堅更拉載威達都詩，

悲憫一切有情常照見，

སེམས་ཅན་ཀུན་གྱི་ཡིད་ལ་གང་དྲན་པའི།

賽堅更吉伊拉岡詹比，

一切有情心中盡恩德，

རྣམ་རྟོག་གང་འགྱུས་རྟག་ཏུ་ཐུགས་ཀྱིས་མཁྱེན།

南多岡吉達都陀吉欽，

一切尋思放逸常垂知，

སེམས་ཅན་ཀུན་གྱི་རྟག་ཏུ་གང་སྨྲས་ཚིག།

賽堅更吉達都岡米次，

一切有情常常盡頌語，

རྟག་ཏུ་མ་འདྲེས་སོ་སོར་སྙན་ལགས་ན།

達都瑪遮索索爾娘拉那，

常常各自不共和雅音，

ཀུན་མཁྱེན་འོད་དཔག་མེད་ལ་ཕྱག་འཚལ་ལོ།

更欽敖華美拉夏叉洛！

遍智無量光前我頂禮！

ཆོས་སྤངས་མཚམས་མེད་བྱས་པ་མ་གཏོགས་པ།

切榜叉美希巴瑪多巴，

法不斷界無例外修習，

ཁྱེད་ལ་དད་ཅིང་སྨོན་ལམ་བཏབ་ཚད་ཀུན།

切拉達江萌拉達叉更，

對您敬信盡發願祈請，

བདེ་བ་ཅན་དེར་སྐྱེ་བའི་སྨོན་ལམ་འགྲུབ།

帝哇堅帝吉威萌拉智，

發願成就往生極樂土，

བར་དོར་ཕྱིན་ནས་ཞིང་དེར་འདྲེན་པར་གསུངས།

哇爾多興內香帝遮巴松，

到達中有以語來接引，

འདྲེན་པ་འོད་དཔག་མེད་ལ་འཕྱག་འཚལ་ལོ།

遮巴敖華美拉夏叉洛！

導師無量光前我頂禮！

ཁྱེད་ཀྱི་སྐུ་ཚེ་བསྐལ་པ་གྲངས་མེད་དེ།

切吉格次嘉巴扎美帝，

您的壽命能有無量劫，

མྱ་ངན་མི་འདའ་ད་ལྟ་མངོན་སུམ་བཞུགས།

娘俄莫達達打俄松秀，

出離苦厄今世能顯現，

ཁྱེད་ལ་རྩེ་གཅིག་གུས་པས་གསོལ་བཏབ་ན།

切拉載吉格比索達尼，

一心敬信於您我祈請，

ལས་ཀྱི་རྣམ་པར་སྨིན་པ་མ་གཏོགས་པའི།

列吉南巴萌巴瑪多比，

業的異熟在此不例外，

ཚེ་ཟད་པ་ཡང་ལོ་བརྒྱ་ཐུབ་པ་དང་།

次薩巴央洛嘉陀巴當，

壽命若終亦復能百歲，

དུས་མིན་འཆི་བ་མ་ལུས་བཟློག་པར་གསུངས།

德萌其哇瑪列多巴松，

開示消除非時死無餘，

མགོན་པོ་ཚེ་དཔག་མེད་ལ་འཕྱག་འཚལ་ལོ།

貢波次華美拉夏叉洛！

怙主無量壽前我頂禮！

སྟོང་གསུམ་འཇིགས་རྟེན་རབ་འབྱམས་གྲངས་མེད་པ།

冬松吉旦熱嘉章美巴，

三千世界無量亦無邊，

རིན་པོ་ཆེས་བཀང་སྦྱིན་པ་བྱིན་པ་བས།

仁波切岡興巴欣巴威，

大寶充滿之佈施賜與，

འོད་དཔག་མེད་པའི་མཚན་དང་བདེ་བ་ཅན།

敖華美比參當帝哇堅，

無量光名號極樂國土，

ཐོས་ནས་དད་པས་ཐལ་མོ་སྦྱར་བྱས་ན།

特內達比塔母嘉希那，

聞而敬信雙手作合掌，

དེ་ནི་དེ་བས་བསོད་ནམས་ཆེ་བར་གསུངས།

帝尼帝威索南切哇松，

此者以此演說大福德，

དེ་ཕྱིར་འོད་དཔག་མེད་ལ་གུས་ཕྱག་འཚལ།

帝希敖華美拉夏叉洛！

因此無量光前我頂禮！

གང་ཞིག་འོད་དཔག་མེད་པའི་མཚན་ཐོས་ནས།

岡希敖華美比參特內，

諸凡聞聽無量光佛號，

ཁ་ཞེ་མེད་པར་སྙིང་ཁུང་རུས་པའི་གཏིང་།

卡希美巴寧孔熱比冬，

表裡如一心思在深處，

ལན་ཅིག་ཙམ་ཞིག་དད་པ་སྐྱེས་པ་ནས།

蘭吉乍希達巴吉巴內，

僅僅生起一次敬信後，

དེ་ནི་བྱང་ཆུབ་ལམ་ལས་ཕྱིར་མི་ལྡོག།

帝尼香琪拉列希莫多，

就能從菩提道不退轉，

མགོན་པོ་འོད་དཔག་མེད་ལ་འཕྱག་འཚལ་ལོ།

貢波敖華美拉夏叉洛！

怙主無量光前我頂禮！

སངས་རྒྱས་འོད་དཔག་མེད་པའི་མཚན་ཐོས་ནས།

桑傑敖華美比參特內，

若能聞無量光佛名號，

དེ་ནི་བྱང་ཆུབ་སྙིང་པོ་མ་ཐོབ་བར།

帝尼香琪寧波瑪妥哇，

此者如若不證菩提藏，

བུད་མེད་མི་སྐྱེ་རིགས་ནི་བཟང་པོར་སྐྱེ།

烏美莫吉仁尼桑波吉，

女人若不生育生妙賢，

ཚེ་རབས་ཀུན་ཏུ་ཚུལ་ཁྲིམས་རྣམ་དག་འགྱུར།

次熱更都次赤南達吉爾，

盡形壽成諸淨梵律儀，

བདེ་གཤེགས་འོད་དཔག་མེད་ལ་ཕྱག་འཚལ་ལོ།

帝歇敖華美拉夏叉洛！

無量光如來前我頂禮！

བདག་གི་ལུས་དང་ལོངས་སྤྱོད་དགེ་རྩར་བཅས།

達格列當龍覺格乍吉，

我受用身善根而俱足，

དངོས་སུ་འབྱོར་བའི་མཆོད་པ་ཅི་མཆིས་པ།

俄蘇覺威卻巴吉其巴，

財富供養盡所有一切，

ཡིད་སྤྲུལ་བཀྲ་ཤིས་རྫས་རྟགས་རིན་ཆེན་བདུན།

伊智扎西支達仁欽登，

意化吉祥物品七珍寶，

གདོད་ནས་གྲུབ་པ་སྟོང་གསུམ་འཇིག་རྟེན་གྱི།

多內智巴冬松居旦吉，

最初成就三千大世界，

གླིང་བཞི་རི་རབ་ཉི་ཟླ་བྱེ་བ་བརྒྱ།

林伊惹熱尼達希哇嘉，

四周須彌百千萬日月，

ལྷ་ཀླུ་མི་ཡི་ལོངས་སྤྱོད་ཐམས་ཅད་ཀུན།

拉勒莫伊龍覺塔堅更，

人天龍的受用盡一切，

བློ་ཡི་བླངས་ཏེ་འོད་དཔག་མེད་ལ་འབུལ།

洛伊朗帝敖華美拉波，

內心而起供養無量光，

བདག་ལ་ཕན་ཕྱིར་ཐུགས་རྗེའི་སྟོབས་ཀྱི་བཞེས།

達拉帕秀爾陀吉多吉伊，

因饒益已悲憫力奉獻，

ཕ་མས་ཐོག་དྲངས་བདག་སོགས་འགྲོ་ཀུན་གྱིས།

帕米妥章達索卓更吉，

父母為首我等眾有情，

ཐོག་མ་མེད་པའི་དུས་ནས་ད་ལྟའི་བར།

妥瑪美巴德內達打哇爾，

無始以來直至今世中，

སྲོག་བཅད་མ་བྱིན་ལེན་དང་མི་ཚངས་སྤྱོད།

授嘉瑪興林當莫倉覺，

殺生無賜取[64]及非梵行，

ལུས་ཀྱི་མི་དགེ་གསུམ་པོ་མཐོལ་ལོ་བཤགས།

列吉莫格松波妥洛夏！

身三不善髮露作懺悔！

རྫུན་དང་ཕྲ་མ་ཚིག་རྩུབ་ངག་འཆལ་བ།

增當擦瑪次支俄恰哇，

兩舌惡口妄語違律儀，

ངག་གི་མི་དགེ་བཞི་པོ་མཐོལ་ལོ་བཤགས།

俄格莫格伊波妥洛夏！

四不善語髮露作懺悔！

བརྣབ་སེམས་གནོད་སེམས་ལོག་པར་ལྟ་བ་སྟེ།

那賽努賽洛巴達哇帝，

貪心瞋恚心等及邪見，

ཡིད་ཀྱི་མི་དགེ་གསུམ་པོ༔

伊吉莫格松波妥洛夏！

三不善心髮露作懺悔！

ཕ་མ་སློབ་དཔོན་དགྲ་བཅོམ་བསད་པ་དང་།

帕瑪洛本扎覺薩巴當，

父母教授上師斷應供，

རྒྱལ་བའི་སྐུ་ལ་ངན་སེམས་སྐྱེས་པ་དང་།

嘉威格拉厄賽吉巴當，

對於佛身而生起噁心，

མཚམས་མེད་ལྔ་ཡི་ལས་བསགས༔

叉美俄伊列薩妥洛夏！

積集五無間罪發露懺！

དགེ་སློང་དགེ་ཚུལ་བསད་དང་བཙུན་མ་ཕབ།

格龍格次薩當增瑪帕，

殺害丘沙彌和破尼㊅，

སྐུ་གཟུགས་མཆོད་རྟེན་ལྷ་ཁང་བཤིགས་པ་སོགས།

格詩卻旦拉康希巴索，

壞佛色身靈塔寺院等，

ཉེ་བའི་མཚམས་མེད་སྡིག་བྱས་མཐོལ་༔

尼威叉美德希妥洛夏，

犯極五無間罪發露懺，

དཀོན་མཆོག་ལྷ་ཁང་གསུང་རབ་བརྟེན་གསུམ་སོགས།

貢卻拉康松熱鄧松索，

三寶寺院經典三佛田⑯，

དཔང་ཞེས་ཚད་བཙུགས་མནའ་ཟས་ལ་སོགས་པ།

黃希叉支那塞拉索巴，

誣陷舉證發誓賭咒等，

ཆོས་སྤངས་ལས་ངན་བསགས་པ༔

切榜列俄薩巴妥洛夏！

捨法積集惡業發露懺！

ཁམས་གསུམ་སེམས་ཅན་བསད་ལས་སྡིག་ཆེ་བ།

康松賽堅薩列德切哇，

殺害三界有情重罪業，

བྱང་ཆུབ་སེམས་དཔའ་རྣམས་ལ་སྐུར་པ་བཏབ།

香琪賽華南拉格巴達，

誹謗攻擊諸大菩薩眾，

དོན་མེད་སྡིག་ཆེན་བསགས་པ༔

冬美德欽薩巴妥洛夏！

積集唐捐重罪發露懺！

དགེ་བའི་ཕན་ཡོན་སྡིག་པའི་ཉེས་དམིགས་དང་།

格威盤雲德比尼莫當，

以及善功德和罪孽等，

དམྱལ་བའི་སྡུག་བསྔལ་ཚེ་ཚང་ལ་སོགས་པ།

娘威都俄次倉拉索巴，

積集地獄一切受苦時，

ཐོས་ཀྱང་མི་བདེན་བཤད་ཚོད་ཡིན་བསམ་པ།

特江莫旦夏措音桑巴 ，

心想聽到不實詞分量，

མཚམས་མེད་ལྔ་ལས་ཐུ་བའི་ལས་ངན་པ།

叉美俄列陀威列俄巴，

五無間罪甚凶之惡業，

ཐར་མེད་ལས་ངན་བསགས་པ༔

塔美列俄薩巴妥洛夏！

不得解脫積惡業露懺！

ཕམ་པ་བཞི་དང་ལྷག་མ་བཅུ་གསུམ་དང་།

帕巴伊當拉瑪姬松當，

四他勝罪[67]和十三僧殘[68]，

སྤང་ལྟུང་སོར་བཤགས་ཉེས་བྱས་སྡེ་ཚན་ལྔ།

榜冬索爾夏尼希帝參俄，

捨墮[69]向彼悔罪[70]之五部，

སོ་ཐར་ཚུལ་ཁྲིམས་འཆལ་པ༔

索塔爾次赤恰巴妥洛夏！

敗壞別解脫戒發露懺！

ནག་པོའི་ཆོས་བཞི་ལྟུང་བ་ལྔ་ལྔ་བརྒྱ།

那波切伊冬哇俄俄嘉，

邪惡四法五墮罪五百，

བྱང་སེམས་བསླབ་པ་ཉམས་པ༔

香賽拉巴娘巴妥洛夏！

違越菩薩戒律發露懺！

རྩ་ལྟུང་བཅུ་བཞི་ཡན་ལག་སྦོམ་པོ་བརྒྱད།

作冬吉伊燕拉烏波嘉，

十四根本戒律八粗墮[71]，

གསང་སྔགས་དམ་ཚིག་ཉམས་པ༔

桑俄達次娘巴妥洛夏！

違越密咒誓言發露懺！

སྡོམ་པ་མ་ཞུས་མི་དགེའི་ལས་བྱས་པ།

多巴瑪希莫格列希巴，

不持律儀而有不善行，

མི་ཚངས་སྤྱོད་དང་ཆུང་འཐུང་ལ་སོགས་པ།

莫倉覺當窮同拉索巴，

非梵行與飲酒之等等，

རང་བཞིན་ཁ་ན་མ་བྱས་ཐོའི་སྡིག་པ་སྟེ།

讓音卡那瑪希妥德巴帝，

自己招引苦果之罪業，

སྡིག་པ་སྡིག་ཏུ་མ་ཤེས༔

德巴德都瑪希妥洛夏！

不知罪過髮露作懺悔！

སྐྱབས་སྡོམ་དབང་བསྐུར་ལ་སོགས་ཐོབ་ན་ཡང་།

嘉多旺格拉索妥那央，

依戒灌頂中等如獲得，

དེ་ཡི་སྡོམ་པ་དམ་ཚིག་སྲུང་མ་ཤེས།

帝伊多巴達次數瑪希，

知此三昧耶戒護法神，

བཅས་པའི་ལྟུང་བ་ཕོག་པ༔

吉比冬巴普巴妥洛夏！

觸犯墮戒髮露作懺悔！

འགྱོད་པ་མེད་ན་བཤགས་པས་མི་དག་པས།

覺巴美那夏比莫達比，

若不悔悟懺悔不真實，

སྔར་བྱས་སྡིག་པ་ཁོང་དུ་དུག་སོང་ལྟར།

俄希德巴孔都鬥松達爾，

猶如昔日罪惡離內心，

ངོ་ཚ་འཇིགས་སྐྲག་འགྱོད་པ་ཆེན་པོས་བཤགས།

俄叉吉扎覺巴欽波夏！

羞愧恐懼悔恨作懺悔！

ཕྱིན་ཆད་སྡོམ་སེམས་མེད་ན་མི་དག་པས།

興恰多賽美那莫達比，

今後心無戒律不清淨，

ཕྱིན་ཆད་སྲོག་ལ་བབ་ཀྱང་མི་དགེའི་ལས།

興恰數拉哇江莫格列，

今後命中降下不善業，

དེ་ནས་མི་བགྱིད་སེམས་ལ་དམ་བཅའ་བཟུང་།

帝內莫吉賽拉達嘉松，

從此心不輕慢持誓言，

བདེ་གཤེགས་འོད་དཔག་མེད་པ་སྲས་བཅས་ཀྱིས།

帝歇敖華美巴舍吉幾，

以無量光如來徒眾俱，

བདག་རྒྱུད་ཡོངས་སུ་དག་པར་བྱིན་གྱིས་རློབས།

達吉雲蘇達巴興吉隆！

與我不斷清淨垂加護！

གཞན་གྱིས་དགེ་བ་བྱེད་པ་ཐོས་པའི་ཚེ།

燕吉格哇希巴妥比次，

聽聞由他作善行之時，

དེ་ལ་ཕྲག་དོག་མི་དགེའི་སེམས་སྤྱངས་ནས།

帝拉擦多莫格賽榜內，

在此斷捨嫉妒不善行，

སྙིང་ནས་དགའ་བས་རྗེས་སུ་ཡི་རངས་ན།

寧內迦威吉蘇伊讓那，

如若內心意樂亦隨喜，

དེ་ཡི་བསོད་ནམས་མཉམ་དུ་ཐོབ་པར་གསུངས།

帝伊索南娘都妥巴松，

此之開示同證得福澤，

དེ་ཕྱིར་འཕགས་པ་རྣམས་དང་སོ་སྐྱེ་ཡིས།

帝歇爾帕巴南當索吉伊，

因此是諸聖眾和異生，

དགེ་བ་གང་བསྒྲུབས་ཀུན་ལ་ཡི་རང་ངོ་།

格哇岡智更拉伊讓俄，

隨喜皆悉修行一切善，

བླ་མེད་བྱང་ཆུབ་མཆོག་ཏུ་སེམས་བསྐྱེད་ནས།

喇美香琪卻都賽吉內，

生起殊勝無上菩提心，

འགྲོ་དོན་རྒྱ་ཆེན་མཛད་ལ་ཡི་རང་ངོ་།

卓冬嘉欽乍拉伊讓俄，

隨喜而行廣大利樂事，

མི་དགེ་བཅུ་པོ་སྤངས་པ་དགེ་བ་བཅུ།

莫格吉波榜巴格哇吉，

修十善業斷捨十不善，

གཞན་གྱི་སྲོག་བསྐྱབ་སྦྱིན་པ་གཏོང་བ་དང་།

燕吉數嘉興巴冬哇當，

其他護生而廣作佈施，

སྡོམ་པ་སྲུང་ཞིང་བདེན་པར་སྨྲ་བ་དང་།

多巴數香旦巴瑪爾哇當，

護持戒律而宣說真實，

འཁོན་པ་འདུམ་དང་ཞི་དུལ་དྲང་པོ་སྨྲ།

空巴都當秀都章波瑪爾，

解怨而進善良正直語，

དོན་དང་ལྡན་པའི་གཏམ་བརྗོད་འདོད་པ་ཆུང་།

冬當旦比達覺多巴群，

寡欲知足有益微所言，

བྱམས་དང་སྙིང་རྗེ་སྒོམ་ཞིང་ཆོས་ལ་སྤྱོད།

強當寧吉果香切拉覺，

修持悲憫慈愛之法行，

དགེ་བ་དེ་རྣམས་ཀུན་ལ་ཡི་རང་ངོ་།

格哇帝那更拉伊讓俄，

諸盡一切善行亦隨喜，

ཕྱོགས་བཅུའི་འཇིག་རྟེན་རབ་འབྱམས་ཐམས་ཅད་ན།

肖吉吉旦熱嘉塔堅那，

十方無邊所有世間中

རྫོགས་སངས་རྒྱས་ནས་རིང་པོར་མ་ལོན་པར།

佐桑傑內讓烏瑪龍巴，

一切諸佛遠而不到達，

དེ་དག་རྣམས་ལ་ཆོས་ཀྱི་འཁོར་ལོ་ནི།

帝達南拉切吉科洛尼，

是諸一切彼類中法輪，

རྒྱ་ཆེན་མྱུར་དུ་བསྐོར་བར་བདག་གིས་བསྐུལ།

嘉欽紐都果哇達格勾，

廣大疾速轉動我相應，

མངོན་ཤེས་ཐུགས་ཀྱིས་དེ་དོན་མཁྱེན་པར་གསོལ།

俄希陀吉帝冬欽巴索，

憑遍慧心是故祈智慧，

སངས་རྒྱས་བྱང་སེམས་བསྟན་འཛིན་དགེ་བའི་བཤེས།

桑傑香賽旦增格威希，

佛菩提心上師善知識，

མྱ་ངན་འདའ་བར་བཞེད་ཀུན་དེ་དག་ལ།

娘俄達哇伊更帝達拉，

脫離苦厄一切願望中，

མྱ་ངན་མི་འདའ་བཞུགས་པར་གསོལ་བ་འདེབས།

娘俄莫達秀巴索哇帝！

脫離苦厄所住我祈請！

འདིས་མཚོན་བདག་གི་དུས་གསུམ་དགེ་བ་རྣམས།

德寸達格德松格哇南，

憑此如我三世諸善行，

འགྲོ་བ་སེམས་ཅན་ཀུན་གྱི་དོན་དུ་བསྔོ།

卓哇賽堅更吉冬都俄，

饒益一切有情我迴向，

ཀུན་ཀྱང་བླ་མེད་བྱང་ཆུབ་མྱུར་ཐོབ་ནས།

更江喇美香琪紐妥內，

一切無上菩提速證得，

ཁམས་གསུམ་འཁོར་བ་དོང་ནས་སྒྲུགས་གྱུར་ཅིག།

卡松科哇冬內智吉幾！

從三世輪迴坑永拔濟！

དེ་ཡི་དགེ་བ་བདག་ལ་མྱུར་སྨིན་ནས།

帝伊格哇達拉扭閔內，

從此善行我疾速成熟，

ཚེ་འདིར་དུས་མིན་འཆི་བ་བཅོ་བརྒྱད་ཞི།

次德都萌琪哇覺嘉希，

今世之中十八非時死，

ནད་མེད་ལང་ཚོ་རྒྱས་པའི་ལུས་སྟོབས་ལྡན།

那美朗措吉比列多旦，

風華正茂無病有體力，

དཔལ་འབྱོར་འཛད་མེད་དབྱར་གྱི་གངྒ་ལྟར།

華覺乍美嘉吉岡迦達爾，

富足無盡如夏恒河水，

བདུད་དགྲའི་འཚེ་བ་མེད་ཅིང་དམ་ཆོས་སྤྱོད།

都扎次哇美江達切覺，

怨魔天災修微妙法行，

བསམ་པའི་དོན་ཀུན་ཆོས་དོན་ཡིད་བཞིན་འགྲུབ།

桑比冬更切冬伊音智，

一切心意法義如意成，

བསྟན་དང་འགྲོ་ལ་ཕན་ཐོགས་རྒྱ་ཆེན་འགྲུབ།

旦當卓拉盤妥嘉欽智，

饒益覺有情證大悉地，

མི་ལུས་དོན་དང་ལྡན་པ་འགྲུབ་པར་ཤོག།

莫列冬當旦巴智巴肖！

唯願無餘饒益證悉地！

བདག་དང་བདག་ལ་འབྲེལ་ཐོགས་ཀུན།

達當達拉遮妥更，

我盡有連接於我，

འདི་ནས་ཚེ་འཕོས་གྱུར་མ་ཐག།

德內次頗吉瑪塔，

這命不斷成遷轉，

སྤྲུལ་པའི་སངས་རྒྱས་འོད་དཔག་མེད།

智比桑傑敖華美，

顯化無量光如來，

དགེ་སློང་དགེ་འདུན་འཁོར་གྱིས་བསྐོར།

格龍格登科吉果，

比丘僧伽眾環繞，

མདུན་དུ་མངོན་སུམ་འབྱོན་པར་ཤོག།

冬都俄松舉巴肖！

唯願前方現真實！

དེ་མཐོང་ཡིད་དགའ་སྣང་བ་སྐྱིད་།

帝彤伊迦囊哇吉，

見此心喜樂觀相，

ཤི་བའི་སྡུག་བསྔལ་མེད་པར་ཤོག།

希威都俄美巴肖！

唯願臨終無痛苦！

བྱང་ཆུབ་སེམས་དཔའ་མཆེད་བརྒྱད་ནི།

香琪賽華切嘉尼，

菩提薩埵八兄弟，

རྫུ་འཕྲུལ་སྟོབས་ཀྱི་ནམ་མཁའ་བྱོན།

支赤多吉南卡興，

降臨虛空神通力，

བདེ་བ་ཅན་དུ་འགྲོ་བ་ཡི།

帝哇堅都卓哇伊，

往生極樂世界中，

ལམ་སྟོན་ལམ་སྣ་འདྲེན་པར་ཤོག།

拉冬拉那遮巴肖！

唯願接引至佛道！

ངན་སོང་སྡུག་བསྔལ་བཟོད་བླག་མེད།

俄松都厄索拉美，

惡趣不渝忍苦厄，

ལྷ་མིའི་བདེ་སྐྱིད་མི་རྟག་འགྱུར།

拉母帝金莫達吉，

人天快樂卻無常，

དེ་ལ་སྐྲག་སེམས་སྐྱེ་བར་ཤོག།

帝拉扎賽吉哇肖，

願對此生怖畏心，

ཐོག་མ་མེད་ནས་ད་ལྟའི་བར།

妥瑪美內達打哇，

無始以來到今世，

འཁོར་བ་འདི་ན་ཡུན་རེ་རིང་།

科哇德那音惹讓，

在這漫長輪迴中，

དེ་ལ་སྐྱོ་བ་སྐྱེ་བར་ཤོག།

帝拉覺哇吉哇肖！

唯願厭離而往生！

མི་ནས་མི་རུ་སྐྱེ་ཚོག་ཀྱང་།

莫內莫若吉卻江，

可從人道而出生，

སྐྱེ་ཀ་ན་འཆི་གྲངས་མེད་མྱོང་།

吉迦那琪章美娘，

生老病死歷無數，

དུས་ངན་སྙིགས་མ་བར་ཆད་མང་།

德俄尼瑪哇恰芒，

五濁惡世多障礙，

མི་དང་ལྷ་ཡི་བདེ་སྐྱིད་འདི།

莫當拉伊帝金德，

這人和天之歡樂，

དུག་དང་འདྲེས་པའི་ཟས་བཞིན་དུ།

都當遮比塞音都，

猶如飯食中投毒，

འདོད་པ་སྤུ་ཙམ་མེད་པར་ཤོག།

多巴波作美巴肖！

唯願絲毫勿貪欲！

ཉེ་དུ་ཟས་ནོར་མཐུན་གྲོགས་རྣམས།

尼都塞努爾彤卓南，

親戚食財同眾友，

མི་རྟག་སྒྱུ་མ་རྨི་ལམ་བཞིན།

莫達吉瑪尼拉音，

無常如夢亦如幻，

ཆགས་ཞེན་སྤུ་ཙམ་མེད་པར་ཤོག།

恰興波作美巴肖，

愛染絲毫勿貪著，

ས་ཆ་ཡུལ་རིས་ཁང་ཁྱིམ་རྣམས།

薩恰隅惹康齊南，

故土鄉親諸宅舍，

རྨི་ལམ་ཡུལ་གྱི་ཁང་ཁྱིམ་ལྟར།

尼拉隅吉康其達，

宅舍猶如夢境中，

བདེན་པར་མ་གྲུབ་ཤེས་པར་ཤོག།

登巴瑪智希巴肖！

唯願存在不真實！

ཐར་མེད་འཁོར་བའི་རྒྱ་མཚོ་ནས།

塔美科威嘉措內，

從不解脫輪迴海，

ཉེས་ཆེན་བཙོན་ནས་ཐར་བ་བཞིན།

尼欽宗內塔哇音，

如從重罪釋監禁，

བདེ་བ་ཅན་གྱི་ཞིང་ཁམས་སུ།

帝哇堅吉香康蘇，

極樂世界淨土中，

ཕྱི་ལྟས་མེད་པར་འབྲོས་པར་ཤོག།

希帝美巴遮巴肖！

唯願逸去無外相！

ཆགས་ཞེན་འཁྲི་བ་ཀུན་བཅད་ནས།

恰興赤哇更嘉內，

一切愛染牽連斷，

བྱ་རྒོད་རྙི་ནས་ཐར་བ་བཞིན།

夏果尼內塔哇音，

如離鷲陷之網罥，

ནུབ་ཀྱི་ཕྱོགས་ཀྱི་ནམ་མཁའ་ལ།

努吉肖吉南卡拉，

東西方的虛空中，

འཇིག་རྟེན་ཁམས་ནི་གྲངས་མེད་པ།

吉旦卡尼章美巴，

亦有世界之無數，

སྐད་ཅིག་ཡུལ་ལ་བགྲོད་བྱས་ནས།

迦吉隅拉卓希內，

剎那境中而行走，

བདེ་བ་ཅན་དུ་ཕྱིན་པར་ཤོག།

帝哇堅都興巴肖！

唯願降臨極樂土！

དེ་རུ་སངས་རྒྱས་འོད་དཔག་མེད།

帝若桑傑敖華美，

此土無量光如來，

མངོན་སུམ་བཞུགས་པའི་ཞལ་མཐོང་ནས།

俄松秀比夏彤內，

所居現前臉照見，

སྒྲིབ་པ་ཐམས་ཅད་དག་པར་ཤོག།

智巴塔堅達巴肖，

唯願一切障盡除，

སྐྱེ་གནས་བཞི་ཡི་མཆོག་གྱུར་ནས།

吉內伊以卻吉內，

化為四生殊勝處，

མེ་ཏོག་པདྨའི་སྙིང་པོ་ལ།

美朵貝瑪寧波拉，

在蓮花藏之中心，

བརྫུས་ཏེ་སྐྱེ་བ་ལེན་པར་ཤོག།

支帝吉哇林巴肖！

唯願執受於化生！

སྐད་ཅིག་ཉིད་ལ་ལུས་རྫོགས་ནས།

迦吉尼拉列佐內，

只剎那間身圓滿，

མཚན་དཔེ་ལྡན་པའི་ལུས་ཐོབ་ཤོག།

參蕙旦比列妥肖！

唯願證得相好身！

མི་སྐྱེ་དོགས་པའི་ཐེ་ཚོམ་གྱིས།

莫吉多比特措吉，

不生嫉妒和懷疑，

ལོ་གྲངས་ལྔ་བརྒྱའི་བར་དག་ཏུ།

洛章俄嘉哇達都，

壽命五百年中淨，

ནང་དེར་བདེ་སྐྱིད་ལོངས་སྤྱོད་ལྡན།

囊帝德金龍覺旦，

此內歡喜俱受用，

སངས་རྒྱས་གསུངས་ནི་ཐོས་ན་ཡང་།

桑傑松尼妥那央，

如若聽聞佛開示，

མེ་ཏོག་ཁ་ནི་མི་བྱེ་བར།

美朵卡尼莫希哇，

花之顏色不衰敗，

སངས་རྒྱས་ཞལ་མཛད་ཕྱི་བའི་སྐྱོན།

桑傑夏乍希威君，

見佛已罪悉拭去，

དེ་འདྲ་བདག་ལ་མི་འབྱུང་ཤོག།

帝扎達拉莫君肖！

如是願我不生出！

སྐྱེས་མ་ཐག་ཏུ་མེ་ཏོག་བྱེ།

吉瑪塔都美朵希，

無間生起花色敗，

འོད་དཔག་མེད་ཀྱི་ཞལ་མཐོང་ཤོག།

敖華美吉夏彤肖！

唯願照見無量光！

བསོད་ནམས་སྟོབས་དང་རྫུ་འཕྲུལ་གྱིས།

索南多當支赤吉，

憑依福德神變力，

ལག་པའི་མཐིལ་ནས་མཆོད་པའི་སྤྲིན།

拉比特內卻比貞，

手掌上的供養雲，

བསམ་མི་ཁྱབ་པར་སྤྲོས་བྱས་ནས།

桑莫恰巴遮希內，

不可思議作戲論，

སངས་རྒྱས་འཁོར་བཅས་མཆོད་པར་ཤོག།

桑傑科吉卻巴肖！

唯願供養佛眷屬！

དེ་ཚེ་དེ་བཞིན་གཤེགས་པ་དེའི།

帝次帝音歇巴帝，

今世此善逝如來，

ཕྱག་གཡས་བརྐྱངས་ནས་མགོ་ལ་བཞག།

夏伊江內果拉雅，

左手伸開頭上放，

བྱང་ཆུབ་ལུང་བསྟན་ཐོབ་པར་ཤོག།

香琪龍旦陀巴肖！

唯願證菩提授記！

ཟབ་དང་རྒྱ་ཆེའི་ཆོས་ཐོས་ནས།

薩當嘉切切妥內，

聽聞甚深大法後，

རང་རྒྱུད་སྨིན་ཅིང་གྲོལ་བར་ཤོག།

讓吉閔江卓哇肖，

自相續熟願解脫，

སྤྱན་རས་གཟིགས་དང་མཐོ་ཆེན་ཐོབ།

堅熱詩當妥欽妥，

觀世音和大勢至，

རྒྱལ་སྲས་ཐུ་བོ་རྣམ་གཉིས་ཀྱིས།

嘉舍陀烏南尼吉，

徒眾二上首弟子，

བྱིན་གྱིས་བརླབས་ཤིང་རྗེས་བཟུང་ཤོག།

興吉拉香吉松肖！

垂加護自願隨持！

ཉིན་རེ་བཞིན་དུ་ཕྱོགས་བཅུ་ཡི།

寧熱音都肖吉伊，

一朝一夕在十方，

སངས་རྒྱས་བྱང་སེམས་དཔག་མེད་པ།

桑傑香賽華美巴，

無量諸佛與菩薩，

འོད་དཔག་མེད་པ་མཆོད་པ་དང་།

敖華美巴卻巴當，

供養無量光如來，

ཞིང་དེར་བལྟ་ཕྱིར་འབྱོན་པའི་ཚེ།

香帝達希君比次，

因觀此土降臨時，

དེ་དག་ཀུན་ལ་བསྙེན་བཀུར་ཞིང་།

帝達更拉寧格香，

此諸盡一切依止，

ཆོས་ཀྱི་བདུད་རྩི་ཐོབ་པར་ཤོག།

切吉都支妥巴肖！

唯願證得法甘露！

རྫུ་འཕྲུལ་ཐོགས་པ་མེད་པ་ཡི།

次赤妥巴美巴伊，

神通變化無掛礙，

མངོན་དགའི་ཞིང་དང་དཔལ་ལྡན་ཞིང་།

俄迦香當華旦香，

具喜資糧田吉祥，

ལས་རབ་རྫོགས་དང་འཐུག་པོ་བཀོད།

列熱佐當陀波果，

事業圓滿而密嚴，

སྔ་དྲོ་དེ་དག་རྣམས་སུ་འགྲོ།

俄卓帝達南蘇卓，

上午是諸一切行，

མི་བསྐྱོད་རིན་འབྱུང་དོན་ཡོད་གྲུབ།

莫覺仁雄冬由智，

不動定生不空成[72]，

རྣམ་སྣང་ལ་སོགས་སངས་རྒྱས་ལ།

南囊拉索桑傑拉，

毗盧遮那等如來，

དབང་དང་བྱིན་རླབས་སྡོམ་པ་ཞུ།

旺當興拉多巴希，

灌頂加持融律儀，

མཆོད་པ་དུ་མས་མཆོད་བྱས་ནས།

卻巴都米卻希內，

諸多供品來供養，

དགོངས་སོ་བདེ་བ་ཅན་ཉིད་དུ།

貢莫帝哇堅尼都，

唯此極樂土密意，

དཀའ་འཚོགས་མེད་པར་སླེབ་པར་ཤོག།

迦叉美巴列巴肖！

唯願無苦厄降臨！

པོ་ཏ་ལ་དང་ལྕང་ལོ་ཅན།

波扎拉當江洛堅，

普陀洛迦楊柳宮，

རྔ་ཡབ་གླིང་དང་ཨྱོན་ཡུལ།

俄雅林當鄔金隅，

拂塵州和鄔金域，

སྤྲུལ་སྐུའི་ཞིང་ཁམས་བྱེ་བ་བརྒྱ།

智格香卡希哇當，

化身剎土百千萬，

སྤྱན་རས་གཟིགས་དང་སྒྲོལ་མ་དང་།

堅熱詩當卓瑪當，

觀世音和救度母，

ཕྱག་རྡོར་པད་འབྱུང་བྱེ་བ་བརྒྱ།

夏多貝君希哇嘉，

蓮師金剛手千萬，

མཇལ་ཞིང་མཆོད་པ་རྒྱ་མཚོས་མཆོད།

嘉香卻巴嘉措卻，

拜見供養如大海，

དབང་དང་གདམས་ངག་ཟབ་མོ་ཞུ།

旺當達俄桑母秀，

灌頂教言甚深融，

མྱུར་དུ་རང་གནས་བདེ་ཆེན་ཞིང་།

紐都讓內帝欽香！

疾速自住大樂土！

ཐོགས་པ་མེད་པར་ཕྱིན་པར་ཤོག།

妥巴美巴興巴肖！

唯願無掛礙降臨！

ཤུལ་ཀྱི་ཉེ་དུ་གྲྭ་སྐོར་སོགས།

香吉寧都扎洛索，

勝跡附近精舍等，

ལྷ་ཡི་མིག་གིས་གསལ་བར་མཐོང་།

拉伊莫格薩哇彤，

由於佛眼照光明，

སྲུང་སྐྱོབ་བྱིན་གྱིས་རླབས་བྱེད་ཅིང་།

松覺興吉拉希江，

以作護佑賜加持，

འཆི་དུས་ཞིང་དེར་ཁྲིད་པར་ཤོག

琪德香帝赤巴肖！

唯願臨終引此土！

བསྐལ་བཟང་འདི་ཡི་བསྐལ་པའི་ཡུན།

迦桑帝伊迦比雲，

這賢劫的長劫難，

བདེ་བ་ཅན་གྱི་ཞག་གཅིག་སྟེ།

帝哇堅吉夏吉帝，

極樂淨土方一日，

བསྐལ་པ་གྲངས་མེད་འཆི་བ་མེད།

迦巴章美琪哇美，

無量劫中命不死，

རྟག་ཏུ་ཞིང་དེར་འཛིན་པར་ཤོག།

達都香帝增巴肖！

唯願永久住此土！

བྱམས་པ་ནས་བཟུང་མོས་པའི་བར།

強巴內松米比哇，

從彌勒佛無始中，

བསྐལ་བཟང་འདི་ཡི་སངས་རྒྱས་རྣམས།

迦桑德伊桑傑南，

是這賢劫諸如來，

འཇིག་རྟེན་འདི་ན་ནམ་འབྱོན་ཚེ།

吉旦得那南君次，

隨時降臨此世界，

རྫུ་འཕྲུལ་སྟོབས་ཀྱིས་འདིར་འོངས་ནས།

支赤多吉德溫內，

由神通力而來此，

སངས་རྒྱས་མཆོད་ཅིང་དམ་ཆོས་ཉན།

桑傑卻江達切寧，

聽聞妙法供如來，

སླར་ཡང་བདེ་ཆེན་ཞིང་ཁམས་སུ།

拉爾央帝欽香卡蘇！

唯願去此土無礙！

སངས་རྒྱས་བྱེ་བ་ཁྲག་ཁྲིག་བརྒྱ་སྟོང་ཕྲག།

桑傑希哇擦赤嘉冬擦，

如來百千萬億是無數，

བརྒྱད་ཅུ་རྩ་གཅིག་སངས་རྒྱས་ཞིང་ཀུན་གྱི།

嘉吉乍吉桑傑香更吉，

皆悉所有八十一佛土，

ཡོན་ཏན་བཀོད་པ་ཐམས་ཅད་གཅིག་བསྡོམས་པ།

雲旦果巴塔堅吉多巴，

功德莊嚴盡一切歸一，

ཞིང་ཁམས་ཀུན་ལས་ཁྱད་འཕགས་བླ་ན་མེད།

香卡更列恰帕拉那美，

所有淨土殊勝是無比，

བདེ་བ་ཅན་གྱི་ཞིང་དེར་སྐྱེ་བར་ཤོག

帝哇堅吉香帝吉哇肖！

唯願往生此極樂國土！

རིན་ཆེན་ས་གཞི་ཁོང་སྙོམས་ལག་མཐིལ་ལྟར།

仁欽薩伊孔娘拉特達，

猶如寶地懈怠之手掌，

ཡངས་ཤིང་རྒྱ་ཆེ་གསལ་ཞིང་འོད་ཟེར་འབར།

央香嘉切薩香敖賽巴爾，

宏寬廣大光明而照耀，

མནན་ན་ནེམ་ཞིང་བཏེགས་ན་སྤར་བྱེད་པ།

南那內香達納巴希巴，

如若壓下抬起作遷移，

བདེ་འཇམ་ཡངས་པའི་ཞིང་དེར་སྐྱེ་བར་ཤོག།

帝嘉央比香帝吉哇肖！

唯願往生此樂雅刹土！

རིན་ཆེན་དུ་མ་ལས་གྲུབ་དཔག་བསམ་ཤིང་།

仁欽都瑪列智華桑香，

諸多珍寶成就如意樹，

ལོ་མ་དར་ཟབ་འབྲས་བུས་རིན་ཆེན་བརྒྱན།

洛瑪達桑遮烏仁欽堅，

緞子樹葉果實珍寶飾，

དེ་སྟེང་སྤྲུལ་པའི་བྱ་ཚོགས་སྐད་སྙན་སྒྲོགས།

帝當智比夏措迦寧扎，

樹上群鳥變化和雅鳴，

ཟབ་དང་རྒྱ་ཆེའི་ཆོས་ཀྱི་སྒྲ་རྣམས་སྒྲོག

桑當嘉切切吉扎南卓，

宏傳甚深廣大妙法音，

ངོ་མཚར་ཆེན་པོའི་ཞིང་དེར་སྐྱེ་བར་ཤོག

俄叉爾欽波香帝吉哇肖！

唯願往生大稀有剎土！

སྤོས་ཆུའི་ཆུ་ཀླུང་ཡན་ལག་བརྒྱད་ལྡན་མང་།

拜曲曲龍燕拉嘉旦芒，

香水河流八分支俱足，

དེ་བཞིན་བདུད་རྩིའི་ཁྲུས་ཀྱི་རྫིང་བུ་རྣམས།

遞音都支赤吉藏烏南，

如是甘露淋浴諸池沼，

རིན་ཆེན་སྣ་བདུན་ཐེམ་སྐས་པ་ཀུས་བསྐོར།

仁欽納冬台格帕格果，

七種珍寶[73]階梯而圍繞，

མེ་ཏོག་པདྨ་དྲི་ཞིམ་འབྲས་བུར་ལྡན།

美朵貝瑪智秀遮烏旦，

俱有蓮花馥郁妙香果，

པདྨའི་འོད་ཟེར་དཔག་ཏུ་མེད་པ་འཕྲོ།

貝瑪敖賽華都美巴楚，

蓮花無量光輝遍照耀，

འོད་ཟེར་རྩེ་ལ་སྤྲུལ་པའི་སངས་རྒྱས་བརྒྱན།

敖賽載拉智比桑傑堅，

光芒頂首化身佛莊嚴，

ཡ་མཚན་ཆེན་པོའི་ཞིང་དེར་སྐྱེ་བར་ཤོག།

雅參欽波香帝吉哇肖！

唯願往生大稀有刹土！

མི་ཁོམ་བརྒྱད་དང་ངན་སོང་སྒྲ་མི་གྲགས།

莫空嘉當俄松扎莫扎，

八無暇[74]和惡趣聲不聞，

ཉོན་མོངས་དུག་ལྔ་དུག་གསུམ་ནད་དང་གདོན།

寧萌都俄都松那當冬，

無明五毒三毒病和魔，

དགྲ་དང་དབུལ་ཕོངས་འཐབ་རྩོད་ལ་སོགས་པ།

扎當烏旁塔左拉索巴，

怨仇貧窮諍鬥中等等，

སྡུག་བསྔལ་ཐམས་ཅད་ཞིང་དེར་ཐོས་མ་མྱོང་།

都俄塔堅香帝妥瑪娘，

一切苦厄此土無所聞，

བདེ་བ་ཅན་པོའི་ཞིང་དེར་སྐྱེ་བར་ཤོག

帝哇堅波香帝吉哇肖！

唯願往生此極樂國土！

བུད་མེད་མེད་ཅིང་མངལ་ནས་སྐྱེ་བ་མེད།

烏美美江俄內吉哇美，

沒有女人沒有從胎生，

ཀུན་ཀྱང་མེ་ཏོགཔདྨ་སྦུངས་ནས་འཁྲུངས།

更江美朵貝瑪波內沖，

所有是從蓮花苞降生，

ཐམས་ཅད་སྐུ་ལུས་ཁྱད་མེད་གསེར་གྱི་མདོག

塔堅格列恰美賽吉多，

一切身體金色無分別，

དབུ་ལ་གཙུག་ཏོར་ལ་སོགས་མཚན་དཔེས་བརྒྱན།

烏拉支朵拉索參蕙堅，

頭上頂髻俱相好莊嚴，

མངོན་ཤེས་ལྔ་དང་སྤྱན་ལྔ་ཀུན་ལ་མངའ།

俄希呃當堅厄更拉厄，

五種神通五種眼俱足，

ཡོན་ཏན་དཔག་མེད་ཞིང་དེར་སྐྱེ་བར་ཤོག

雲旦華美香帝吉哇肖！

唯願往生無量功德土！

རང་བྱུང་རིན་ཆེན་སྣ་ཚོགས་གཞལ་ཡས་ཁང་།

讓雄仁欽那措雅伊康，

種種天然珍寶越量宮，

ཅི་འདོད་ལོངས་སྤྱོད་ཡིད་ལ་དྲན་པས་འབྱུང་།

吉多龍覺伊拉占比君，

所有願望受用心念生，

རྩོལ་སྒྲུབ་མི་དགོས་དགོས་འདོད་ལྷུན་གྱིས་གྲུབ།

佐智莫格格多林吉智，

無須精進修持任運成，

ང་ཁྱོད་མེད་ཅིང་བདག་ཏུ་འཛིན་པ་མེད།

呃喬美江達都增巴美，

無有你我而不執於我，

གང་འདོད་མཆོད་སྤྲིན་ལག་པའི་མཐིལ་ནས་འབྱུང་།

岡多卻貞拉比特內君，

一切願望供雲手掌生，

ཐམས་ཅད་བླ་མེད་ཐེག་ཆེན་ཆོས་ལ་སྤྱོད།

塔堅喇美乘欽切拉覺，

修持一切無上大乘法，

བདེ་སྐྱིད་ཀུན་འབྱུང་ཞིང་དེར་སྐྱེ་བར་ཤོག།

帝精更君香帝吉哇肖！

唯願往生一切樂生土！

དྲི་ཞིམ་རླུང་གིས་མེ་ཏོག་ཆར་ཆེན་འབེབས།

智興龍格美朵恰欽巴，

馥郁香風大花雨降下，

ཤིང་དང་པདྨོ་ཆུ་ཀླུང་ཐམས་ཅད་ལས།

香當貝瑪麻波曲龍塔堅列，

而從樹和紅蓮遍河流，

ཡིད་དུ་འོང་བའི་གཟུགས་སྒྲ་དྲི་རོ་རེག

伊都溫威詩扎智若惹，

如意色、聲、香、味、觸如是，

ལོངས་སྤྱོད་མཆོད་པའི་སྤྲིན་ཕུང་རྟག་ཏུ་འབྱུང་།

龍覺卻比貞彭達都君，

受用供養雲堆不斷生，

བུད་མེད་མེད་ཀྱང་སྤྲུལ་པའི་ལྷ་མོ་ཚོགས།

烏美美江智比拉母措，

雖無美女卻化眾天女，

མཆོད་པའི་ལྷ་མོ་དུ་མས་རྟག་ཏུ་མཆོད།

卻比拉母都美達都卻，

眾多天女不斷作供養，

འདུད་མར་འདོད་ཚེ་རིན་ཆེན་གཞལ་ཡས་ཁང་།

都瑪多次仁欽雅伊康，

住時願望珍寶越量宮，

ཉལ་བར་འདོད་ཚེ་རིན་ཆེན་ཁྲི་བཟང་སྟེང་།

娘哇多次仁欽赤桑當，

睡時願望珍寶作美榻，

དར་ཟབ་དུ་མའི་མལ་སྟན་སྔས་དང་བཅས།

達桑都米瑪旦俄當吉，

許多綢緞臥褥枕頭俱，

བྱ་དང་ལྗོན་ཤིང་ཆུ་ཀླུང་རོལ་མོ་སོགས།

夏當君香曲龍若母索，

飛禽樹木河流器樂等，

ཐོས་པར་འདོད་ན་སྙན་པའི་ཆོས་སྒྲ་སྒྲོག།

特巴多那寧比切扎卓，

如欲聽聞和雅法樂揚，

མི་འདོད་ཚེ་ན་རྣ་བར་སྒྲ་མི་སྒྲགས།

莫多次那納哇扎莫扎，

不想聽聞耳中便無聲，

བདུད་རྩིའི་རྫིང་བུ་ཆུ་ཀླུང་དེ་རྣམས་ཀྱང་།

都支藏烏曲龍帝南江，

此諸甘露池塘諸水流，

དྲོ་གྲང་གང་འདོད་དེ་ལ་དེ་ལྟར་འབྱུང་།

卓章岡多帝拉帝達君，

一切冷暖所求如是生，

ཡིད་བཞིན་འགྲུབ་པའི་ཞིང་དེར་སྐྱེ་བར་ཤོག

伊音智比香帝吉哇肖！

唯願往生如意悉地土！

ཞིང་དེར་རྫོགས་པའི་སངས་རྒྱས་འོད་དཔག་མེད།

香帝佐比桑傑敖華美，

此土一切諸佛無量光，

བསྐལ་པ་གྲངས་མེད་མྱ་ངན་མི་འདའ་བཞུགས།

迦巴章美娘呃莫達秀，

無數劫中不離苦厄住，

དེ་སྲིད་དེ་ཡི་ཞབས་འབྲིང་བྱེད་པར་ཤོག

帝詩帝伊夏仲希巴肖。

唯願如是永運為僕從。

ནམ་ཞིག་འོད་དཔག་མེད་དེ་ཞི་བར་གཤེགས།

南茜敖華美帝希哇歇，

若有一天無量光逝去，

བསྐལ་བ་གདྣའི་ཀླུང་གི་བྱེ་མ་སྙེད།

迦巴岡迦龍格希瑪尼，

長時恒河之水盡斷流，

གཉིས་ཀྱི་བར་དུ་བསྟན་པ་གནས་པའི་ཚེ།

尼吉哇都旦巴內威次，

二者之中佛法住之時，

རྒྱལ་ཚབ་སྤྱན་རས་གཟིགས་དང་མི་འབྲལ་ཞིང་།

嘉叉堅熱詩當莫扎香，

攝政王觀世音不能離，

དེ་ཡི་ཡུན་ལ་དམ་ཆོས་འཛིན་པར་ཤོག

帝伊音拉達切增巴肖！

唯願永久所持微妙法！

སྲོད་ལ་དམ་ཆོས་ནུབ་པའི་ཐོ་རང་ལ།

梳拉達切努比妥讓拉，

暮時是正法衰之黎明，

སྤྱན་རས་གཟིགས་དེ་མངོན་པར་སངས་རྒྱས་ནས།

堅熱詩帝俄巴桑傑內，

此觀世音顯化佛之後，

སངས་རྒྱས་འོད་ཟེར་ཀུན་ནས་འཕགས་པ་ཡི།

桑傑敖賽更內帕巴伊，

是從一切佛光而超越，

དཔལ་བརྩེགས་རྒྱལ་པོ་ཞེས་བྱར་གྱུར་བའི་ཚེ།

華次嘉烏希夏吉威次，

化為名曰堆吉祥王時，

ཞལ་ཏ་མཆོད་ཅིང་དམ་ཆོས་ཉན་པར་ཤོག།

夏達卻江達切寧巴肖。

唯願承事供養聞妙法。

སྐུ་ཚེ་བསྐལ་པ་བྱེ་བ་ཁྲག་ཁྲིག་ནི།

格次迦巴希哇擦赤尼，

身在百千億萬之劫時，

འབུམ་ཕྲག་དགུ་བཅུ་རྩ་དྲུག་བཞུགས་པའི་ཚེ།

波擦格吉作智秀比次，

所住十萬九十六之時，

རྟག་ཏུ་ཞབས་འབྲིང་བསྙེན་བཀུར་བྱེད་པ་དང་།

達都夏仲寧格希巴當，

永久不斷承事和依止，

མི་བརྗེད་གཟུངས་ཀྱིས་དམ་ཆོས་འཛིན་པར་ཤོག

莫吉松吉達切增巴肖。

唯願不忘總持取妙法。

མྱ་ངན་འདས་ནས་དེ་ཡི་བསྟན་པ་ནི།

娘俄帝內帝伊旦巴尼，

脫離苦厄在此而宣說，

བསྐལ་པ་དྲུང་ཕྱུར་དྲུག་དང་བྱེ་བ་ཕྲག།

迦巴冬秀智當希哇擦，

六萬萬億劫和千萬劫，

འབུམ་ཕྲག་གསུམ་ནས་དེ་ཚེ་ཆོས་འཛིན་ཅིང་།

波擦松內帝次切增江，

三萬五劫後今世取法，

མཐུ་ཆེན་ཐོབ་དང་རྟག་ཏུ་མི་འབྲལ་ཤོག།

妥欽妥當達都莫扎肖。

唯願證得勢至永不離。

དེ་ནས་མཐུ་ཆེན་ཐོབ་དེ་སངས་རྒྱས་ནས།

帝內妥欽妥帝桑傑內，

於是證得大勢至如來，

དེ་བཞིན་གཤེགས་པར་རབ་ཏུ་བརྟན་པ་ནི།

帝音歇巴熱都旦巴尼，

善逝如來極其之牢固，

ཡོན་ཏན་ནོར་བུ་བརྩེགས་པའི་རྒྱལ་པོ་གྱུར།

雲旦努爾烏載比嘉烏吉爾，

化為功德財寶堆集王，

སྐུ་ཚེ་བསྟན་པ་སྤྱན་རས་གཟིགས་དང་མཉམ།

格次旦巴堅熱詩當娘，

壽命示現等同觀世音，

སངས་རྒྱས་དེ་ཡི་རྟག་ཏུ་ཞབས་འབྲིང་བྱེད།

桑傑帝伊達都夏仲希，

永久不斷承事此如來，

མཆོད་པའི་མཆོད་ཅིང་དམ་ཆོས་ཀུན་འཛིན་ཤོག།

卻比卻江達切更增肖，

供品供養所持盡妙法，

དེ་ནས་བདག་གི་ཚེ་དེ་བརྗེས་མ་ཐག།

帝內達格次帝吉瑪塔，

於是我的壽命長無間，

ཞིང་ཁམས་དེ་འམ་དག་པའི་ཞིང་གཞན་དུ།

香卡帝阿木達比香燕都，

在此剎土或其他淨土，

བླ་མེད་རྫོགས་པའི་སངས་རྒྱས་ཐོབ་པར་ཤོག།

喇美佐比桑傑妥巴肖！

唯願證得無上圓滿佛！

རྫོགས་སངས་རྒྱས་ནས་ཚེ་དཔག་མེད་པ་ལྟར།

佐桑傑內次華美巴達爾，

佛圓滿後猶如無量壽，

མཚན་ཐོས་ཙམ་གྱི་འགྲོ་ཀུན་སྨིན་ཅིང་གྲོལ།

參特乍吉卓更閔江卓，

只聞名號遍眾熟解脫，

སྤྲུལ་པ་གྲངས་མེད་འགྲོ་བ་འདྲེན་པ་སོགས།

智巴章美卓哇遮巴索，

化佛無數接引眾有情，

འབད་མེད་ལྷུན་གྲུབ་འགྲོ་དོན་དཔག་མེད་ཤོག

巴美林智卓冬華美肖！

唯願任運利無邊有情！

དེ་བཞིན་གཤེགས་པ་ཚེ་དང་བསོད་ནམས་དང་།

帝音歇巴次當索南當，

善逝如來壽命與福澤，

ཡོན་ཏན་ཡེ་ཤེས་གཟི་བརྗིད་ཚད་མེད་པ།

雲旦伊希詩吉叉美巴，

功德智慧威德而無量，

ཆོས་སྐུ་སྣང་བ་མཐའ་ཡས་བཅོམ་ལྡན་འདས།

切格囊哇塔伊敖華美，

法身阿彌陀佛無量光，

ཚེ་དང་ཡེ་ཤེས་དཔག་མེད་བཅོམ་ལྡན་འདས།

次當伊希華美覺旦帝，

壽命智慧無量出有壞，

གང་ཞིག་ཁྱེད་ཀྱི་མཚན་ནི་སུས་འཛིན་པ།

岡希切吉參尼挩增巴，

諸凡您的名號誰執持，

སྔོན་གྱི་ལས་ཀྱི་རྣམ་སྨིན་མ་གཏོགས་པ།

俄吉列吉南閔瑪多巴，

昔業異熟報應無例外，

མི་ཆུ་དུག་མཚོན་གནོད་སྦྱིན་སྲིན་པོ་སོགས།

美曲都璁努興珊波索，

水火金瘡夜叉羅刹等，

འཇིགས་པ་ཀུན་ལས་སྐྱོབ་པ་ཐུབ་པས་གསུངས།

吉巴更列覺巴妥比松，

一切怖畏開示能護佑，

བདག་ནི་ཁྱེད་ཀྱི་མཚན་འཛིན་ཕྱག་འཚལ་བས།

達尼切吉參增夏叉威！

由我執持您名號頂禮！

འཇིགས་དང་སྡིག་བསྔལ་ཀུན་ལས་བསྐྱབ་མཛད་གསོལ།

吉當都俄更列嘉乍索！

一切怖畏苦厄祈護持！

བཀྲ་ཤིས་ཕུན་སུམ་ཚོགས་པར་བྱིན་གྱིས་རློབས།

扎西彭松措巴興吉隆！

唯願吉祥圓滿垂加護！

སངས་རྒྱས་སྐུ་གསུམ་བརྙེས་པའི་བྱིན་རླབས་དང་།

桑傑格松尼比興拉當！

願證佛的三身垂加護！

ཆོས་ཉིད་མི་འགྱུར་བདེན་པའི་བྱིན་རླབས་དང་།

切尼莫吉登比興拉當！

法性真諦不動垂加護！

དགེ་འདུན་མི་ཕྱེད་འདུས་པའི་བྱིན་རླབས་ཀྱིས།

更登莫希德比興拉吉！

不離僧伽總集垂加持！

ཇི་ལྟར་སྨོན་ལམ་བཏབ་བཞིན་འགྲུབ་པར་ཤོག།

吉達爾萌拉答音智巴肖！

唯願如是發願證悉地！

དཀོན་མཆོག་གསུམ་ལ་ཕྱག་འཚལ་ལོ།

貢卻松拉夏叉洛！

頂禮佛法僧三寶！

接誦發願成就咒：

達雅塔巴雜智雅阿瓦波達那耶娑哈。

頂禮佛法僧三寶！南無曼祖室利耶！

南無蘇室利耶！南無烏達瑪室利耶娑哈！

如是念誦，三頂禮畢，須誦十萬遍，最少一百遍，定有靈感。對上師應七頂禮，最好不要改變。通常每月念誦一次，無論何時，念念相續，不忘極樂淨土，合掌頂禮，一心敬信誦持，才能盡除今世法障，臨命終時，即得往生極樂世界。這是《光明莊嚴經》[75]及長壽白蓮鼓音如來等等密意。如是比丘熱噶阿希合掌，唯願一切有情眾生往生極樂世界淨土！

清淨大樂刹土離欲證得祈願頌

（三十三）
虛空法界大樂剎土發願修持心要

ངོ་མཚར་སངས་རྒྱས།

俄叉爾桑傑

སྨོན་ལམ་འདི་གནམ་ཆོས་བདེ་ཆེན་ཞིང་བསྒྲུབ་ན

ས་ཁོལ་དུ་ཕྱུང

ངས་པའོ།།

ཨེ་མ་ཧོ།

唉瑪火；

奇呀哉；

ངོ་མཚར་སངས་རྒྱས་སྣང་བ་མཐའ་ཡས་དང་།

俄叉爾桑傑囊哇塔伊當，

甚稀有佛阿彌陀，

གཡས་སུ་ཇོ་བོ་ཐུགས་རྗེ་ཆེན་པོ་དང་།

伊蘇覺烏陀吉欽波當，

右邊大悲觀世音，

གཡོན་དུ་སེམས་དཔའ་མཐུ་ཆེན་ཐོབ་རྣམས་ལ།

雲都塞華陀欽妥南拉，

左邊菩薩大勢至，

སངས་རྒྱས་བྱང་སེམས་དཔག་མེད་འཁོར་གྱིས་བསྐོར།

桑傑香賽華美科吉果，

無邊佛菩薩圍繞，

བདེ་སྐྱིད་ངོ་མཚར་དཔག་ཏུ་མེད་པ་ཡི།

帝淨俄叉華都美巴伊，

歡喜稀有甚無量，

བདེ་བ་ཅན་ཞེས་བྱ་བའི་ཞིང་ཁམས་དེར།

帝哇堅希夏哇香卡帝，

名曰極樂淨剎土，

བདག་གཞན་འདི་ནས་ཚེ་འཕོས་གྱུར་མ་ཐག

達燕德內次頗吉瑪塔，

自地壽命無間轉，

སྐྱེ་བ་གཞན་གྱིས་བར་མ་ཆོད་པ་རུ།

吉哇燕吉哇爾瑪卻巴若，

彼生中有而絕斷，

དེ་རུ་སྐྱེས་ནས་སྣང་མཐའི་ཞལ་མཐོང་ཤོག

帝若吉內囊塔夏彤肖！

唯願往生見彌陀！

དེ་སྐད་བདག་གིས་སྨོན་ལམ་བཏབ་པ་འདི།

帝噶達格萌拉木達巴德，

如是由我來發願，

ཕྱོགས་བཅུས་སངས་རྒྱས་བྱང་སེམས་ཐམས་ཅད་ཀྱི
ས།

肖吉桑傑香賽塔堅吉，

十方一切佛菩薩，

གེགས་མེད་འགྲུབ་པར་བྱིན་གྱིས་བརླབ་ཏུ་གསོལ།།

迦美智巴興吉拉都索！

成就無礙垂加護！

ཏ་དྱ་ཐཱ།

達雅塔，

པཉྩ་དྲི་ཡ་ཨ་ཝ་བོ་དྷ་ན་ཡ་སྭཱ་ཧཱ།།

貝雜智雅阿瓦烏達納耶娑哈。

（三十四）十方三世諸佛

ཕྱོགས་དུས་རྒྱལ་བ།

肖德嘉哇

ཕྱོགས་དུས་རྒྱལ་བ་སྲས་བཅས་དགོངས།

肖德嘉哇舍吉貢，

諸佛菩薩俱密意，

ཚོགས་གཉིས་རྫོགས་ལ་རྗེས་ཡི་རང་།

措尼左拉吉伊讓，

隨喜圓滿二資糧，

བདག་གིས་དུས་གསུམ་དགེ་བསགས་པ།

達格德松格薩巴，

因我三世積善業，

དཀོན་མཆོག་གསུམ་ལ་མཆོད་པ་འབུལ།

貢卻松拉卻巴波，

供養佛法僧三寶，

རྒྱལ་བའི་བསྟན་པ་འཕེལ་གྱུར་ཅིག

嘉威旦巴帕吉幾！

唯願佛法大昌盛！

དགེ་བ་སེམས་ཅན་ཀུན་ལ་བསྔོ།

格哇賽堅更拉俄，

迴向一切善有情，

འགྲོ་ཀུན་སངས་རྒྱས་ཐོབ་གྱུར་ཅིག།

卓更桑傑妥吉幾！

唯願諸有情成佛！

དགེ་རྩ་ཐམས་ཅད་གཅིག་བསྡུས་ཏེ།

格乍塔堅吉德帝，

所有善根皆總集，

བདག་གི་རྒྱུད་ལ་སྨིན་གྱུར་ཅིག

達格吉拉閔吉幾！

唯願成熟我相續！

སྒྲིབ་གཉིས་དག་ནས་ཚོགས་རྫོགས་ཏེ།

智尼達內措佐帝，

二障淨除資糧圓，

ཚེ་རིང་ནད་མེད་ཉམས་རྟོགས་འཕེལ།

次仁納美娘多帕，

長壽健康增證悟，

ཚེ་འདིར་ས་བཅུ་ནོན་གྱུར་ཅིག།

次德薩吉努吉幾！

唯願今世喜十地！

ནམ་ཞིག་ཚེ་འཕོས་གྱུར་མ་ཐག།

南茜次普吉瑪塔，

一旦無間命遷識，

བདེ་བ་ཅན་དུ་སྐྱེ་གྱུར་ཅིག།

帝哇堅都皆吉幾！

唯願往生極樂國！

སྐྱེ་ནས་པདྨའི་ཁ་ཕྱེ་སྟེ།

吉內貝瑪卡希帝，

往生之後蓮苞開，

ལུས་རྟེན་དེ་ལ་སངས་རྒྱས་ཤོག

列旦帝拉桑傑肖！

唯願身依此成佛！

བྱང་ཆུབ་ཐོབ་ནས་ཇི་སྲིད་དུ།

香棋妥內吉詩都，

乃至證得聖菩提，

སྤྲུལ་པས་འགྲོ་བ་འདྲེན་པར་ཤོག།

智比卓哇遮巴肖！

唯願顯化渡眾生！

（三十五）普賢菩薩祈願頌

ཀུན་བཟང་སྨོན་ལམ།

更桑萌拉木

ཧོ།

火！

噢！

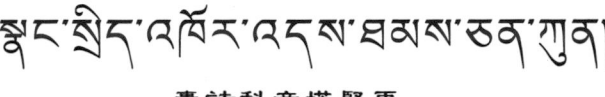

སྣང་སྲིད་འཁོར་འདས་ཐམས་ཅད་ཀུན།

囊詩科帝塔堅更，

一切萬物流轉中，

གཞི་གཅིག་ལམ་གཉིས་འབྲས་བུ་གཉིས།

伊吉拉木尼遮烏尼，

一基兩道二證果，

རིག་དང་མ་རིག་ཆོ་འཕྲུལ་ཏེ།

仁當瑪仁卻赤帝，

明與無明之變化，

ཀུན་ཏུ་བཟང་པོའི་སྨོན་ལམ་གྱིས།

更都桑波萌拉木吉。

憑以普賢王行願。

ཐམས་ཅད་ཆོས་དབྱིངས་ཕོ་བྲང་དུ།

塔堅切央普章都，

一切法界宮殿中，

མངོན་པར་རྫོགས་ཏེ་འཚང་རྒྱ་ཤོག

俄巴佐帝倉嘉肖！

唯願圓滿得證覺！

ཀུན་གྱི་གཞི་ནི་འདུས་མ་བྱས།

更吉伊尼帝瑪希，

一切基位集無為，

རང་བྱུང་ཀློང་ཡངས་བརྗོད་དུ་མེད།

讓雄龍央覺都美，

自生廣境難言喻，

འཁོར་འདས་གཉིས་ཀའི་མིང་མེད་དོ།

科帝尼格芒美多，

有寂二者無名相，

དེ་ཉིད་རིག་ན་སངས་རྒྱས་ནས།

帝尼仁納桑傑內，

唯有明悟證佛位，

མ་རིག་སེམས་ཅན་འཁོར་བར་འཁྱམས།

瑪仁賽堅科哇恰，

無明有情漂輪迴，

ཁམས་གསུམ་སེམས་ཅན་ཐམས་ཅད་ཀྱིས།

卡松賽堅塔堅吉，

三界盡一切眾生，

བརྗོད་མེད་གཞི་དོན་རིག་པར་ཤོག།

覺美伊冬仁巴肖！

唯願無戲明根義！

ཀུན་ཏུ་བཟང་པོ་ང་ཡིས་ཀྱང་།

更都桑波俄伊江，

我以普賢王如來，

རྒྱུ་རྐྱེན་མེད་པ་གཞི་ཡི་དོན།

吉金美巴伊以冬，

本來無因果之義，

དེ་ཉིད་གཞི་ལ་རང་བྱུང་རིག།

帝尼伊拉讓雄仁，

唯有根本自生明，

ཕྱི་ནང་སྒྲོ་སྐུར་སྐྱོན་མ་བཏགས།

希囊卓勾君瑪達，

內外增益無例外，

དྲན་མེད་མུན་པའི་སྒྲིབ་མ་གོས།

詹美盟比智瑪格，

黑暗無念不障礙，

དེ་ཕྱིར་རང་སྣང་སྐྱོན་མ་གོས།

帝希讓囊君瑪格，

因此自相不帶過，

རང་རིག་གསོ་ལ་གནས་པ་ལ།

讓仁索拉內巴拉，

所依自己明護育，

སྲིད་གསུམ་འཇིགས་ཀྱང་ངས་སྐྲག་མེད།

詩松吉江俄扎美，

三有怖畏不恐懼，

འདོད་ཡོན་ལྔ་ལ་ཆགས་པ་མེད།

哆雲俄拉恰巴美，

不貪愛五種妙欲，

རྟོགས་མེད་ཤེས་པ་རང་བྱུང་ལ།

哆美希巴讓雄拉，

無分別智自生起，

རྡོས་པའི་གཟུགས་དང་དུག་ལྔ་མེད།

哆比詩當都俄美，

升起之色無五毒，

རིག་པའི་གསལ་ཆ་མ་འགགས་པ།

仁比薩恰瑪迦巴，

明的現分無障礙，

ངོ་བོ་གཅིག་ལ་ཡེ་ཤེས་ལྔ།

俄烏吉拉伊希呃，

一體性中五智慧，

ཡེ་ཤེས་ལྔ་པོ་སྨིན་པ་ལས།

伊希呃烏閔巴列，

從五智慧而成熟，

ཐོག་མའི་སངས་རྒྱས་རིགས་ལྔ་བྱུང་།

妥米桑傑仁呃雄，

最初五方佛生起，

དེ་ལས་ཡེ་ཤེས་མཐའ་རྒྱས་པས།

帝列伊希塔吉比，

從此盡智慧增長，

སངས་རྒྱས་བཞི་བཅུ་རྩ་གཉིས་བྱུང་།

桑傑伊吉作尼雄，

示現四十二尊佛，

ཡེ་ཤེས་ལྔ་ཡི་རྩལ་ཤར་བས།

伊希呃伊作夏威，

五智慧的善巧升，

ཁྲག་འཐུང་དྲུག་ཅུ་ཐམ་པ་བྱུང་།

擦彤智吉塔巴雄，

示現六十飲血尊，，

དེ་ཕྱིར་གཞི་རིག་འཁྲུལ་མ་མྱོང་།

帝希伊仁赤瑪娘，

因此基位明不惑，

ཐོག་མེད་སངས་རྒྱས་ང་ཡིན་པས།

妥美桑傑呃音比，

因為我是無始佛，

ང་ཡི་སྨོན་ལམ་བཏབ་པ་ཡིས།

呃伊萌拉木達巴伊，

憑以由我所祈願，

ཁམས་གསུམ་འཁོར་བའི་སེམས་ཅན་གྱི།

康松科威賽堅吉，

三界輪迴眾有情，

རང་བྱུང་རིག་པ་ངོ་ཤེས་ནས།

讓雄仁巴俄希內，

從自生明所了知，

ཡེ་ཤེས་ཆེན་པོ་མཐའ་རྒྱས་ཤོག།

伊希欽波塔吉肖！

唯願盡增長智慧！

ང་ཡི་སྤྲུལ་པ་རྒྱུན་མི་ཆད།

呃伊智巴金莫恰，

我的顯化永不息，

བྱེ་བ་ཕྲག་བརྒྱ་བསམ་ཡས་འགྱེད།

希哇擦嘉桑耶金，

百千萬億無邊現，

གང་ལ་གང་འདུལ་སྣ་ཚོགས་སྟོན།

岡拉岡都那措冬，

示現種種盡調伏，

ང་ཡི་ཐུགས་རྗེའི་སྨོན་ལམ་གྱིས།

呢伊陀吉萌拉木吉，

憑以我的悲憫願，

ཁམས་གསུམ་འཁོར་བའི་སེམས་ཅན་ཀུན།

卡松科威賽堅更，

三界輪迴遍有情，

རིགས་དྲུག་གནས་ནས་འཛོན་པར་ཤོག།

仁智內賴彤巴肖！

從六趣處願拔濟！

དང་པོ་སེམས་ཅན་འཁྲུལ་བ་རྣམས།

當烏賽堅赤巴南，

首先有情諸迷亂，

གཞི་ལ་རིག་པ་མ་ཤར་བས།

伊拉仁巴瑪夏比，

因不生起基位明，

ཅི་ཡང་དྲན་མེད་ཐོམ་མེ་བ།

吉央詹美妥美巴 ，

一切昏沉迷惑火，

དེ་ཀ་མ་རིག་འཁྲུལ་པའི་རྒྱུ།

帝迦瑪仁赤比吉，

此是無明惑亂因，

དེ་ལ་ཧད་ཀྱིས་བརྒྱུད་བ་ལས།

帝拉哈吉嘉哇列，

在此中突然昏迷，

མདངས་སྐྲག་ཞེས་པ་ཟི་ཟི་འགྱུས།

當扎希巴塞塞吉 ，

恐怖光澤紛擾亂，

དེ་ལས་བདག་གཞན་དགྲར་འཛིན་སྐྱེས།

帝列達燕扎增吉，

從此自彼怨生取，

བག་ཆགས་རིམ་བཞིན་བརྟས་པ་ལས།

哇恰仁音帝巴列，

習氣依次而滋長，

འཁོར་བ་ལུགས་སུ་འཇུག་པ་བྱུང་།

科哇勒蘇吉巴雄，

進入輪迴流轉中，

དེ་ལས་ཉོན་མོངས་དུག་ལྔ་རྒྱས།

帝列娘萌都呃吉，

從此五毒煩惱增，

དུག་ལྔའི་ལས་ལ་རྒྱུན་ཆད་མེད།

都呃列拉金恰美，

五毒之業常相續，

དེ་ཕྱིར་སེམས་ཅན་འཁྲུལ་པའི་གཞི།

帝希賽堅赤比伊，

因此有情根迷亂，

དྲན་མེད་མ་རིག་ཡིན་པའི་ཕྱིར།

詹美瑪仁音比希爾，

是為逆亂無明因，

སངས་རྒྱས་ང་ཡི་སྨོན་ལམ་གྱིས།

桑傑呃伊萌拉木吉，

由我佛前發誓願，

ཀུན་གྱི་རིག་པ་རང་ཤེས་ཤོག།

更吉仁巴讓希肖！

住於一切自悟明！

ལྷན་ཅིག་སྐྱེས་པའི་མ་རིག་པ།

蘭吉幾比瑪仁巴，

與生俱來之無明，

ཤེས་པ་དྲན་མེད་ཡེངས་པ་ཡིན།

希巴詹美央巴音，

是為昏沉和散亂，

ཀུན་ཏུ་བཏགས་པའི་མ་རིག་པ།

更都達比瑪仁巴，

普通一切之無明，

བདག་གཞན་གཉིས་སུ་འཛིན་པ་ཡིན།

達燕尼蘇增巴音，

是為自彼之二執，

ལྷན་ཅིག་ཀུན་བཏགས་མ་རིག་གཉིས།

蘭吉更達瑪仁尼，

共同尋常二無明，

སེམས་ཅན་ཀུན་གྱི་འཁྲུལ་གཞི་ཡིན།

賽堅更吉赤伊音，

是遍有情根執迷，

སངས་རྒྱས་ང་ཡི་སྨོན་ལམ་གྱིས།

桑傑呢伊萌拉吉，

因我在佛前發願，

འཁོར་བའི་སེམས་ཅན་ཐམས་ཅད་ཀྱི།

科威賽堅塔堅吉，

輪迴中一切有情，

དྲན་མེད་འཐིབ་པའི་མུན་པ་སངས།

詹美特比萌巴桑，

昏沉籠罩除黑暗，

གཉིས་སུ་འཛིན་པའི་ཤེས་པ་དང་།

尼蘇增比希巴當，

執著常斷二邊知，

རིག་པ་རང་ངོ་ཤེས་པར་ཤོག།

仁巴讓俄希巴肖！

唯願自己證悟明！

གཉིས་འཛིན་བློ་ནི་ཐེ་ཚོམ་སྟེ།

尼增洛尼特措帝，

二取之心持懷疑，

ཞེན་པ་ཕྲ་མོ་སྐྱེས་པ་ལས།

興巴叉母吉巴列，

是從微小貪欲生，

བག་ཆགས་འཐུག་པོར་རིམ་གྱིས་བརྟས།

哇恰陀波仁吉帝，

習氣濃厚依次生，

ཟས་ནོར་གོས་དང་གནས་དང་གྲོགས།

塞努格當內當卓，

衣食財物住與行，

འདོད་ཡོན་ལྔ་དང་བྱམས་པའི་གཉེན།

哆雲呃當強比寧，

五妙欲與慈眷屬，

ཡིད་འོང་ཆགས་པའི་འདོད་པས་གདུངས།

伊聞恰比多比冬，

貪戀美色召煩惱，

དེ་དག་འཇིག་རྟེན་འཁྲུལ་པ་སྟེ།

帝達吉旦赤巴帝，

這是世間之迷惑，

གཟུང་འཛིན་ལས་ལ་ཟད་མཐའ་མེད།

松增列拉薩塔美，

二取業中無邊際，

ཞེན་པའི་འབྲས་བུ་སྨིན་པའི་ཚེ།

興比遮烏閔巴次，

耽著之果成熟時，

ཀམ་ཆགས་གདུངས་པའི་ཡི་དྭགས་སུ།

迦恰冬比伊達蘇，

貪著五欲惡餓鬼，

སྐྱེ་གནས་བཀྲེས་སྐོམ་ཡ་རེ་ང་།

吉內遮果雅惹呃，

生處貧窮實可懼，

སངས་རྒྱས་ང་ཡི་སྨོན་ལམ་གྱིས།

桑傑呃伊萌拉木吉！

由我佛前而祈願！

འདོད་ཆགས་ཞེན་པའི་སེམས་ཅན་རྣམས།

哆恰興比賽堅南，

貪著五欲諸有情，

འདོད་པའི་གདུང་བ་ཕྱིར་མ་སྤངས།

哆比冬哇希瑪榜，

貪欲苦惱因不捨，

འདོད་ཆགས་ཞེན་པ་ཚུར་མ་བླངས།

哆恰興比詞瑪朗，

貪著五欲不收回，

ཤེས་པ་རང་སོར་གློད་པ་ཡིས།

希巴讓索龍巴伊，

憑以了知如指掌，

རིག་པ་རང་སོ་ཟིན་གྱུར་ནས།

仁巴讓索省吉內，

明的原狀執持後，

ཀུན་རྟོགས་ཡེ་ཤེས་ཐོབ་པར་ཤོག།

更多伊希妥巴肖！

唯願一切證智慧！

ཕྱི་རོལ་ཡུལ་གྱི་སྣང་བ་ལ།

希若隅吉囊哇拉，

在外境的顯現中，

འཇིགས་སྐྲག་ཞེས་པ་ཕྲ་མོ་འཁྱུས།

吉扎西巴擦母吉，

心思怖畏微外驚，

སྡང་བའི་བག་ཆགས་བརྟས་པ་ལས།

當威哇恰帝巴列，

瞋恚貪欲則增長，

དགྲར་འཛིན་བརྡེག་གསོད་ཤུག་པ་སྐྱེས།

扎增帝索舍巴吉，

怨敵毆殺心好勝，

ཞེ་སྡང་འབྲས་བུ་སྨིན་པའི་ཚེ།

希當遮烏閔比次，

瞋恚果成熟之時，

དམྱལ་བའི་བཙོ་བསྲེག་སྡུག་རེ་བསྔལ།

娘威佐舍都熱俄，

監禁煉燒受煎熬，

སངས་རྒྱས་ང་ཡི་སྨོན་ལམ་གྱིས།

桑傑呃伊萌拉木吉！

因我佛前作祈願！

འགྲོ་དྲུག་སེམས་ཅན་ཐམས་ཅད་ཀྱི།

卓智賽堅塔堅吉，

六趣盡一切有情，

ཞེ་སྡང་དྲག་པོ་སྐྱེས་པའི་ཚེ།

希當扎波吉比次，

猛利生起瞋恚時，

སྤང་བླང་མི་བྱ་རང་སོར་གློད།

榜朗莫夏讓索洛，

不作取捨手放鬆，

རིག་པ་རང་སོ་ཟིན་གྱུར་ནས།

仁巴讓索省吉內，

從明原狀執變化，

གསལ་བའི་ཡེ་ཤེས་ཐོབ་པར་ཤོག།

薩威伊希妥巴肖！

唯願證光明智慧！

རང་སེམས་ཁེངས་པར་གྱུར་པ་ལ།

讓賽康巴吉巴拉，

自心傲慢如變化，

གཞན་ལ་འགྲན་སེམས་སྨད་པའི་བློ།

燕拉占賽瑪比洛，

與彼競爭心貶毀，

ང་རྒྱལ་དྲག་པོའི་སེམས་སྐྱེས་པས།

呃嘉扎波賽吉比，

我慢猛利心生起，

བདག་གཞན་འཐབ་རྩོད་སྡུག་བསྔལ་མྱོང་།

達燕塔佐都俄娘，

歷經自他鬥痛苦，

ལས་དེའི་འབྲས་བུ་སྨིན་པའི་ཚེ།

列帝遮烏閔比次，

此業果報成熟時，

འཕོ་ལྟུང་མྱོང་བའི་ལྷ་རུ་སྐྱེས།

普冬娘威拉若吉，

歷經死墮生神道，

སངས་རྒྱས་ང་ཡི་སྨོན་ལམ་གྱིས།

桑傑呃伊萌拉木吉！

由我佛前作祈願！

ཁངས་སེམས་སྐྱེས་པའི་སེམས་ཅན་རྣམས།

康賽吉比賽堅南，

虛心生出諸有情，

དེ་ཚེ་ཤེས་པ་རང་སོར་གློད།

帝次希巴讓索洛，

今世了知如指掌，

རིག་པ་རང་སོ་ཟིན་གྱུར་ནས།

仁巴讓索省吉內，

明的原狀執變化，

མཉམ་པ་ཉིད་ཀྱི་དོན་རྟོགས་ཤོག།

娘巴尼吉冬多肖！

唯願平等性義證！

གཉིས་འཛིན་བརྟས་པའི་བག་ཆགས་ཀྱིས།

尼增帝比哇恰吉，

由二執滋長習氣，

བདག་སྟོད་གཞན་སྨོད་ཟུག་རྔུ་ལས།

達多燕母詩俄列，

我高他低而痛楚，

འཐབ་རྩོད་འཁྲུན་སེམས་བརྟས་པ་ལས།

塔佐詹賽帝巴列，

爭鬥好勝心滋長，

གསོད་གཅོད་ལྷ་མིན་གནས་སུ་སྐྱེ།

索覺拉萌內蘇吉，

生往殺戮非天處，

འབྲས་བུ་དམྱལ་བའི་གནས་སུ་ལྟུང་།

遮烏娘威內蘇冬，

墮落地獄果報地，

སངས་རྒྱས་ང་ཡི་སྨོན་ལམ་གྱིས།

桑傑呃伊萌拉木吉！

由我佛前作祈願！

འཁྲུན་སེམས་འཐབ་རྩོད་སྐྱེས་པ་རྣམས།

占賽塔佐吉巴南，

如若爭鬥心生起，

དགྲར་འཛིན་མི་བྱ་རང་སོར་ལྷོད།

扎增莫夏讓索洛，

怨仇不記自和解，

ཤེས་པ་རང་སོ་ཟིན་གྱུར་ནས།

希巴讓索省吉內，

心思如若執變後，

ཕྲིན་ལས་ཐོགས་མེད་ཡེ་ཤེས་ཤོག

赤列妥美伊希肖！

唯願事業智無礙！

དྲན་མེད་བཏང་སྙོམས་ཡེངས་པ་ཡི།

詹美當娘央巴伊，

執迷平等捨[76]散亂，

འཐིབ་དང་རྨུགས་དང་བརྗེད་པ་དང་།

特當母當吉巴當，

蒙昧昏沉無記憶，

བརྒྱལ་དང་ལེ་ལོ་གཏི་མུག་པས།

嘉當裡洛帝莫比，

昏迷怠懈及愚癡，

འབྲས་བུ་སྐྱབས་མེད་བྱོལ་སོང་འཁྱམས།

遮烏嘉美肖松恰，

漂泊無依旁生果，

སངས་རྒྱས་ང་ཡི་སྨོན་ལམ་གྱིས།

桑傑呃伊萌拉木吉！

由我佛前作祈願！

གཏི་མུག་བྱིང་བའི་མུན་པ་ལ།

帝莫雄威蒙巴拉，

愚癡昏聵黑暗中，

དྲན་མེད་གསལ་བའི་མདངས་ཤར་བས།

詹美薩威當夏威，

示現記憶光彩生，

རྟོག་མེད་ཡེ་ཤེས་ཐོབ་པར་ཤོག

哆美伊希妥巴肖！

唯願證無分別智！

ཁམས་གསུམ་སེམས་ཅན་ཐམས་ཅད་ཀུན།

康松賽堅塔堅更，

三界盡一切有情，

ཀུན་གཞིས་སངས་རྒྱས་ང་དང་མཉམ།

更伊桑傑呃當娘，

一切處我與佛同，

དྲན་མེད་འཁྲུལ་པའི་གཞི་རུ་སོང་།

詹美赤比伊若松，

離開沉昏迷亂地，

ད་ལྟ་དོན་མེད་ལས་ལ་སྤྱོད།

達打冬美列拉覺，

今世無益業中行，

ལས་དྲུག་རྨི་ལམ་འཁྲུལ་བ་འདྲ།

列智米拉木車巴扎，

猶如六業幻夢境，

ང་ནི་སངས་རྒྱས་ཐོག་མ་ཡིན།

呃尼桑傑妥瑪音，

我是原始最初佛，

འགྲོ་དྲུག་སྤྲུལ་པས་འདུལ་བའི་ཕྱིར།

卓智知比都威秀爾，

六趣變化調伏因，

ཀུན་ཏུ་བཟང་པོའི་སྨོན་ལམ་གྱིས།

更都桑波萌拉木吉，

普賢菩薩之行願，

སེམས་ཅན་ཐམས་ཅད་མ་ལུས་པ།

賽堅塔堅瑪列巴，

一切有情盡無餘，

ཆོས་ཀྱི་དབྱིངས་སུ་འཚང་རྒྱ་ཤོག།

切吉央蘇倉嘉肖！

唯願於法界證覺！

ཨ་ཧོ།

阿火！

奇呀哉！

ཕྱིན་ཆད་རྣལ་འབྱོར་སྟོབས་ཅན་གྱིས།

興恰那覺哆堅吉，

今後瑜伽力行者，

འཁྲུལ་མེད་རིག་པ་རང་གསལ་ནས།

赤美仁巴讓薩內，

無迷惑明自現出，

སྨོན་ལམ་སྟོབས་ཅན་འདི་བཏབ་པས།

萌拉木哆堅德達比，

以此培植願力者，

འདི་ཐོས་སེམས་ཅན་ཐམས་ཅན་ཀུན།

德特賽堅塔堅更，

聞此盡一切有情，

སྐྱེ་བ་གསུམ་ནས་མངོན་འཚང་རྒྱ།

吉哇松內俄倉嘉，

從三世中現證覺，

ཉི་ཟླ་གཟའ་ཡིས་ཟིན་པའམ།

尼達薩伊省巴阿，

或以日月星辰執，

སྒྲ་དང་ས་གཡོས་བྱུང་བའམ།

扎當薩伊雄哇阿，

或由聲與地震起，

ཉི་མ་ལྡོག་འགྱུར་ལོ་འཕོ་དུས།

尼瑪多吉洛普德，

太陽迴圈轉年時[77]，

རང་ཉིད་ཀུན་ཏུ་བཟང་པོར་བསྐྱེད།

讓尼更都桑波吉，

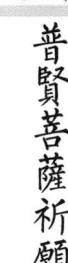

自性妙賢中生起，

ཀུན་གྱིས་ཐོས་པར་འདི་བརྗོད་ན།

更吉特巴德覺那，

一切聽聞如是言，

ཁམས་གསུམ་སེམས་ཅན་ཐམས་ཅད་ལ།

康松賽堅塔堅拉，

三界一切眾有情，

རྣལ་འབྱོར་དེ་ཡི་སྨོན་ལམ་གྱིས།

那覺帝伊萌拉木吉，

由於此瑜伽祈願，

སྡུག་བསྔལ་རིམ་བཞིན་གྲོལ་ནས་ཀྱང་།

都俄仁音卓內江，

苦厄次第得解脫，

མཐའ་རུ་སངས་རྒྱས་ཐོབ་པར་འགྱུར།

塔若桑傑妥巴吉！

最終證悟而成佛！

如是開示，是曰大圓滿普賢如來密意無遮教典，以大九品心要。

（三十六）淨治三身剎土祈願頌

སྐུ་གསུམ་ཞིང་ཁམས་སྦྱོང་བའི་གསོལ་འདེབས་སྨོན་ལམ།

格松香康君威索帝萌拉木

ཀྱེ་མ་ཀྱེ་ཧུད་རིག་འཛིན་པདྨ་འབྱུང་།

嗟麻吉乎仁增貝瑪君，

嗚呼嗟籲持明蓮花生，

བདག་འདྲ་ལས་ངན་སྙིགས་མའི་སེམས་ཅན་རྣམས།

達扎列俄尼瑪賽堅南，

惡業如我濁世眾有情，

བདེ་བ་འདོད་ཀྱང་སྡུག་བསྔལ་དོན་དུ་གཉེར།

帝哇哆江都俄冬都寧，

雖欲求樂反做受苦事，

སྙིང་རུས་ཕྱིན་ཅི་ལོག་རྣམས་སུ་ལ་རེ།

寧熱興吉洛南蘇拉惹？

精進顛倒諸眾指望誰?

ཐུགས་རྗེས་གཟིགས་ཤིག་རྔ་ཡབ་གླིང་པ་མཁྱེན།

陀吉詩希呃雅林巴欽，

妙拂洲人慈悲賜加護，

ད་ལྟ་ཉིད་དུ་ཟངས་མདོག་དཔལ་རིར་ཕྲོངས།

達打尼都桑哆華惹仲。

請即度至銅色吉祥山。

ཐུགས་རྗེ་ལྡན་པའི་རྒྱལ་བ་ཁྱེད་ལྟ་བུས།

陀吉旦比嘉哇切達烏，

猶如你是具大慈悲佛，

བོད་འབངས་བོར་ནས་རྔ་ཡབ་གླིང་དུ་གཤེགས།

烏榜烏內俄雅林都歇，

離棄藏人前赴妙拂洲，

གདོང་དམར་བོད་ཕྲུག་སྤྲེའུའི་ཚ་བོ་རྣམས།

冬瑪爾烏楚慧敖叉烏南，

紅面吐蕃獼猴子孫眾，

འདི་ཕྱིའི་རེ་ལྟོས་སྐྱབས་གནས་སུ་ལ་རེ།

德希惹遞嘉內蘇拉惹？

今生來世指望皈依誰?

ཐུགས་རྗེས་གཟིགས་ཤིག་རྔ་ཡབ་གླིང་པ་མཁྱེན།

陀吉詩希呃雅林巴欽，

妙拂洲人慈悲賜加護，

ད་ལྟ་ཉིད་དུ་ཟངས་མདོག་དཔལ་རིར་སྐྱོངས།

達打尼都桑哆華惹仲。

請即度至銅色吉祥山。

ཚེ་སྲོག་མི་རྟག་གཡང་ཁའི་བྱེའི་འདྲ།

次輸莫達央卡希敖扎，

人生無常恰如懸崖雀，

དོ་ནུབ་ཙམ་ཡང་མི་འཆིའི་གདིང་ནི་མེད།

多努乍央莫其冬尼美，

今晚不定要死無把握，

རྟག་ཏུ་སྡོད་གྲབས་བྱེད་པ་བདུད་ཀྱིས་བསླུས།

達都多扎希巴都吉知，

經常沉溺懶墮被魔擾，

གཤིན་རྗེའི་ཕོ་ཉ་བྱུང་ན་སུ་ལ་རེ།

興吉頗娘雄那蘇拉惹？

閻羅使者來臨指望誰?

ཐུགས་རྗེས་གཟིགས་ཤིག་རྔ་ཡབ་གླིང་པ་མཁྱེན།

陀吉詩希呃雅林巴欽，

妙拂洲人慈悲賜加護，

ད་ལྟ་ཉིད་དུ་ཟངས་མདོག་དཔལ་རིར་བྱོངས།

達打尼都桑哆華惹仲！

請即度至銅色吉祥山！

འཁོར་བའི་སེམས་ཅན་སྡུག་བསྔལ་ལས་ལ་གཡེང་།

科威賽堅都俄列拉央，

輪迴有情苦厄中掉舉，

དམ་ཆོས་བྱེད་བློ་ནམ་ལངས་སྐར་ལྟར་ཡལ།

達切希洛那林迦爾達雅，

心中不生妙法如星隱，

དོན་ཆུང་གཡེང་བའི་ཁོལ་པོར་མི་ཚེ་ཟད།

冬瓊央威科烏莫次薩，

小事放逸役使人壽盡，

དགྲ་ཆེན་འཆི་བ་བྱུང་ན་སུ་ལ་རེ།

扎欽期哇雄那蘇拉惹？

大敵死而復生指望誰？

ཐུགས་རྗེས་གཟིགས་ཤིག་ཛ་ཡབ་གླིང་པ་མཁྱེན།

陀吉詩希呃雅林巴欽，

妙拂洲人慈悲賜加護，

ད་ལྟ་ཉིད་དུ་ཟངས་མདོག་དཔལ་རི་ར་རྫོངས།

達打尼都桑哆華惹仲！

請即度至銅色吉祥山！

བྱིས་པའི་རང་བཞིན་སོ་སོའི་སྐྱེ་བོ་ཀུན།

希比讓音索索吉烏更，

童孺天性各異遍眾生，

ཐོས་བསམ་སྒོམ་པའི་ན་ཚོད་ཆེ་ཆེར་རྒུད།

特桑果比那措切切爾格，

聞思修的年齡已衰老，

ཕར་ཕྱིན་དྲུག་གི་འདྲེན་བྱེད་ཅེ་རེ་ལོང་།

帕興智格遮希傑惹龍，

六度教義不通似盲人，

འབྱུང་བ་ཐིམ་རིམ་བྱུང་ན་སུ་ལ་རེ།

君哇特仁雄那蘇拉惹？

大種隱沒次第起靠誰?

ཐུགས་རྗེས་གཟིགས་ཤིག་ཛ་ཡབ་གླིང་པ་མཆེན།

陀吉詩希呃雅林巴欽，

妙拂洲人慈悲賜加護，

ད་སྔ་ཉིད་དུ་ཟངས་མདོག་དཔལ་རིར་བྲོངས།

達打尼都桑哆華惹仲！

請即度至銅色吉祥山！

དགེ་བཅུའི་ལམ་ལ་མོས་པས་ཞུགས་ན་ཡང་།

格吉拉木拉米比秀那央，

雖以信解趨入十善道，

རྣམ་པར་དཔྱད་ན་ཆོས་བརྒྱད་ཟོབ་དང་འདྲེས།

南巴夏納切嘉索當遮，

用心考察八法摻虛假，

མི་དགེའི་རྣམ་སྨིན་མ་ཚོར་ཤུགས་ཀྱིས་འགོ།

莫格南閔瑪措秀吉果，

不覺不善異熟力所染，

བར་དོ་དམྱལ་ཐག་གཅོད་དུས་སུ་ལ་རེ།

哇爾多娘塔覺德蘇拉惹？

中有墮地獄時指望誰?

ཐུགས་རྗེས་གཟིགས་ཤིག་རྔ་ཡབ་གླིང་པ་མཁྱེན།

陀吉詩希呃雅林巴欽，

妙拂洲人慈悲垂加護，

ད་ལྟ་ཉིད་དུ་ཟངས་མདོག་དཔལ་རིར་བྲོངས།

達打尼都桑哆華惹仲！

請即渡至銅色吉祥山！

ཀྱེ་མ་ནམ་ཞིག་ཚེ་ཡི་འཕེན་པ་ཟད།

嗟瑪南茜次伊彭巴薩，

嗚呼一旦壽命終結時，

ལུས་ཀྱི་མདངས་ཤོར་དབུགས་ཀྱི་ངར་སྒྲ་བརྟེགས།

列吉當肖烏吉呃扎次，

體澤消失呼吸氣息促，

འདེགས་བྱེད་རླུང་ཁྲོས་ངར་སྐད་ཅན་གྱི་རོས།

達希龍遮呃噶堅吉若，

支撐風息聲嘶力竭魂，

ཉེ་འབྲེལ་གདུང་སེམས་འབྲེལ་ཐག་གཅོད་པའི་ཚེ།

寧遮冬賽遮塔覺比次，

同親愛心切割聯繫時，

གནད་གཅོད་སྡུག་བསྔལ་དྲག་པོ་མི་འབྱུང་ཞིང་།

那覺都俄扎波莫雄香，

解肢節苦願勿猛烈生，

མཁའ་འགྲོས་བསུ་བའི་སྣང་བ་ཤར་བར་ཤོག།

卡卓蘇威囊哇夏爾哇肖！

空行迎接光明願示現!

ཀྱེ་ཧུད་ས་ཆུ་མེ་རླུང་ནམ་མཁའ་སྟེ།

吉呵薩曲美龍南卡帝，

嗚呼地水火風以及空，

འབྱུང་ལྔའི་ཐིམ་རིམ་དུ་བ་སྨིག་རྒྱུ་དང་།

君呃特仁都哇莫吉當，

五大隱沒次第陽焰煙，

མེ་ཁྱེར་མར་མེའི་སྣང་བ་གསལ་བའི་རྗེས།

美切瑪美囊哇薩威吉，

螢光燈焰光明照亮後，

ཕྲ་བའི་ཐིམ་རིམ་སྣང་མཆེད་ཐོབ་གསུམ་སྟེ།

擦威特仁囊切妥松帝，

微細隱沒次第現三相，

འདི་ལྟར་རྣམ་ཤེས་སྣང་བ་ལ་ཐིམ་པས།

帝達爾南茜囊哇拉特比，

一是心識融入光明界，

སྤྲིན་མེད་མཁའ་ལ་ཉི་ཟླ་གཟས་ཟིན་ལྟར།

貞美卡拉尼達塞省達爾，

猶如晴空日月羅睺食，

དམར་ལམ་འཆར་ཞིང་དམར་ཆ་སྙིང་གར་ལྡོག

瑪拉木恰香瑪恰寧迦洛，

紅彤彤光部分入心際，

དེ་རྗེས་སྣང་བ་མཆེད་པ་ལ་ཐིམ་པས།

帝吉囊哇切巴拉特比，

隨後光明融入增相時，

སྐར་ཁུང་ནང་དུ་ཟླ་ཟེར་ཤར་བ་ལྟར།

迦空囊都達塞夏哇達爾，

猶如窗戶灑入月亮光，

དཀར་ལམ་འཆར་ཞིང་དཀར་ཆ་ཐུར་དུ་བབས།

迦拉木恰香迦恰特都哇，

道道白光漸漸向下降，

དེ་ནས་མཆེད་པ་ཉེར་ཐོབ་ལ་ཐིམ་པས།

帝內卻巴尼妥拉特比，

復次增相融入近得相，

སྤྲིན་མེད་ནམ་མཁའ་སྲོད་མུན་འཁྲིགས་པ་ལྟར།

貞美南卡數萌赤巴達爾，

猶如無雲晴空暮色濃，

ནག་ལམ་ཤར་ནས་ཀུན་གཞིའི་ངང་དུ་བརྒྱལ།

那拉木夏內更伊俄都嘉，

黑光升起沉迷藏識中，

སླར་ཡང་སྲོག་འཛིན་རླུང་བརྒྱད་གྱེད་པ་ཡིས།

拉央梳增龍嘉吉巴伊，

復次因持命八氣分離，

ཅུང་ཟད་བརྒྱལ་སངས་གདོད་མའི་ཡེ་གདངས་ཤར།

君薩嘉桑哆米伊當夏爾，

些微復蘇最初火光中，

གསལ་ལ་མ་འགགས་སྟོན་གྱི་ནམ་མཁའ་བཞིན།

薩拉瑪迦冬吉南卡音，

明淨朗徹如秋晴虛空，

སྟོང་གསལ་སྒྲིབ་གཡོགས་བྲལ་བའི་ངང་ལ་གནས།

冬薩智約扎威俄拉內，

住於明空無遮狀態中，

དེ་ཚེ་ད་ལྟའི་ཀ་དག་བློ་བྲལ་དབྱིངས།

帝次達打迦達洛縈央，

當時所顯本淨無識界，

ཐ་མལ་ལ་ཤེས་ཟད་ཀ་རྒྱ་ཡན་ལ།

塔瑪拉希薩迦嘉燕拉，

平庸善慧本淨不覺中，

ངེས་པ་རྙེད་དེ་མཉམ་པར་བཞག་པའི་མཐུས།

呃巴尼帝娘巴雅比特，

尋得決定以此等持力，

གདོད་མའི་གཞི་དབྱིངས་ནང་གསལ་གསང་བའི་སྦུབས།

哆米伊央囊薩桑威烏，

最初本空明澈隱密孔，

ཁྱད་ཆོས་དྲུག་ལྡན་ཀུན་བཟང་དགོངས་པའི་ཀློང་།

恰切智旦更桑貢比龍，

具六竅法善賢密意中，

སྐད་ཅིག་ཉིད་ལ་བཙན་ས་ཟིན་པར་ཤོག།

迦吉尼拉贊薩省巴肖。

刹那之間願證其要義。

གལ་ཏེ་བར་དོ་དང་པོར་མ་གྲོལ་ན།

迦帝哇爾多當烏瑪卓那，

第一中有若未得解脫，

དབྱིངས་སྣང་ལྷུན་གྲུབ་འོད་གསལ་ལ་ཐིམ་ནས།

央囊林智敖薩拉特內，

融入法爾自生光明中，

སྒྲ་འོད་ཟེར་དང་ཚོམ་བུའི་དཀྱིལ་འཁོར་སོགས།

扎敖賽當措烏吉科索，

聲音光明陳列壇城等，

ཐིམ་ལུགས་བརྒྱད་ཀྱི་སྣང་བ་འཆར་བའི་ཚེ།

特勒嘉吉囊哇恰爾威次，

入融八法光明示現時，

ཆོས་ཉིད་བར་དོར་རང་སྣང་ངོ་ཤེས་ནས།

切尼哇爾多讓囊俄希內，

法性中有道上識本覺，

མ་པང་བུ་འཇུག་ལྟ་བུར་གྲོལ་བ་ཤོག།

瑪旺烏吉達烏卓哇肖。

猶如兒投母懷願解脫。

དེ་ཚེ་སྒྲ་ཡིས་འཇིགས་ཏེ་ཟེར་གྱིས་དངས།

帝次扎伊吉帝賽吉當，

彼時因聲所畏懼光明，

སྐུ་ཡི་སྣང་བས་སྐྲག་སྟེ་མ་གྲོལ་ན།

格伊囊哇扎帝瑪卓那，

受身明相牽動未解脫，

ཆོས་ཉིད་བདེན་པ་བླ་མའི་བྱིན་རླབས་ཀྱིས།

切尼殿巴喇嘛興拉吉，

可惜法身真諦師加持，

འཁྲུལ་པ་རྨི་ལམ་སད་པའི་ཆ་ཙམ་ལས།

赤巴米拉木薩比恰作列，

從此錯亂夢境微微醒，

རང་བཞིན་སྤྲུལ་སྐུའི་ཞིང་ཁམས་པདྨའི་སྦུབས།

讓音智格香康貝瑪烏，

自性化作刹士蓮花莖，

བརྫུས་ཏེ་སྐྱེས་ནས་དབུགས་དབྱུང་གྲོལ་བར་ཤོག།

資帝吉內烏君卓哇肖。

於中輕鬆降生願解脫。

རིམ་དགུའི་ཐེག་པ་ཀུན་ལས་འདས་པའི་དོན།

仁格乘巴更列帝巴冬，

九乘次第超越一切義，

འོད་གསལ་རྫོགས་ཆེན་ལམ་ལ་ཞུགས་དེའི་མཐུས།

敖賽佐欽拉木拉秀帝特，

以入光明大圓滿道力，

ནམ་ཞིག་གདོད་མའི་ལྷུམས་སུ་ཞུགས་པའི་ཚེ།

南希多米勒蘇秀比次，

一旦進入最初胎藏時，

གང་གི་གྲོལ་ཆེ་སྒྲ་འོད་ས་གཡོས་དང་།

岡格卓次扎敖薩耶當，

就此解脫聲光地震中，

རིགས་ལྔའི་གདུང་དང་ཞི་ཁྲོའི་སྣང་སྙན་སོགས།

仁俄冬當希楚囊寧索，

五種痛苦靜猛幻影等，

ཀུན་གྱི་མཐུན་སྣང་གྲུབ་ཏུ་མངོན་པར་ཤོག

更吉彤囊智都俄巴肖。

皆成順逆覺受願現前。

རིག་འཛིན་བདག་གི་ལྷག་བསམ་རྣམ་དག་དང་།

仁增達格拉桑南達當，

持明我自增上意樂淨，

ཆོས་ཉིད་རང་བཞིན་ཅི་ཡང་མ་ཡིན་པའི།

切尼讓音吉央瑪音比，

法性本自規律無定性，

བདེན་པའི་མཐུ་ཡིས་ཁམས་གསུམ་ཡིད་ཅན་དང་།

殿比陀伊康松伊堅當，

真諦力生三界念識者，

ཁྱད་པར་འབྲེལ་བས་བསྡུས་པའི་སེམས་ཅན་ཀུན།

恰巴遮威德比賽堅更，

成為因緣所攝眾有情，

སྐུ་བཞིའི་ཞིང་ཁམས་རྨད་བྱུང་ཉམས་དགའ་བར།

格伊香康瑪雄娘迦哇爾，

於彼四身刹士妙喜地，

ཚོམ་བུ་གཅིག་ཏུ་ཕྱམ་གཅིག་གྲོལ་བར་ཤོག

措烏吉都夏吉卓巴肖！

聚會一處同願證解脫！

以上修習三身刹士祈願頌，是在自然蓮花語靜地兜率金剛石崖中，單獨靜修之時，一日清晨，眼前突然出現黑豹山峰。由是因緣，隱約看見山頭有師徒王臣諸眾降臨，調伏鬼神，觀光游山等諸景象，但已記不清楚，由此更加相信，一切有為法均屬無常，雖自覺還能多活幾年，但又心想，不定何時要去彼一世間，因而生起強烈出離之心，想起鄔金蓮師及其徒眾，不禁潸然淚下。因此，當即祈禱摧發心願，並將中有現分解脫法作為正文寫下。此於薩霍爾亦可通行的祈願文，乃是夏扎欽則敖賽所著。

淨治三身剎土祈願頌

（三十七）摩訶上師垂加護

མ་ཧཱ་གུ་རུའི་བྱིན་རླབས།

麻哈格惹興拉

མ་ཧཱ་གུ་རུའི་བྱིན་རླབས་ཀྱིས།

摩訶格惹興拉吉！

摩訶上師垂加護！

བདག་ཀྱང་ཚེ་རབས་ཐམས་ཅད་དུ།

達江次熱塔堅都，

我的所有壽命中，

ཞིང་ཁམས་དག་པའི་ཕོ་བྲང་དུ།

香康塔比普章都，

在清淨剎土宮殿，

བླ་མ་འབྲལ་མེད་བསྟེན་པར་ཤོག

喇嘛扎美旦巴肖！

唯願不離上師依！

མོས་གུས་ལྟེམས་ཀྱང་མེད་པ་ཡི།

米格帝江美巴伊，

憑以敬信不退轉，

གཉིས་པའི་ཞབས་ཏོག་འགྲུབ་པ་དང་།

尼比夏哆智巴當，

第二為承事成就，

དགོངས་པ་ཟབ་མོ་ཐུགས་ཀྱི་བཅུད།

貢巴薩母陀吉幾，

甚深密意心精華，

བྱིན་རླབས་བདུད་རྩིའི་ལུང་ཐོབ་ཤོག།

興拉都支龍妥肖！

願證加持甘露教！

སྐུ་གསུང་ཐུགས་ཀྱི་བྱིན་རླབས་ཀྱིས།

格松陀吉興拉吉，

以身語意垂加護，

ལུས་ངག་ཡིད་གསུམ་སྨིན་པ་དང་།

列呃伊松萌巴當，

身語意三門圓滿，

ཟབ་མོའི་བསྐྱེད་རྫོགས་རྣམ་གཉིས་ལ།

薩母吉佐南尼拉，

甚深生圓二次第，

དབང་ཐོབ་སྨིན་པ་བྱེད་པར་ཤོག

旺妥智巴希巴肖！

願證得灌頂修習！

ལོག་རྟོག་བདུད་ཀྱི་ཚོགས་རྣམས་དང་།

洛哆都吉措南當，

邪分別之諸眾魔，

ནད་གདོན་བར་ཆད་ཞི་བ་དང་།

那冬哇爾恰希哇當，

息除病魔鬼法障，

འཁོར་དང་ལོངས་སྤྱོད་རྒྱས་པ་ཡིས།

科當龍覺吉巴伊，

是故受用輪增長，

བསམ་པ་ཡིད་བཞིན་འགྲུབ་པར་ཤོག

桑巴伊音智巴肖！

唯願心如意成就！

དུར་ཁྲོད་རི་ཁྲོད་གངས་ཁྲོད་སོགས།

都爾楚惹楚岡楚索，

屍林山谷雪域等，

ཕུན་སུམ་ཚོགས་པའི་གནས་ཉིད་དུ།

彭松措比內尼都，

唯一圓滿之地中，

ཏིང་འཛིན་ཟབ་མོའི་དགོངས་བཅུད་ལ།

當增薩母貢幾拉，

甚深等持密意力，

རྟག་ཏུ་སྒྲུབ་པ་བྱེད་པར་ཤོག།

達都智巴希巴肖！

唯願不斷能修持！

སྒྲུབ་པ་བྱས་པའི་འབྲས་བུ་ཡིས།

智巴希比遮烏伊，

是故作修持之果，

ཕྲིན་ལས་རྣམ་བཞི་འགྲུབ་པ་དང་།

赤列南伊智巴當，

四種事業證悉地，

ལྷ་སྲིན་བྲན་དུ་ཁོལ་ནས་ཀྱང་།

拉珊詹都科內江，

差遣神鬼作僕役，

སངས་རྒྱས་བསྟན་པ་བསྲུང་བར་ཤོག།

桑傑旦巴梳哇肖！

唯願佛教得護持！

སྟོན་པས་གསུངས་པའི་དམ་ཆོས་རྣམས།

冬比松比達切南，

上師開示諸妙法，

རྩོལ་མེད་རྒྱུད་ལ་འཆར་བར་ཤོག

佐美吉拉恰哇肖，

無須精進續生起，

མཁྱེན་པ་མཆོག་ལ་མངའ་བརྙེས་ནས།

欽巴卻拉呃尼內，

執持殊勝智慧後，

རྟོགས་པ་མཆོག་དང་ལྡན་པར་ཤོག།

多巴卻當旦巴肖！

唯願俱殊勝證悟！

བྱང་ཆུབ་སེམས་ཀྱི་རྟེན་འབྲེལ་གྱིས་

香琪賽幾殿遮吉，

由於菩提心緣起，

སྐྱེ་འགྲོ་མ་ལུས་དབང་བསྡུས་ནས།

吉卓瑪列旺帝內，

眾生無餘得調伏，

ཐོགས་མེད་ཡིད་བཞིན་ནོར་བུ་མཐུས།

陀美伊音努爾烏特，

無礙如意摩尼力，

འབྲེལ་ཚད་དོན་དང་ལྡན་པར་ཤོག

遮叉冬當旦巴肖！

唯願相屬量義俱！

སངས་རྒྱས་བསྟན་པ་དར་བའི་མཐུས།

桑傑旦巴達比特，

佛宣講增上威力，

བརྒྱུད་འཛིན་ཆོས་སྟོན་རྒྱས་པ་དང་།

吉增切冬吉巴當，

傳承增上勝法筵，

འགྲོ་ཀུན་བདེ་ལ་འཁོད་ནས་ཀྱང་།

卓更帝拉科內江，

一切有情眾樂住，

ཞིང་ཁམས་ཐམས་ཅད་དག་པར་ཤོག།

香康塔堅達巴肖！

唯願淨一切刹土。

བདག་གི་ལུས་ངག་ཡིད་གསུམ་གྱིས།

達格列呃伊松吉，

憑以我的身語意，

གདུལ་བྱ་སོ་སོའི་བློ་ཡུལ་དུ།

度夏索索洛隅都，

種種調伏在心際，

གང་ལ་གང་འདུལ་སྤྲུལ་པའི་སྐུ།

岡拉岡都智比格，

隨一調伏顯化身，

དཔག་ཏུ་མེད་པ་འབྱུང་བར་ཤོག།

華都美巴君哇肖！

唯願無量而生起！

མདོར་ན་འཁོར་འདས་མ་ལུས་ཀུན།

多爾那科帝瑪列更，

總持有寂盡無餘，

གུ་རུ་ཉིད་དང་དབྱེར་མེད་ཅིང་།

格惹尼當吉美江，

惟有上師不分別，

སྐུ་གསུམ་འདུ་འབྲལ་མེད་པ་ཡི།

格松都扎美巴伊，

無有分合的三身，

རྣམ་མཁྱེན་སངས་རྒྱས་མྱུར་ཐོབ་ཤོག།

南欽桑傑紐妥肖！

唯願疾速證佛智！

སེམས་ཅན་གསོལ་བ་འདེབས་པར་ཤོག།

賽堅索哇帝巴肖！

唯願有情作祈請！

བླ་མའི་བྱིན་གྱིས་རློབས་པར་ཤོག།

喇嘛興吉洛巴肖！

唯願上師垂加護！

ཡི་དམ་དངོས་གྲུབ་སྩོལ་བར་ཤོག།

伊達俄智帝爾哇肖！

唯願本尊賜悉地！

མཁའ་འགྲོས་ལུང་བསྟན་བྱེད་པར་ཤོག།

卡卓龍旦希巴肖！

唯願空行作授記！

ཆོས་སྐྱོང་བར་ཆད་སེལ་བར་ཤོག།

切君哇恰賽哇肖！

唯願護法除道障！

སངས་རྒྱས་བསྟན་པ་དར་ཞིང་རྒྱས་པར་ཤོག།

桑傑旦巴達爾香金巴肖！

唯願眾有情安住！

ཉིན་དང་མཚན་དུ་ཆོས་ལ་སྤྱོད་པར་ཤོག།

寧當參都切拉覺巴肖！

唯願晝夜修法行！

རང་གཞན་དོན་གཉིས་ལྷུན་གྱིས་གྲུབ་པར་ཤོག།

讓音冬尼林吉智巴肖！

唯願自他二利成！

རང་བཞིན་དག་པའི་དགེ་བ་འདིས།

讓音達比格哇帝，

自性清淨之善行，

འཁོར་བ་ངན་སོང་དོང་སྤྲུགས་ནས།

科哇呃松冬智內，

輪迴惡趣連根除，

སྲིད་འཚོར་སླར་ཡང་མི་གནས་ཤིང་།

詩措拉爾央莫內香，

王臣中復次無住，

ཕྱམ་གཅིག་སྐུ་གསུམ་མངོན་གྱུར་ཤོག

夏吉格松俄吉肖！

唯願共同證三身！

རྒྱལ་བ་ཀུན་གྱི་གསང་ཆེན་མཛོད།

嘉哇更吉桑欽佐，

一切佛的大密藏，

བླ་མེད་མཆོག་གི་བསྟན་པ་འདི།

喇美卻格旦巴帝，

無上殊勝之教法，

ཇི་ལྟར་མཁའ་ལ་ཉི་ཤར་བཞིན།

吉達卡拉尼夏音，

猶如虛空太陽升，

རྒྱལ་ཁམས་ཡོངས་ལ་དར་རྒྱས་ཤོག།

嘉康雲拉達吉肖！

唯願國土遍昌盛！

唯願我的盡一切根成為善根！唯願師尊一切密意功德俱足，佛法繁榮昌盛、強大，悲智三力究竟圓滿等覺！唯願六趣盡一切有情眾生從輪迴惡趣的大苦大難中，示現救度商主，成就真如實性，與至尊上師一樣慈悲，與佛菩薩共同調伏，與飂蔓尊事業一樣昌盛，與無量壽佛一樣長壽，具有妙吉祥怙主文殊智慧，與觀世音菩薩一樣利樂有情，與秘密主金剛相好俱足，與普賢王如來剎土與共。

ནམ་ཞིག་ཚེ་ཡི་འདུ་བྱེད་གཏོང་བའི་ཚེ།

南茜次伊都希冬威次，

一旦壽蘊壞滅時，

མི་གཙང་ལུས་འདི་སྒྱུ་མ་བོར་མ་ཐག།

莫藏列德吉瑪烏瑪塔，

不淨身變化無間，

བདེ་བ་ཅན་དུ་བརྫུས་ཏེ་སྐྱེ་བར་ཤོག།

帝哇堅都支帝吉哇肖！

唯願化生極樂土！

སྐྱེ་མ་ཐག་ཏུ་ས་བཅུ་རབ་རྫོགས་ཏེ།

吉瑪塔都薩吉熱佐帝，

即生十地最圓滿，

སྤྲུལ་པ་རེ་རེ་བདག་གིས་བཀྱེ་ནས་ཀྱང་།

智巴惹惹達格吉內江，

每一應身我顯化，

ཐམས་ཅད་འདྲེན་པའི་དེད་དཔོན་བདག་གྱུར་ཅིག

塔堅遮比帝本達吉幾，

成為遍度大商主，

བདག་གཞན་གཉིས་མེད་ཆོས་སྐུ་མཐར་ཕྱིན་ནས།

達燕尼美切格塔興內，

自它不二法身竟，

ཀ་དག་གདོད་མའི་དབྱིངས་སུ་གྲོལ་བར་ཤོག།

迦達多米央蘇卓哇肖！

唯願最初體解脫！

頂禮、迴向、發願圓滿成就王。

達日達日、貝達日貝達日娑哈。

དགེ་བ་སྟོབས་ཆེ་བར་གྱུར་ཅིག།

格哇多切哇吉幾！

唯願成善大威德！

སྡིག་པ་འདག་སྐྱེན་པར་གྱུར་ཅིག།

德巴達金巴吉幾！

唯願罪障能淨除！

སྨོན་ལམ་མཐུ་བཙན་པར་གྱུར་ཅིག།

萌拉木陀贊巴吉幾！

唯願成所願威力！

扎雅扎雅斯地斯地帕拉帕拉。願一切吉祥。如是成就，亦是佛、法、僧三寶的真實加持和一切諸佛、菩薩的加持，所有一切二資糧力及法界清淨不可思議力，唯願如是祈願而地。

（三十八）銅色吉祥山祈願吉祥密道

ཟངས་མདོག་དཔལ་རིའི་སྨོན་ལམ་དཔལ་རིའི་གསང་ལམ་ཞེས་བྱ་བ་བཞུགས།

桑多華惹萌拉木華惹桑拉木溪夏哇秀

ཨོཾ༔ ཨཱ༔ ཧཱུྃ་ བཛྲ་གུ་རུ་པདྨ་སིདྡྷི་ཧཱུྃ།

唵　阿　吽 貝雜爾格惹貝瑪斯地吽！

རང་བཞིན་རྣམ་དག་བློ་བྲལ་གཉུག་མའི་ཕྲུབས།

讓音南達洛扎尼瑪烏，

自性清淨離想聖光環，

གསལ་མདངས་འགགས་མེད་བདེ་སྟོང་ལོངས་སྐུའི་རྩལ།

薩當迦美帝冬龍格作，

光明無礙樂空報身力，

སྤྲུལ་སྐུའི་ཞིང་ཁམས་མི་མཇེད་བཀོད་པའི་ཚ།

智格香康莫江果比恰，

化身剎土堪忍莊嚴分，

海 ཟངས་མདོག་དཔལ་གྱི་རི་བོར་སྐྱེ་བར་ཤོག།

桑多華吉惹烏吉哇肖！

唯願往生銅色吉祥山⑱！

འཛམ་གླིང་ས་ཡི་ལྟེ་བ་རྡོ་རྗེའི་གདན།

乍林薩伊帝哇多傑旦，

贍部洲地中心金剛座，

དུས་གསུམ་རྒྱལ་བས་ཆོས་འཁོར་བསྐོར་བའི་གནས།

德松嘉哇切科果威內，

三世諸佛轉法輪聖地，

དེ་ཡི་ནུབ་བྱང་རྔ་ཡབ་ལང་ཀའི་གླིང་།

帝伊努香呃雅朗迦林，

彼土西北妙拂楞伽洲，

ཟངས་མདོག་དཔལ་གྱི་རི་བོར་སྐྱེ་བར་ཤོག །

桑多華吉惹烏吉哇肖！

唯願往生銅色吉祥山！

བཀོད་པ་ལྷུན་གྲུབ་ཙི་ཏྟའི་ས་འཛིན་སྤོ།

果巴林智支達薩增波，

莊嚴任成支達⑲持地峰，

རྩ་བ་གདེངས་ཅན་འཇོག་པོའི་ཐོད་དུ་བཅིངས།

乍哇當堅覺波妥都江，

根基安止龍王作頂冠，

སྐེད་པར་ལུས་མེད་མཁའ་འགྲོས་ཚོགས་འཁོར་བསྐོར།

格巴列美卡卓措科果，

山腰欲界空行聚會供，

རྩེ་མོ་གཟུགས་ཁམས་བསམ་གཏན་སྙེགས་པ་ལྷ་འདི།

次母詩康桑旦娘巴達，

山頂如抵色界禪定天，

ཟངས་མདོག་དཔལ་གྱི༔

桑多華吉惹烏吉哇肖！

唯願往生銅色吉祥山！

རི་རྒྱལ་དེ་ཡི་རྩེ་མོའི་གཞལ་མེད་ཁང་།

惹嘉帝伊裁母雅美康，

彼大山王頂首越量宮，

ཤར་ཤེལ་ལྷོ་ཕྱོགས་དབང་སྔོན་བཻ་ཌཱུ་རྱ།

夏希洛肖旺俄白知雅，

東方水晶南方綠琉璃，

ནུབ་ཕྱོགས་པད་རག་བྱང་ཕྱོགས་ཨིནྡྲ་ནི།

努肖貝熱香肖呃扎尼，

西方紅寶北方藍寶石，

ཕྱི་ནང་བར་མེད་ཟང་ཐལ་དབང་གཞུའི་མདངས།

希囊哇爾美桑塔旺秀當，

無內無外明澈似虹霓，

ཟངས་མདོག་གས༔

桑多華吉惹烏吉哇肖！

唯願往生銅色吉祥山！

ཁྱམས་དང་གྲུ་ཆ་སྒོ་ཆད་འབུར་འཇའ་རིས་འཁྱིལ།

恰當智恰洛恰波爾嘉仁齊，

迴廊牆角外屋紅紋旋，

འདོད་སྣམ་ཕ་གུ་དྲ་བ་དྲ་ཕྱེད་དང་།

多南帕格扎哇扎西當，

供女臺階磚瓦與懸珞，

ཤར་བུ་མདའ་ཡབ་སྒོ་རྒྱན་རྟ་བབས་ཅན།

夏烏達雅果堅達哇堅，

簷瓶欄杆門飾與禪房，

ཆོས་འཁོར་གདུགས་ཏོག་བརྡ་དོན་རྫོགས་པའི།

切科都多達冬佐比，

法輪傘蓋表義徽具全，

ཟངས་མདོགས༔

桑多華吉惹烏吉哇肖！

唯願往生銅色吉祥山！

དཔག་བསམ་ལྗོན་པའི་ཤིང་དང་བདུད་རྩིའི་ཆུ།

華桑君比香當都支曲，

如意稠林樹木甘露水，

ནེའུ་སིང་སྨན་ལྗོངས་དྲི་བསུང་འཐུལ་བའི་ཁྲོད།

努桑曼君智松陀威楚，

寬廣草坪藥域飄香處，

དྲང་སྲོང་རིག་འཛིན་བྱ་ཚོགས་བྷྲ་མ་ར།

章松仁增夏措扎瑪熱，

仙人持明鳥群蜜蜂飛，

ཐེག་གསུམ་ཆོས་ཀྱི་སྒྲ་དང་བརྡ་གླུ་སྒྱུར།

乘松切吉紮當達勒吉爾，

三乘法音高詠歌表示，

ཟངས་མདོགས༔

桑多華吉惹烏吉哇肖！

唯願往生銅色吉祥山！

ཕོ་བྲང་གཞལ་མེད་ཆེན་པོའི་ལྟེ་བ་ལ།

普章雅美欽波帝哇拉，

廣大無量宮殿中心處，

རིན་ཆེན་ཟུར་བརྒྱད་པདྨ་ཉི་ཟླའི་སྟེང་།

仁欽賽爾嘉貝瑪尼達帝，

珍寶八瓣蓮花日月上，

བདེ་གཤེགས་ཀུན་འདུས་རང་བྱུང་པདྨ་འབྱུང་།

帝歇更德讓雄貝瑪君，

善逝總集自生蓮花生，

སྐུ་གསུམ་རིགས་འདུས་འཇའ་ཟེར་ཀློང་ན་བཞུགས།

格松仁德嘉賽龍那秀，

總持三身住於虹光中，

ཟངས་མདོག༔

桑多華吉惹烏吉哇肖！

唯願往生銅色吉祥山！

གང་གི་ཟབ་གསལ་བདེ་ཆེན་ཡེ་ཤེས་རྩལ།

岡格薩莎帝欽伊希作，

凡彼深明大樂智慧力，

སྟོང་ཉིད་སྙིང་རྗེར་ཤར་བའི་སྒྱུ་འཕྲུལ་ལས།

冬尼寧吉夏威吉赤列，

空行現於大悲化身中，

ཕྱོགས་བཅུ་ཀུན་དང་ཁྱད་པར་བོད་ཡུལ་དུ།

肖吉更當恰巴烏隅都，

十方周遍特別在藏土，

སྤྲུལ་པ་བྱེ་བ་ཁྲག་བརྒྱ་བར་མེད་འགྱེད།

智巴希哇擦嘉哇爾美傑，

不斷示現千百億化身，

ཟངས་མདོགས༔

桑多華吉惹烏吉哇肖！

唯願往生銅色吉祥山！

གཡས་ཀྱི་གྲལ་ན་རྒྱ་བོད་རིག་འཛིན་རྣམས།

伊吉扎那嘉烏仁增南，

右排列坐印藏眾持明，

འོད་གསལ་རྡོ་རྗེའི་རོལ་ངོར་འབྱམས་སུ་ཀླས།

敖薩多傑若俄嘉蘇裡，

光明顯化無邊樂金剛，

གཡོན་གྱི་གྲལ་ན་འཕགས་བོད་པཎ་གྲུབ་རྣམས།

雲吉扎那帕烏貝智南，

左排列坐印藏得道師，

བཤད་སྒྲུབ་ཉམས་རྟོགས་བགྲོ་གླེང་ཆོས་སྒྲ་འུར།

夏智娘多卓朗切扎敖爾，

講修證悟辯經法音高，

ཟངས་མདོག༔

桑多華吉惹烏吉哇肖！

唯願往生銅色吉祥山！

མཐའ་བསྐོར་བར་མཚམས་རྗེ་འབངས་ཉེར་ལྔ་དང་།

塔果哇叉吉榜寧呃當，

周邊中間二十五王臣，

སྤྲུལ་པའི་གཏེར་སྟོན་གྲུབ་པའི་ཁྱུ་མཆོག་རྣམས།

智比帝爾冬智比其卻南，

化身伏藏大師眾中尊，

ཐེག་པ་རིམ་དགུའི་འཁོར་ལོ་ལ་སྤྱོད་ཅིང་།

乘巴仁格科洛拉覺江，

正行住於九乘妙法輪，

གཡོ་མེད་དགོངས་པའི་གཟེར་གྱི་བརྟུལ་ཞུགས་འཛིན།

游美貢比賽吉都秀增，

修持意念如釘不動搖，

ཟངས་མདོག༔

桑多華吉惹烏吉哇肖！

唯願往生銅色吉祥山！

ཕྱོགས་བཞི་མཚམས་བརྒྱད་གྲུ་ཆད་བར་ཁྱམས་ཀུན།

肖伊叉嘉智恰哇恰更，

四面八方角落迴廊中，

དཔའ་བོ་ཌཱ་ཀི་ལྷ་དང་ལྷ་མོས་ཁེངས།

華烏扎格拉當拉母空，

住滿勇識空行天女眾，

རྡོ་རྗེའི་གླུ་གར་མིག་འཕྲུལ་ལྟ་བུར་གཡོ།

多傑勒迦爾莫赤達烏優，

金剛歌舞變幻如魔法，

ཕྱི་ནང་གསང་བའི་མཆོད་སྤྲིན་སྟོབ་པར་བྱེད།

希囊桑威卻貞多巴希，

呈獻內外秘密供養雲，

ཟངས་མདོག༔

桑多華吉惹烏吉哇肖！

唯願往生銅色吉祥山！

དེ་སྟེང་ལོངས་སྐུའི་གཞལ་མེད་བཀོད་མཛེས་ནང་།

帝當龍格雅美果裁囊，

其上報身無量宮殿中，

ཕྱག་ན་པདྨ་འཇིག་རྟེན་དབང་ཕྱུག་ལ།

夏那貝瑪姬旦旺秀拉，

世間持蓮自在觀世音，

ཚོམ་བུའི་དཀྱིལ་འཁོར་བསམ་ཡས་འཁོར་གྱིས་བསྐོར།

措烏吉科桑伊科吉果，

羅剎壇城廣大眷環繞，

རྣམ་རྟོག་བག་ཆགས་དགྲ་གདོན་ཐལ་བར་བྱེད།

南多哇恰扎冬塔哇希，

分別習氣邪魔碎為塵，

ཟངས་མདོག༔

桑多華吉惹烏吉哇肖！

唯願往生銅色吉祥山！

དེ་སྟེང་ཆོས་སྐུའི་ཞིང་ཁམས་ཉམས་དགའ་བར།

帝當切格香康娘迦哇爾，

其土法身刹土大樂地，

གཞི་སྣང་ཡེ་ཤེས་སྙིང་པོ་ཀུན་ཏུ་བཟང་།

伊囊伊希寧波更都桑，

本明妙智性空善賢王，

སྣང་མཐའ་རིག་པའི་འཁོར་ལོ་བརྡ་ཆོས་སྟོན།

囊塔仁比科洛達切冬，

大日持明徒對示語法，

སྟོན་འཁོར་དགོངས་པ་མཉམ་པའི་ཕྲིན་ལས་ཅན།

冬科貢巴娘比赤列堅，

佛徒密意事業平等地，

ཟངས་མདོག༔

桑多華吉惹烏吉哇肖！

唯願往生銅色吉祥山！

སྒོ་བཞིར་བཀའ་ཉན་རྒྱལ་པོ་ཆེན་པོ་བཞི།

果伊迦寧嘉波欽波伊，

四門護法四位聖天王，

ཕྱི་ནང་གསང་བའི་ལྷ་སྲིན་སྡེ་བརྒྱད་ཀུན།

希囊桑威拉珊帝嘉更，

內外秘密鬼神八部眾，

ཕོ་ཉར་མངགས་ནས་མུ་སྟེགས་དམ་སྲི་འདུལ།

普娘呃內莫達達詩都，

差遣去把外道冤鬼調，

དམ་ཅན་རྒྱ་མཚོ་དཔའ་རྟགས་རྒྱལ་རྔ་བརྡུང་།

達堅嘉措華達嘉呃冬，

具誓海眾獲獎擂勝鼓，

ཟངས་མདོག༔

桑多華吉惹烏吉哇肖！

唯願往生銅色吉祥山！

དེ་ལྟར་ཞིང་གི་བཀོད་པ་གསལ་བཏབ་ནས།

帝達香格果巴薩達內，

如是佛土莊嚴明憶起，

ཕྱི་རོལ་ཡུལ་གྱི་ཟངས་མདོག་དཔལ་རི་ལ།

希若隅吉桑多華惹拉，

與彼外境銅色吉祥山，

ཡུལ་ཅན་ནང་གི་རིག་པས་སྨོན་དེའི་མཐུས།

隅堅囊格仁比萌帝特，

以自有境內明祈願力，

རང་ལུས་མི་མཇེད་ཞིང་གི་བཀོད་པའི་ནང་།

讓列瑪傑香格果比囊，

自身於此娑婆莊嚴中，

རང་སྣང་ཟངས་མདོག་དཔལ་རིར་མངོན་པར་ཤོག།

讓囊桑多華惹俄巴肖，

自覺銅色吉祥山現前，

ཁྱད་པར་བསྐྱེད་རྫོགས་ཟབ་མོའི་རྟེན་འབྲེལ་གྱིས།

恰巴吉佐薩母殿遮吉，

尤其甚深生圓之緣起，

རྩ་གསུམ་འཁོར་ལྔའི་མདུད་པ་གྲོལ་ནས་ཀྱང་།

乍松科呃都巴卓內江，

三脈五輪脈結雖解開，

སྙིང་དབུས་ཟངས་མདོག་དཔལ་རིའི་ཕོ་བྲང་ཆེར།

寧衛桑多華惹普章切爾，

心間銅色吉祥山宮殿，

ལྷན་སྐྱེས་ཡེ་ཤེས་རོལ་པའི་རྩལ་རྫོགས་ནས།

蘭吉伊希若比作佐內，

俱生智顯功用圓滿後，

རང་རིག་པད་འབྱུང་རྗེ་དང་མཇལ་བར་ཤོག

讓仁貝君吉當嘉哇肖！

自性蓮花生尊願謁見！

ཚོགས་སྦྱོར་མཐོང་སྒོམ་མི་སློབ་ལམ་ལྔའི་སྦུབས།

措覺彤果莫洛拉呃波，

資糧加行見修無學道，

རབ་དགའ་ནས་བཟུང་ཀུན་ཏུ་འོད་ཀྱི་བར།

熱迦內松更都敖吉哇爾，

從極喜地直至普光地，

དེ་ལས་རྡོ་རྗེ་ཐེག་པའི་ས་མཆོག་གཉིས།

帝列多傑乘比薩卻尼，

其中金剛密乘二聖地，

ཁྱད་པར་འོད་གསལ་རྫོགས་པ་ཆེན་པོ་ཡི།

恰巴敖薩佐巴欽波伊，

尤其稀有光明大圓滿，

ཐུན་མོང་མ་ཡིན་ཡེ་ཤེས་བླ་མའི་ས།

彤萌瑪音伊希喇嘛薩，

不共殊勝智慧上師地，

བྱར་མེད་ལྷུག་པའི་ངང་དུ་རྫོགས་ནས་ཀྱང་།

夏美睹比呃都佐內江，

無為自然狀態得圓滿，

གཞི་དབྱིངས་པདྨ་འོད་དུ་གྲོལ་བར་ཤོག།

伊央貝瑪敖都卓哇肖！

本性蓮花生中願解脫！

གལ་ཏེ་དགོངས་པའི་རྩལ་ཆེན་མ་རྫོགས་ན།

迦帝貢比乍欽瑪佐那，

如若密意妙力未圓滿，

གསོལ་འདེབས་སྨོན་ལམ་དྲག་པོའི་འཕེན་པ་ཡིས།

索帝萌拉木扎波帕巴伊，

祈請發願猛厲而引發，

ནམ་ཞིག་འཆི་བ་བཙན་ཐབས་བྱུང་བའི་ཚེ།

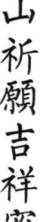

南茜其哇贊塔雄威次，

一旦命終強行發生時，

པདྨའི་ཕོ་ཉ་མཁའ་འགྲོ་གར་མཁན་མས།

貝瑪普娘卡卓迦堪米，

蓮花使者空行妙舞女，

མངོན་སུམ་ལག་པའི་ཁྱུ་ཚུར་ནས་བཟུང་ནས།

俄松拉比枯次內松內，

現前降臨緊握行者手，

མཁར་ཆེན་བཟང་དང་ཀུ་ཎ་ན་ཐ་ལྟར།

卡欽桑當格那納塔達爾，

如喀欽薩及格那納塔，

བདག་ཀྱང་པདྨ་འོད་དུ་འཁྲིད་པར་ཤོག

達江貝瑪敖都赤巴肖！

請將我引蓮花光剎土！

ཆོས་དབྱིངས་རྣམ་པར་དག་པའི་བདེན་པ་དང་།

切央南巴達比殿巴當，

法界根本清淨之真實，

དཀོན་མཆོག་རྩ་གསུམ་རྒྱ་མཚོའི་ཐུགས་རྗེ་ཡིས།

貢卻作松嘉措陀吉伊，

三寶三根本眾大悲憫，

བདག་གིས་སྨོན་པ་ཡིད་བཞིན་འགྲུབ་གྱུར་ནས།

達格萌巴伊音智吉內，

使我祈願如意證悉地，

འགྲོ་བ་འདྲེན་པའི་དེད་དཔོན་བྱེད་པར་ཤོག

卓哇遮比帝本希巴肖！

願作接引眾生一商主！

如是趣入與自性變化剎土無別的殊勝妙拂蓮花生祈願吉祥山密道，是為滿足耳傳金剛王妃瑜伽行者達瑪格德之諾言，在具德鄔金法王與佛母大悲月光照於心間的加持中，有精通光明大圓滿現前要義的瑜伽師咽嚕迦，即貝瑪旺欽作於桑耶欽普密嚴剎士空行善法堂妙華洞禪榻之上。

（三十九）

往生銅色吉祥山祈願善緣歡喜車

ཟངས་མདོག་དཔལ་རིར་བགྲོད་པའི་སྨོན་ལམ་སྐལ
་བཟང་དགའ་བའི་ཤིང་རྟ།

薩哆華惹卓比萌拉木迦桑嘎威香達

རང་སྣང་དག་པ་བདེ་ཆེན་རྡོ་རྗེ་དབྱིངས།

讓囊達巴帝欽多傑央，

自相清淨大樂金剛界，

ལྷུན་གྲུབ་འོག་མིན་སྒྱུ་འཕྲུལ་དྲྭ་བའི་གར།

林智敖萌吉赤扎威迦爾，

任運密嚴刹士幻網舞，

རབ་འབྱམས་རྒྱལ་བའི་ཞིང་ཁམས་རྒྱ་མཚོའི་ཕུལ།

讓嘉嘉威香康嘉措普，

無量佛土大海之勝境，

ཟངས་མདོག་དཔལ་གྱི་རི་བོར་སྐྱེ་བར་ཤོག

桑多華吉惹烏吉哇肖！

唯願往生銅色吉祥山！

ཡིད་འོང་པདྨ་རཱ་གའི་རི་དབང་རྩེར།

伊文貝瑪熱迦惹旺次，

如意蓮花熱噶須彌山，

ནོར་བུའི་བ་གམ་བརྩེགས་པའི་ཕོ་བྲང་ནི།

努爾吾哇迦裁比普章尼，

珍寶樓閣堆砌之宮殿，

ཕུལ་བྱུང་ངོ་མཚར་བཀོད་པས་མཛེས་པ་ཅན།

普雄俄叉果比責巴堅，

殊勝稀有莊嚴具華麗，

ཟངས་མདོག་དཔལ་གྱི་རི་བོར་སྐྱེ་བར་ཤོག

桑多華吉惹烏吉哇肖！

唯願往生銅色吉祥山！

ཙནྡན་ནགས་ཚལ་དཀྲིག་པའི་དོ་ར་རུ།

贊旦那叉智比多熱若，

栴檀林苑籠罩舞臺上，

གཡུ་ཡི་སྤངས་ལྗོངས་སྣ་ཚོགས་ཆུ་སྐྱེས་བཞིན།

幼伊榜君那措曲吉音，

猶如種種聰玉綠洲道，

གེ་སར་འཛུམ་མདངས་དགོད་པའི་ལང་ཚོ་ངོམས།

格薩爾支當果比朗措俄，

花蕊含笑容華之炫耀，

ཟངས་མདོག་དཔལ་གྱི་རི་བོར་སྐྱེ་བར་ཤོག

桑多華吉惹烏吉哇肖！

唯願往生銅色吉祥山！

ག་བུར་སྤོས་ཆུས་གཤེར་བའི་བདུད་རྩིའི་ཀླུང་།

迦烏爾貝曲希威都支龍，

冰片塗香滋潤甘露流，

ལྡིང་ལྡིང་ཉམས་དགར་འབབ་ཅིང་འཁོར་བའི་རྫིང་།

冬冬娘噶巴江科威藏，

潺潺分流迴旋之池塘，

གཞོན་ནུའི་གར་མཁན་ཅི་ཡང་རྩེ་ཞིང་རྒྱུ།

雲努迦爾卡吉央裁香吉，

少年舞者所有絕頂因，

ཟངས་མདོག་དཔལ་གྱི་རི་བོར་སྐྱེ་བར་ཤོག

桑多華吉惹烏吉哇肖！

唯願往生銅色吉祥山！

དབང་གཞུའི་གུར་ཁྱིམ་འཁྲིགས་པའི་དྲྭ་མིག་ནས།

旺伊格爾齊赤比扎莫內，

密佈自在人馬宮[80]窗櫺，

མེ་ཏོག་ཆར་ཟིམ་འབབ་པའི་རྡུལ་ཕྲེང་ནང་།

美多恰爾塞巴比都昌囊，

花語微微降至塵鬘內，

གིང་ཆེན་བདེ་བའི་གར་གྱིས་རྣམ་པར་རྩེ།

格欽帝威迦爾吉南巴裁，

大鼓樂舞形相之絕頂，

ཟངས་མདོག་དཔལ་གྱི་རི་བོར་སྐྱེ་བར་ཤོག

桑多華吉惹烏吉哇肖！

唯願往生銅色吉祥山！

ཕུན་ཚོགས་འདོད་པའི་ཡོན་ཏན་རྣམ་མང་པོས།

彭措多比雲旦南芒波，

圓滿妙欲之諸多功德，

ཀུན་ནས་མཛེས་རྒྱུར་བརྒྱན་བྱས་མཁའ་འགྲོའི་སྤྲིན།

更內次格堅希卡卓貞，

一切曲美莊飾空行雲，

མི་འཛད་ཕྱོགས་ཀྱི་འཁོར་ལོའི་ལྷར་བྲིས་པ།

莫乍肖吉科洛喇遮巴，

方向無盡輪上首懸掛，

ཟངས་མདོག་དཔལ་གྱི་རི་བོར་སྐྱེ་བར་ཤོག

桑多華吉惹烏吉哇肖！

唯願往生銅色吉祥山！

རིག་འཛིན་འདུས་པའི་ཚོགས་ཀྱི་གྲལ་དབུས་ན།

仁增德比措吉扎威那，

持明聖眾會聚行列中，

པདྨ་འབྱུང་གནས་རྒྱལ་བའི་དབང་པོ་ཡིས།

貝瑪君內嘉威旺波伊，

是以蓮花生王神威儀，

ཟབ་གསང་སེང་གེའི་སྒྲ་ཆེན་ཀུན་ཏུ་སྒྲོགས།

薩桑賽格扎欽更都卓，

深密獅子吼聲盡遍傳，

ཟངས་མདོག་དཔལ་གྱི་རི་བོར་སྐྱེ་བར་ཤོག

桑多華吉惹烏吉哇肖！

唯願往生銅色吉祥山！

སངས་རྒྱས་ཀུན་གྱི་ངོ་བོ་ང་ཡིན་ཞེས།

桑傑更吉俄烏呃音希，

如是一切諸佛之體性，

མཁྱེན་བརྩེའི་ཡེ་ཤེས་མཚུངས་པ་མེད་པའི་སྟོབས།

欽則伊希倉巴美比多，

慈悲智慧不相同之力，

མུ་མེད་གདུལ་བྱའི་ཁམས་དང་མཉམ་པར་འཇུག

莫美都夏康當娘巴吉，

無邊調伏之界平等入，

ཟངས་མདོག་དཔལ་གྱི་རི་བོར་སྐྱེ་བར་ཤོག

桑多華吉惹烏吉哇肖！

唯願往生銅色吉祥山！

ཡོན་ཏན་རྒྱ་མཚོ་མཐའ་ཡས་པའི་གཏེར།

雲旦嘉措帕塔伊比帝爾，

功德大海無邊之伏藏，

དྲན་པ་ཙམ་གྱིས་ཞིང་དེར་དབུགས་འབྱིན་པའི།

詹巴乍吉香帝悟欽比，

由唯住念此土中安住，

ངོ་མཚར་ཕྲིན་ལས་འཁོར་ལོའི་གཟི་བྱིན་ཅན།

俄叉赤列科洛詩興堅，

稀有事業輪轉威光者，

ཟངས་མདོག་དཔལ་གྱི་རི་བོར་སྐྱེ་བར་ཤོག

桑多華吉惹烏吉哇肖！

唯願往生銅色吉祥山！

མཁའ་སྤྱོད་པདྨ་འོད་མཛེས་གྲོང་ཁྱེར་དུ།

卡覺貝瑪敖則仲切爾都，

空行蓮花光的瑰麗宮，

ད་ལྟ་ཉིད་དུ་བཙན་ཐབས་བགྲོད་ནས་ཀྱང་།

達打尼都贊塔卓內江，

唯有今世強力而行走，

དོན་གཉིས་ཡིད་བཞིན་འགྲུབ་པའི་རྣམ་ཐར་ཚུལ།

冬尼伊音智比南塔次，

二義如意成就解脫法，

མཉམ་མེད་གུ་རུ་ཁྱོད་དང་མཚུངས་པར་ཤོག།

娘美格惹喬當次巴肖！

唯願無比上師與您同！

如是部的護樂女--智慧自在母，在蓮花光中行走時，由釋迦比丘離怖畏金剛，用悲傷和眷戀之心而作祈願。

སངས་རྒྱས་ཀུན་གྱི་ངོ་བོ་བཀའ་དྲིན་ཅན།

桑傑更吉俄烏噶貞堅，

一切如來體性恩，

ཨོ་རྒྱན་རིན་པོ་ཆེ་ལ་གསོལ་བ་འདེབས།

鄔金仁波切拉索哇帝，

祈請鄔金上師寶，

ནམ་ཞིག་ཚེ་འདིའི་སྣང་བ་ནུབ་མ་ཐག།

南茜次德囊哇努瑪塔，

一旦壽現沉無間，

པདྨ་འོད་དུ་སྐྱེ་བར་བྱིན་གྱིས་རློབས།

貝瑪敖都吉哇興吉隆！

加持往生蓮花光！

（四十）誓願成就智慧奪捨

བདེན་ཚིག་འགྲུབ་པའི་སྤྲ་ཧེ་རྫ་རྣམ་མཁྱེན་གྲོང་འཇུག་ཅེས་བྱ་བ།།

登次智比扎尼達南欽仲吉屆夏哇

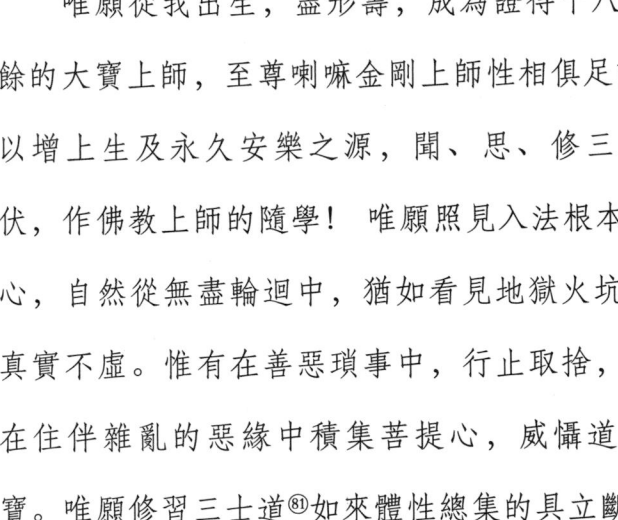

南無皈依海生成就上師！南無皈依佛、法、僧三寶及諸聖眾菩薩垂加護！

唯願從我出生，盡形壽，成為證得十八暇滿具足無餘的大寶上師，至尊喇嘛金剛上師性相俱足調伏！唯願以增上生及永久安樂之源，聞、思、修三者，相續調伏，作佛教上師的隨學！唯願照見入法根本，持四厭離心，自然從無盡輪迴中，猶如看見地獄火坑，深信因果真實不虛。惟有在善惡瑣事中，行止取捨，善於選擇。在住伴雜亂的惡緣中積集菩提心，威懾道障，皈依三寶。唯願修習三士道[81]如來體性總集的具立斷捨邪見及邪分別，親見如來。從此威力表示標準儀軌的四灌頂，三門成熟，進入稀有金剛乘道，從所取祈請與敬信和合道，名相義密意相續，願我證得遷轉虛空。唯願生起次第麻哈瑜伽修持究意之後，不但了知情器世間三曼陀羅，行於四持明地，猶如菩提蓮台和頻婆樹花果。修持圓滿次第阿努瑜伽究意之後，在生死輪迴和生死涅槃樂空不二的如來體性中，主持密嚴刹土。唯願大圓滿阿底瑜伽修持究竟之後，有法現法性盡，猶如持明極喜金剛，於童瓶身中，得證解脫。

總之，我學菩薩行後，因能持三門，盡所以能作，唯願化為母，饒益遍諸有情眾生。唯願在時和一切相中，刹那不生邪見，不迎合世間之心。如若業和習氣成為強權，如一切邪妄心生起，便不能成就。如若化為利他事業，如捨身命，亦是無畏，猶如童瓶身而成就。到達二利任運成就，便從三界輪迴苦海化為十力，從四無畏力而拔濟，如離欲祈願，化為圓滿成就一致行持，是以諸佛菩薩之處，當面呈獻，頂禮諸真實言說！

唵達惹達惹貝達惹貝達惹娑哈。

願成妙力大勢至，

願成祈願猛咒力，

唯願淨除諸罪業。

乍雅乍雅，斯地斯地，帕拉帕拉，阿阿哈夏薩瑪，瑪瑪果裡曼達，薩爾哇瑪迦拉。

誓願成就智慧奪捨

（四十一）誓願成就祈願解脱階梯

བདེན་ཚིག་འགྲུབ་སྨོན་ཐར་པ་བགྲོད་པའི་ཐེམ་སྐས།

登次智萌塔爾哇卓比特格

皈依化為佛、法、僧三寶三根本體性之諸喇嘛金剛上師的身、語、意、功德、事業主體，祈請降臨而賜加持！冬臘月祈請是諸發願得證悉地。唯願從我生出，一切而生，盡一切有情，不生惡念，淨妙意樂加行，猶如不斷流水。非是食物妙欲會供大曼陀羅，在金剛乘清淨道會供曼陀羅時，無例外受用。唯願盡一切有情眾生之血、肉、食物、飲品等之受用而盡，不能有絲毫馬虎。唯願念住，如今世發願。如若無有俱解脫的二功德，在薦亡祈福齋業緣中，惟有芝麻受用不盡。唯在有情眾生的利益中，對自己的身、語、意三門施捨時，若微有掛礙，亦不能馬虎而行。唯願法性不動，由有法因果無虛妄的真諦力，離開自欲的此諸祈願圓滿成就。唯願由佛、法、僧三寶真實成就，唯願以清淨妙善上師之真實成就，於我金剛上師普賢利他臨終之時，以悟境光明而修發願文，在一切善業中，唯願化為饒益有情眾生之因！

（四十二）
誓言成就發願出世上師言教

བདེན་ཚིག་འགྲུབ་སྨོན་བྱ་བྲལ་རྗེ་བླའི་གསུང་།

登次智萌夏扎多喇松

唯願我出生後，在一生中，成為有情眾生之趣，不可忽視淨除危害和障礙一切的根本意樂加行，從息、增、懷、誅四事業，從廣大無邊之門，從疲勞中而起，特別是消除衰退，豎立色身性命。在血肉的耗損中，從三門役使，母子之情剎那而不鬆開，有情眾生無依怙之依怙，無皈命之皈命，供施錐刺[82]，希求生起珍寶，唯願化為利樂生處舒適的總持——大威德明王之後，佛教護持而三增長，調伏盡一切世間等等。唯願身、語、意無盡莊嚴的三種殊勝輪與怙主而無分別，而且行持稀有的廣大事業，繼續不斷發揚廣大。

（以上由出世金剛上師而作言教）

（四十三）祖師三十行願品

པ་དམ་སངས་རྒྱས་ཀྱིས་སྨོན་ལམ་སུམ་བཅུ་པ།

帕達桑傑吉萌拉木松吉巴

自他諸眾相繼不斷，唯願入於傳承上師所賜加持！唯願入於勝義講授要點，猶如法性證悟，相繼生出！唯願證得十力無畏攝受！唯願生起真實隱沒緣起！唯願作用升入諸有情眾生成熟解脫道！唯願作用行於唯一大乘菩薩十地五道法座！

唯願猶如如意果成熟！

唯願如須彌山穩固！

唯願敬信離疑！

唯願從宿緣善根而發淨願！

唯願世間披甲之垢淨除！

唯願修習而除法障，願證精進！

唯願風、脈、明點相宜！

唯願永久意樂清淨！

唯願菩提永不退失！

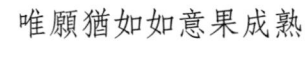

唯願體驗觀修大乘法！

唯願二現[83]之智自地解脫！

唯願出生殊勝種姓！

唯願繼承傳承上師！

唯願不墮諸種業障！

唯願三智中修心！

唯願進入自在加持！

唯願證得安樂金剛！

唯願證得主宰識的風脈！

唯願自己色身得證悉地！

唯願法身現前圓滿！

唯願化身利他事業究竟！

祖師三十行願品

（四十四）十方四時佛子殊勝洲藏

ཕྱོགས་བཅུ་དུས་བཞི་རྒྱལ་བ་སྲས་དང་སོཏ་མཆོག་གླིང་གཏེར་ཁ།

肖吉德伊嘉哇舍當索卻林帝爾卡

頂禮上師！於猴年申月初十日，由面如璁玉者在金剛界壇城分別時，由鄔金仁波切發願言教，隨後一切庶民祈作長期誓願，由後代諸眾生在這裡專心發誓願。

ཕྱོགས་བཅུ་དུས་བཞི་རྒྱལ་བ་སྲས་དང་བཅས།

肖吉德伊嘉哇舍當吉，

十方四時[84]佛菩薩眾俱，

བླ་མ་ཡི་དམ་མཁའ་འགྲོ་ཆོས་སྐྱོང་ཚོགས།

喇嘛依達卡卓切君措，

上師、本尊、空行護法眾，

མ་ལུས་ཞིང་གི་རྡུལ་རྙེད་གཤེགས་སུ་གསོལ།

瑪列香格都寧歇蘇索，

無餘剎土微細色法降，

མདུན་གྱི་ནམ་མཁར་པད་ཟླའི་གདན་ལ་བཞུགས།

冬吉南卡巴達旦拉秀，

住於前方虛空月蓮座，

ལུས་ངག་ཡིད་གསུམ་གུས་པས་ཕྱག་འཚལ་ལོ།

列呃伊松格比夏叉洛！

身語意而敬信我頂禮！

ཕྱི་ནང་གསང་བ་དེ་བཞིན་ཉིད་ཀྱིས་མཆོད།

希囊桑哇帝音尼吉卻，

內外密咒空性作供養，

རྟེན་མཆོག་བདེ་གཤེགས་རྣམས་ཀྱི་སྤྱན་སྔ་རུ།

能依殊勝諸如來尊前，

殿卻帝歇南吉堅呃若，

སྔོན་གྱི་སྡིག་པའི་ཚོགས་ལ་བདག་གནོང་ཞིང་།

俄吉德比措拉達弄香，

我懺悔於往昔諸罪業，

ད་ལྟའི་མི་དགེ་འགྱོད་པས་རབ་ཏུ་བཤགས།

達打莫格覺比熱都夏，

今世之不善行我懺悔，

ཕྱིན་ཆད་དེ་ལས་ལྡོག་ཕྱིར་བདག་གིས་བསྡོམ།

興恰帝列多希達格多，

從今以後退轉我戒除，

བསོད་ནམས་དགེ་ཚོགས་ཀུན་ལ་ཡི་རང་ངོ་།

索南格措更拉伊讓俄，

隨喜一切福澤善資糧，

རྒྱལ་བའི་ཚོགས་རྣམས་མྱ་ངན་མི་འདའ་བར།

嘉威措南娘俄莫達哇，

是諸佛子從苦海度出，

སྡེ་སྣོད་གསུམ་དང་བླ་མེད་ཆོས་འཁོར་བསྐོར།

帝努松當喇美卻科果爾，

三藏無上法輪常轉動，

དགེ་ཚོགས་མ་ལུས་འགྲོ་བའི་རྒྱུད་ལ་བསྔོ།

格措瑪列卓哇吉拉俄，

迴向善法聚無餘眾續[85]，

འགྲོ་རྣམས་བླ་མེད་ཐར་པའི་སར་ཕྱིན་ཤོག།

卓南喇美塔爾威薩興肖！

願情眾到無上解脫地！

སངས་རྒྱས་སྲས་བཅས་བདག་ལ་དགོངས་སུ་གསོལ།

桑傑舍吉達拉貢蘇索。

佛菩薩俱我祈降密意。

བདག་གི་བཅམས་པའི་སྨོན་ལམ་རབ་བཟང་འདི།

達格乍比萌拉木熱桑德，

由我所作發願最淨妙，

རྒྱལ་བ་ཀུན་ཏུ་བཟང་དང་དེ་སྲས་དང་།

嘉哇更都桑當帝舍當，

原始普賢如來和菩薩，

འཕགས་པ་འཇམ་དཔལ་དབྱངས་ཀྱིས་མཁྱེན་པ་ལྟར།

帕巴嘉華央吉欽巴達爾，

殊勝妙吉祥怙主智慧，

དེ་དག་ཀུན་གྱི་རྗེས་སུ་བདག་སློབ་ཤོག།

帝達更吉幾蘇達洛肖。

唯願此諸一切我隨學。

བསྟན་པའི་དཔལ་གྱུར་བླ་མ་རིན་ཆེན་རྣམས།

旦比華吉爾喇嘛仁欽南，

佛法諸位俱得上師寶，

ནམ་མཁའ་བཞིན་དུ་ཀུན་ལ་ཁྱབ་པར་ཤོག།

南卡音都更拉恰巴肖！

唯願猶如虛空中遍復！

ཉི་ཟླ་བཞིན་དུ་ཀུན་ལ་གསལ་བར་ཤོག།

尼達音都更拉薩哇肖！

唯願猶如日月普光照！

རི་བོ་བཞིན་དུ་རྟག་དུ་བརྟན་པར་ཤོག།

惹烏音都達都旦巴肖！

唯願猶如須彌山穩固！

བསྟན་པའི་གཞི་མ་དགེ་འདུན་རིན་པོ་ཆེ།

旦比伊瑪格登仁波切，

佛教根本比丘僧伽寶，

ཐུགས་མཐུན་ཁྲིམས་གཙང་བསླབ་གསུམ་གྱིས་ཕྱུག་ཤོག

陀彤赤藏拉松吉秀肖！

唯願同心淨戒廣三學！

བསྟན་པའི་སྙིང་པོ་གསང་སྔགས་སྒྲུབ་པའི་སྡེ།

旦比寧波桑俄智比帝，

佛法心要密咒修習部，

དམ་ཚིག་ལྡན་ཞིང་བསྐྱེད་རྫོགས་མཐར་ཕྱིན་ཤོག།

達次旦香吉佐塔興肖！

唯願俱誓生圓得究竟！

བསྟན་པའི་སྦྱིན་བདག་ཆོས་སྐྱོང་རྒྱལ་པོ་ཡང་།།

旦比興達切君嘉烏央，

佛教施主檀越護法王，

ཆབ་སྲིད་རྒྱས་ཤིང་བསྟན་ལ་སྨན་པར་ཤོག

恰詩吉香旦拉曼巴肖！

唯願國政昌盛利佛教！

བསྟན་པའི་ཞབས་འདེགས་རྒྱལ་རིགས་བློན་པོ་ཡང་།

旦比夏達嘉仁龍波央，

服務佛教宗親王大臣，

བློ་གྲོས་རབ་འཕེལ་རྩལ་དང་ལྡན་པར་ཤོག

洛遮熱帕乍當旦巴肖！

唯願具足智慧增長力！

བསྟན་པའི་གསོས་བྱེད་ཁྱིམ་བདག་འབྱོར་ལྡན་རྣམས།

旦比索希切達覺旦南，

維持佛教諸施主富足，

ལོངས་སྤྱོད་ལྡན་ཞིང་ཉེར་འཚེ་མེད་པར་ཤོག།

龍覺旦香寧爾次美巴肖！

唯願受用具足無災難！

བསྟན་ལ་དད་པའི་ཡངས་པའི་རྒྱལ་ཁམས་ཀུན།

旦拉達比央比嘉康更，

信仰佛教廣大國土中，

བདེ་སྐྱིད་ལྡན་ཞིང་བར་ཆད་ཞི་བར་ཤོག

帝金旦香哇爾恰希哇肖！

唯願昌盛具足息道障！

ལམ་ལ་གནས་པའི་རྣལ་འབྱོར་བདག་ཉིད་ཀྱང་།

拉木拉內比那覺達尼江，

所依之道本自性瑜伽，

དམ་ཚིག་མི་ཉམས་བསམ་པ་འགྲུབ་པར་ཤོག།

達次莫娘桑巴智巴肖！

唯願不越誓言意樂成！

བདག་ལ་བཟང་ངན་ལས་ཀྱིས་འབྲེལ་གྱུར་གང་།

達拉桑俄列吉遮吉岡，

我自與善惡業盡相連，

གནས་སྐབས་མཐར་ཐུག་རྒྱལ་བས་རྗེས་འཛིན་ཤོག

內迦塔陀嘉哇吉增肖！

唯願繼承分位究竟佛！

འགྲོ་རྣམས་བླ་མེད་ཐེག་པའི་སྒོར་ཞུགས་ནས།

卓南喇美乘比果秀內，

諸眾進入無上乘門後，

ཀུན་བཟང་རྒྱལ་སྲིད་ཆེན་པོ་ཐོབ་པར་ཤོག

更桑嘉詩欽波陀巴肖！

唯願證得普賢大國政！

如是精進，六時發願，誓與手印密封。成為寺院邊界隱藏神變殊勝的大伏藏。由大樂洲聖地的大縫隙空中洞窟的右側石山，在珍寶堆砌的上下方，迎請伏藏的毗盧遮那遍照的法身達肖敖措嘉用手抄寫藏文於絨布上，其後由貝瑪噶旺以無邊智慧謄寫清楚，吉祥圓滿增長！

（四十五）
真實皈依三寶三根本滿願顯化言教

སྐྱབས་གནས་བསླུ་མེད་དཀོན་མཆོག་རྩ་བ་སོགས
་ཀོང་སྤྲུལ་གསུང་།

嘉內勒美貢卻作哇索貢智松

སྐྱབས་གནས་བསླུ་མེད་དཀོན་མཆོག་རྩ་བ་གསུམ།

嘉內勒美貢卻作哇松，

真實皈依三寶三根本，

ཁྱད་པར་གངས་ཅན་མགོན་པོ་སྤྱན་རས་གཟིགས།

恰巴岡堅貢波堅熱詩，

殊勝雪域怙主觀世音，

རྗེ་བཙུན་སྒྲོལ་མ་གུ་རུ་པདྨ་འབྱུང་།

吉贊卓瑪格惹貝瑪君，

至尊度母上師蓮花生，

གསོལ་འདེབས་སོ་ཐུགས་དམ་ཞལ་བཞེས་དགོངས།

索帝索陀達夏伊貢哇。

誠心祈請親自授密意。

སྨོན་ལམ་ཡོངས་སུ་འགྲུབ་པར་བྱིན་གྱིས་རློབས།

萌拉木雲蘇智巴興吉隆！

所有發願成就垂加護！

སྙིགས་དུས་འགྲོ་རྣམས་བསམ་སྦྱོར་ལོག་པ་དང་།

尼德卓南桑覺洛巴當，

濁世諸眾失意樂加行，

ཕྱི་ནང་འབྱུང་བ་འཁྲུགས་པའི་རྒྱུ་རྐྱེན་གྱིས།

希囊君哇赤比吉金吉，

內外生起爭鬥之緣故，

སྔར་མ་གྲགས་པའི་མི་ཕྱུགས་དལ་ཡམས་ནད།

呃瑪扎比莫秀達雅那，

往昔傳播人畜疫疾病，

གཟའ་ཀླུ་རྒྱལ་གདོན་ནག་ཕྱོགས་འབྱུང་པོའི་ཟེར།

薩勒嘉冬那肖君波賽爾，

星曜龍王邪魔種種生，

བཙའ་སད་སེར་གསུམ་ལོ་ཉེས་དམག་འཁྲུགས་རྩོད།

乍薩賽松洛尼莫赤佐，

歉收霜凍冰雹亂軍鬥，

ཆར་ཆུ་མི་སྙོམས་གངས་ཅན་བྲ་བྱའི་ཐན།

恰曲莫娘岡堅扎夏壇，

雨水不勻雪域遭旱鼠，

ས་གཡོས་མེ་དགྲ་འབྱུང་བཞིའི་འཇིགས་པ་དང་།

薩耶美乍君伊吉巴當，

地震火災四大之災難，

ཁྱད་པར་བསྟན་ལ་འཚེ་བའི་མཐའ་དམག་སོགས།

恰巴旦拉次威塔莫索，

危及殊勝教的外寇等，

གངས་ཅན་ལྗོངས་འདིར་གནོད་འཚེའི་རིགས་མཐའ་དག

岡堅君德努次仁塔達，

這雪域中災禍一切種，

མྱུར་དུ་ཞི་ཞིང་རྩད་ནས་འཇོམས་གྱུར་ཅིག

紐都希香乍內覺吉幾！

唯願速滅從根本摧壞！

མི་དང་མི་མིན་འགྲོ་བ་མཐའ་དག་གི།

莫當莫蒙卓哇塔達格，

人及非人一切有情眾，

རྒྱུད་ལ་བྱང་ཆུབ་སེམས་མཆོག་རིན་པོ་ཆེ།

吉拉香琪賽卻仁波切，

相續殊勝菩提心上師，

ངང་གིས་སྐྱེས་ནས་གནོད་འཚེ་བསམ་སྦྱོར་བྲལ།

呃格吉內努次桑覺扎，

自性生後災禍行思離，

ཕན་ཚུན་བྱམས་པའི་སེམས་དང་ལྡན་ནས་ཀྱང་།

盤次強比賽當旦內江，

彼此悲憫之心俱足後，

བོད་ཡུལ་མཐའ་དབུས་བདེ་སྐྱིད་དཔལ་གྱིས་འབྱོར།

烏隅塔威帝金華吉覺，

藏地中邊吉祥昌盛圓，

སངས་རྒྱས་བསྟན་པ་དར་རྒྱས་ཡུན་གནས་ཤོག།

桑傑旦巴達吉音內肖！

唯願佛法興隆永住世！

རྩ་གསུམ་རྒྱལ་བ་སྲས་བཅས་བདེན་པའི་སྟོབས།

乍松嘉哇舍吉殿比多，

三根本佛菩薩實諦力，

འཁོར་འདས་དགེ་བའི་རྩ་བ་གང་མཆིས་དང་།

科帝格威乍哇岡齊當，

有寂善行根本盡存在，

བདག་ཅག་ལྷག་བསམ་རྣམ་པར་དཀར་བའི་མཐུས།

達嘉拉桑南巴迦威特，

我等增上意樂善咒力，

གསོལ་བཏབ་སྨོན་པའི་འབྲས་བུ་འགྲུབ་གྱུར་ཅིག།

授達萌比遮烏智吉幾！

唯願祈請發願果成就！

如是從上師尊者嘉央欽則人主面前，扭轉今世凶兆，十分重要，若無變化，則應每晝夜修行六次藏地平安發願，對你很關鍵。唯願自己得證，猶如所寫成就。如是以無盡智慧，於乍扎珍寶洞中，在藏曆鬼宿月上弦時，於成就加行俱足的早晨而寫。

雅塔斯地熱嘟！

（四十六）增長資糧迴向

ཚོགས་བསྔོ་རྒྱས་པ།

措俄吉巴

供養十方所住一切諸佛菩薩為首自他量等虛空，於盡一切有情眾生之中祈請密意，如是由施主我，供養三寶，比丘僧伽聖眾，與法隨順之諸多煎熬，善眾依止，接受迴向能依之供、供品與俱，能依積集授記資糧，供施朵瑪食子、對於惡趣施食，亦是如此修習的善根。

總持樂善生處，佛教上師，唯願證得永久依止十方三世，一切分際增上。唯願一切善逝佛法四分支具德上師的心密意殊勝頂首而證圓滿。唯願佛教住世，利濟有情眾生及諸善士，熄滅壽命事業中的一切障礙。唯願淨善、貴體長壽、饒益眾生廣大事業、量等虛空，能依此諸悲憫而垂加護。

我等諸眾，以意樂清淨力，在這些施主的壽命中，唯願皆悉熄滅病魔、逆緣及所有障礙，唯願一切順緣及願望之事，法如意成就。唯願一切壽命、福澤、財富、智慧如上弦月，增上而繁榮昌盛。唯願出離一切世間及與此世間而逝的衰敗，唯願出離一切世間和從此世間而逝的富足興盛。

唯願一切世間、五穀豐登，風調雨順，人畜疫情滅絕，平安如意。總之，以施主檀越為首的自他量等虛空盡一切有情安樂與俱，脫離苦厄，疾速證得一切種智慧佛果大寶。憑此福德，照見諸眾善根，盡其所有，熄滅障礙，千八十種，福報如須彌山，證得佛的三身而垂加護！法性不動，真實不虛加持，不離僧伽總集加持，如是迴向，發願成就。

增長資糧迴向

（四十七）薦亡迴向

གཉེན་བསྔོ།

興俄

十方所住一切佛菩薩，

逝去如是心思祈密意。

從無始以來逝去一切輪迴，最終今世而遇，施捨、戒律等等六波羅蜜多，從身、語、意生起，修習聞思，積集盡所有善根。復次連接痕跡之中諸種存在，臨終修持積集之二資糧，在彙集三世一切無餘善資糧中，唯願心思隨入，即彼從臨終中有及六趣中等一切苦厄而得解脫。唯願證得慧命佛果。如不證得佛果而在出生及一切壽命中，亦在佛法教證的主宰下，修習聞、思、修三者清淨所依，證得天、人、身的圓滿，復次化為修習妙法的順緣，以善知識繼承，而會遇到佛法益友。唯願離開逆緣及罪惡友，能到達如理連接之六波羅蜜。唯願在業和異熟果報中，每個人盡力施捨。唯願於離開生出世間之前，盡力護持清淨戒律，在一切有情眾生中，足飽而忍，唯願盡力實施一切善法，疾速彙集精進。唯願盡力平等攝持生起無色界禪定之供，生起大悲雙運，生起自性證悟的相讀殊勝智慧，由六波羅蜜自性，次第行於十地五道，積集盡一切無量力及相好姿態等等諸無量功德。妙善極莊嚴之我，唯願證得不退失根本的平安大解脫---如來善逝果位。如不證得，也不會遭受惡趣之苦。在此所緣境中，佛的壇城淨妙歡喜，菩提心珍寶等，證得佛的三身加持等等迴向、發薦亡迴向，說吉祥等。

薦亡迴向

（四十八）平安無量光人等伏魔言教

བདེ་ལྡན་ཞིང་དུ་སྣང་མཐའ་འོད་མི་སོགས་བདུད
་འཇོམས་གསུང་།

帝旦香都囊塔敖莫索門君松

བདེ་ལྡན་ཞིང་དུ་སྣང་མཐའ་འོད་མི་འགྱུར།

帝旦香都囊塔敖莫吉，

樂土不動無量光，

རི་བོ་ཏ་ལར་འཕགས་མཆོག་སྙིང་རྗེའི་གཏེར།

惹烏達拉帕卻寧吉帝，

持舟山勝悲憫藏，

ཟ་ཡབ་གླིང་དུ་པདྨ་ཐོད་ཕྲེང་རྩལ།

呃雅林都貝瑪妥昌作，

妙拂蓮花顱鬘尊，

དབྱེར་མེད་སྐྱབས་ཀུན་འདུས་ཞལ་བླ་མ་རྗེ།

吉美嘉更帝夏喇嘛吉，

無別總集皈上師，

སྙིང་ནས་མོས་གདུང་དྲག་པོས་གསོལ་འདེབས་ན།

寧內米冬扎波索帝那，

內心恭敬猛厲祈，

རྟག་ཏུ་བརྩེ་བས་བརྗེ་བཟུང་བྱིན་རླབས་སྩོལ།

達都次哇吉松興拉佐！

常慈隨持賜加護！

གནས་སྐབས་ཕྱི་ནང་འགལ་རྐྱེན་བར་ཆད་ཞི།

內迦希囊迦金巴恰希，

分際內外道障除，

ཚེ་རིང་བདེ་འབྱོར་བསམ་དོན་ལྷུན་གྱིས་འགྲུབ།

次仁帝覺桑冬林吉智，

長壽樂足願任運，

ཆོས་མིན་ལྟ་ངན་རྒྱུད་ལ་མི་སྐྱེ་བར།

切萌達呃吉拉莫吉哇，

不生非法邪見續，

ཆོས་ཐུན་དཀར་པོའི་བསམ་སྦྱོར་གོང་དུ་འཕེལ།

卻彤迦波桑覺貢都帕，

共法之善行增長，

ནམ་ཞིག་འཆི་ཁ་གནད་གཅོད་མི་མྱོང་ཞིང་།

南茜齊卡那覺莫娘香，

一旦臨終無肢解[86]，

འཕོས་མ་ཐག་ཏུ་མཁའ་འགྲོས་མདུན་བསུས་ནས།

頗瑪塔都卡卓冬塞內，

即時還轉空行迎，

པདྨ་འོད་ཀྱི་ཞིང་དུ་སྐྱེས་ནས་ཀྱང་།

貝瑪敖吉香都吉內江，

往生蓮花光刹土，

གུ་རུའི་ཞལ་མཐོང་གསུང་གི་ལུང་ནོད་དེ།

格惹香彤松格龍努帝，

親見上師受言教，

ས་ལམ་ཡོན་ཏན་མིག་འཕྲུལ་ལྟ་བུར་བགྲོད།

薩拉木雲旦莫赤達烏卓，

地道功德目如幻，

རང་གཞན་དོན་གཉིས་མཐར་ཕྱིན་པར་ཤོག།

讓燕冬尼塔若興巴肖！

自他二利願究竟！

在如是敬信者中，為了安放法的連接，由離怖畏金剛所作。

（四十九）

初譯佛經祈願法王歡喜親訓

སྔ་འགྱུར་བསྟན་པ་རྒྱས་པའི་སྨོན་ལམ།

呃吉旦巴吉比萌拉木

復次末劫，從佛三根本心識激勵，唯願佛教寶藏與旺昌盛。唯此感到信解是俱無量福澤徒眾發願圓滿而人生適逢佛法及甚深心要法乘，以增長護持，為疾速了知一切種相的智慧變化，由諸善根因緣，常常於勝會時，作如是祈願：

ན་མོ།

南無！

頂禮！

ཕྱོགས་བཅུའི་བདེ་བར་གཤེགས་པ་སྲས་དང་བཅས།

肖吉帝哇歇巴舍當幾，

十方善逝如來菩薩等，

ཁྱད་པར་མཉམ་མེད་ཤཱཀྱའི་རྒྱལ་པོ་དང་།

恰巴娘美釋迦嘉烏當，

無與倫比殊勝釋迦佛，

རྒྱལ་སྲས་བརྒྱད་དང་གནས་བརྟན་འཕགས་པའི་ཚོགས།

嘉舍嘉當內旦帕比措，

八大菩薩聖地諸眾會，

མཁྱེན་བརྩེའི་བདག་ཉིད་མཆོག་རྣམས་དགོངས་སུ་གསོལ།

欽則達尼卻南貢蘇索，

大德聖眾悲憫祈密意，

ཕན་བདེའི་འབྱུང་གནས་བསྟན་པ་རིན་པོ་ཆེ།

帕帝君內旦巴仁波切，

利樂生處佛教上師寶，

སྟོན་དང་སེམས་དཔའ་འཕགས་པ་མཆོག་རྣམས་ཀྱིས།

冬當賽華帕巴卻南吉，

諸佛菩薩種種之殊勝，

ཡང་ཡང་དཀའ་བས་བཙལ་ཞིང་བརྙག་པའི་དོན།

央羊迦哇作香那比冬，

屢遇苦厄懷念彼饒益，

མཚོ་སྐྱེས་རྒྱལ་བའི་བསྟན་པ་རྒྱས་གྱུར་ཅིག

措吉嘉哇旦巴吉几吉！

唯願海生勝教永昌盛！

མཁན་སློབ་ཆོས་རྒྱལ་སྤྲུལ་པའི་ལོ་པཎ་དང་།

堪洛切嘉智比洛班當，

師君法王化身之洛班[87]，

བཀའ་གཏེར་རིག་འཛིན་བརྒྱུད་པ་ཡི་དམ་ལྷ།

迦帝仁增吉巴伊達拉，

教藏持明傳承佛本尊，

མ་མགོན་གཟའ་རྡོར་རྒྱུད་གསུམ་དྲེགས་པའི་ཚོགས།

瑪貢薩多吉松紮比措，

主持星曜三續憍慢眾，

སྔ་འགྱུར་རྩ་གསུམ་ལྷ་ཚོགས་དགོངས་སུ་གསོལ།

呃吉扎松拉措貢蘇索。

初譯三尊聖眾祈密意。

ཐུབ་བསྟན་མདོ་དང་སྔགས་ཀྱི་ཚུལ་མཐའ་དག

土登多當呃吉次塔達，

佛教經典密咒一切戒，

གངས་ཅན་སྐྱོངས་སུ་བརྩེ་བས་དྲངས་གྱུར་པ།

岡堅君蘇則哇章吉巴！

唯願悲憫雪域來救度！

ཆེས་ཆེར་སྤྱེལ་བའི་རྡོ་རྗེའི་དམ་དགོངས་ནས།

其切白哇多傑達貢內，

增信金剛淨妙勝密意，

མཚོ་སྐྱེས་རྒྱལ་བའི་བསྟན་པ་རྒྱས་གྱུར་ཅིག

措吉嘉哇旦巴吉几吉！

唯願海生勝教永昌盛！

ཕྱོགས་དུས་རྒྱལ་བའི་སྐུ་གསུང་ཐུགས་རྡོ་རྗེ།

肖得嘉哇格松陀多傑，

方時佛之身語意金剛，

རིགས་གསུམ་སེམས་དཔའི་སྒྱུ་འཕྲུལ་རོལ་མོ་ཡིས།

仁松賽華吉赤若母伊，

由於三部菩薩[88]來顯化，

གངས་ཅན་ཕན་བདེའི་ཉི་མ་གསལ་བར་མཛད།

岡堅盤帝尼瑪薩哇乍，

雪山利樂太陽現光明，

མཚོ་སྐྱེས་རྒྱལ་བའི་བསྟན་པ་རྒྱས་གྱུར་ཅིག

措吉嘉哇旦巴吉几吉！

唯願海生勝教永昌盛！

རྒྱལ་དང་རྒྱལ་སྲས་འཕགས་པ་ཆེན་པོའི་ཚོགས།

嘉當嘉舍帕巴欽波措，

諸佛菩薩摩訶薩聖眾，

བསམ་བཞིན་སྤྲུལ་པའི་ཟློས་གར་ཉེར་བཟུང་ནས།

桑音智比帝嘉爾尼松內，

如意變化歌舞不斷現，

དྲི་མེད་རྒྱལ་བསྟན་ནོར་བུའི་རྒྱལ་མཚན་སྒྲེང་།

智美嘉旦努爾烏嘉參章，

佛教無垢摩尼勝幢立，

མཚོ་སྐྱེས་རྒྱལ་བའི་བསྟན་པ་རྒྱས་གྱུར་ཅིག

措吉嘉哇旦巴吉几吉！

唯願海生勝教永昌盛！

ཐུན་མོང་ཐུན་མིན་གཞུང་ཀུན་རང་དབང་གིས།

彤萌童礞雲更讓旺格，

共與不共典籍儘自由，

མ་ནོར་བསྒྱུར་ཞུས་གཏན་ལ་ཕབ་པ་ཡིས།

瑪努爾吉秀旦拉帕巴伊，

憑以無有謬誤祈斷定，

གངས་ལྗོངས་སྣང་བའི་སྒོ་ཆེན་ཐོག་མར་ཕྱེས།

岡君囊威果欽陀瑪希，

雪域光明大門最初開，

མཚོ་སྐྱེས་རྒྱལ་བའི་བསྟན་པ་རྒྱས་གྱུར་ཅིག

措吉嘉哇旦巴吉几吉！

唯願海生勝教永昌盛！

སྐལ་བཟང་གདུལ་བྱས་མདོ་དང་སྔགས་ཀྱི་ཚུལ།

噶桑都希多當俄吉次，

善根調伏密咒法經典，

ཉམས་སུ་ལེན་ལ་གཞན་དྲིང་མི་འཇོག་པར།

娘蘇林拉燕章莫覺巴，

修持之中憑依自性力，

བཀའ་དང་དགོངས་པ་འགྲེལ་བའི་གཞུང་ཀུན་རྫོགས།

迦當貢巴遮威雲更佐，

佛法密意所有注釋中，

མཚོ་སྐྱེས་རྒྱལ་བའི་བསྟན་པ་རྒྱས་གྱུར་ཅིག

措吉嘉哇旦巴吉几吉！

唯願海生勝教永昌盛！

བདེན་གསུང་བཀའ་ཡི་རྒྱ་མཚོ་ཆེན་པོ་ལ།

殿松迦伊嘉措欽波拉，

真實佛法經典大海中，

ཟབ་མོའི་ཆོས་གཏེར་ནོར་བུས་མངོན་པར་མཛེས།

薩母切帝努爾烏俄巴次，

示現甚深法藏摩尼寶，

མདོ་དང་སྔགས་ཀྱི་ལམ་བཟང་ཟུང་དུ་འབྲེལ།

多當俄吉拉桑松都遮，

經典密咒妙道二合一，

མཚོ་སྐྱེས་རྒྱལ་བའི་བསྟན་པ་རྒྱས་གྱུར་ཅིག

措吉嘉哇旦巴吉几吉！

唯願海生勝教永昌盛！

རྨད་བྱུང་ཟ་ཧོར་མཁན་པོའི་སྤྱོད་པ་དང་།

瑪雄薩火爾堪波覺巴當，

稀有薩霍爾⑻堪行行持，

མཚུངས་མེད་དཔལ་ལྡན་ཀླུ་ཡི་ལྟ་བ་གཉིས།

次美華旦勒伊達哇尼，

具德不同龍王之二見⑽，

ཟུང་འབྲེལ་བརྒྱུད་པའི་བཀའ་སྲོལ་ཕྱག་རྒྱས་བཏབ།

松遮吉比迦索夏吉達，

二見傳承之教規加封，

མཚོ་སྐྱེས་རྒྱལ་བའི་བསྟན་པ་རྒྱས་གྱུར་ཅིག

措吉嘉哇旦巴吉八吉！

唯願海生勝教永昌盛！

ཟབ་མོའི་ནང་རྒྱུད་སྡེ་གསུམ་དགོངས་པའི་བཅུད།

薩母囊吉帝松貢比吉，

甚深內續三部之心要，

ཐུན་མིན་མན་ངག་གསང་བའི་ལམ་མཆོག་ནས།

彤萌曼呃桑威拉木卻內，

是從不共密訣殊勝道，

འཇའ་ལུས་ཆོས་སྐུར་གཤེགས་པའི་ངོ་མཚར་འབར།

嘉列切格歇比俄叉巴爾，

霓虹法身放射稀有光，

མཚོ་སྐྱེས་རྒྱལ་བའི་བསྟན་པ་རྒྱས་གྱུར་ཅིག

措吉嘉哇旦巴吉八吉！

唯願海生勝教永昌盛！

རབ་འབྱམས་ཞི་ཁྲོའི་ཁྱབ་བདག་སྒྲུབ་སྡེ་བརྒྱད།

熱嘉希楚恰達智帝嘉，

無邊靜猛遍主八部修，

བཀའ་བབ་རིག་འཛིན་སོ་སོའི་དགོངས་བཅུད་དང་།

迦哇仁增索索貢吉當，

受教持明各自之心要，

ཀུན་འདུས་པདྨའི་བཀའ་སྲོལ་གཅིག་ཏུ་འཁྱིལ།

更帝貝瑪迦梳吉都齊，

總集蓮花教規唯一聚，

མཚོ་སྐྱེས་རྒྱལ་བའི་བསྟན་པ་རྒྱས་གྱུར་ཅིག

措吉嘉哇旦巴吉几吉！

唯願海生勝教永昌盛！

རྒྱུ་དང་འབྲས་བུ་གསང་སྔགས་ཐེག་པ་ཆེ།

吉當遮烏桑呃乘巴切，

因果密咒金剛大乘道，

ཚང་ལ་མ་ནོར་རིག་འཛིན་བརྒྱུད་པའི་ལུང་།

倉拉瑪努爾仁增吉比龍，

齊全無謬持明傳承教，

ཌཱ་ཀིའི་ཞལ་གྱི་དྲོད་རླངས་ཐོ་ལེ་བ།

扎格夏吉卓朗妥裡哇，

空行母前暖流突然生，

མཚོ་སྐྱེས་རྒྱལ་བའི་བསྟན་པ་རྒྱས་གྱུར་ཅིག

措吉嘉哇旦巴吉几吉！

唯願海生勝教永昌盛！

རྡོ་རྗེ་འཆང་གི་དགོངས་དོན་བདུད་རྩིའི་བཅུད།

多傑強格貢冬都支吉，

金剛持密意甘露精華，

མཁས་གྲུབ་བྱེ་བའི་ཞལ་ནས་སྙན་དུ་བརྒྱུད།

開智希威夏內娘都吉，

千萬賢哲親自耳傳承，

རྟོག་གེ་ངན་པའི་རང་བཟོས་མ་སླད་པ།

多格俄比讓塞瑪拉巴，

壞的推理字篡改攙雜，

མཚོ་སྐྱེས་རྒྱལ་བའི་བསྟན་པ་རྒྱས་གྱུར་ཅིག

措吉嘉哇旦巴吉几吉！

唯願海生勝教永昌盛！

གསེར་ཞིང་ནོར་བུའི་སྤྲས་པའི་ཡོན་གྱིས་ཀྱང་།

賽香努爾烏遮比雲吉江，

金色摩尼修飾的施品，

མི་འགུགས་དབྱིངས་ཀྱི་མཁའ་འགྲོའི་ཐུགས་མཛོད་ཆོས།

莫格央吉卡卓陀佐切，

不召请的空行心藏法，

བརྩེ་བའི་རྗེས་འཇུག་སྐལ་པ་ཅོ་ནར་བཀྲམ།

次威吉幾迦巴科那扎，

悲憫隨入緣份真實散，

མཚོ་སྐྱེས་རྒྱལ་བའི་བསྟན་པ་རྒྱས་གྱུར་ཅིག

措吉嘉哇旦巴吉几吉！

唯願海生勝教永昌盛！

ངོ་བོ་ཀ་ནས་དག་པའི་ཡེ་ཤེས་ལ།

俄烏迦內達比伊希拉，

體性本來清淨智慧中，

རང་བཞིན་ལྷུན་གྱིས་གྲུབ་པའི་གདངས་ཤར་བས།

讓音林吉智比當夏威，

自性任運成就階梯生，

བླུན་སྒོམ་སེམས་ལས་འདས་པའི་རྫོགས་པ་ཆེ།

隆果賽列帝比佐巴切，

修愚癡心出世大圓滿，

མཚོ་སྐྱེས་རྒྱལ་བའི་བསྟན་པ་རྒྱས་གྱུར་ཅིག

措吉嘉哇旦巴吉几吉！

唯願海生勝教永昌盛！

ཡོད་མེད་ཕྱོགས་རེར་ཞེན་པའི་དམིགས་གཏད་ཞིག།

幼美肖熱興比莫達希，

有無局部固執住所緣，

མཐར་འཛིན་ལྟ་བའི་འཛིན་སྟངས་དྭང་ནས་སྤྱང་།

塔增達威增當中內羌，

排除邊執見的感受前，

གཞི་ལམ་འབྲས་བུ་སྣང་སྟོང་ཟུང་དུ་འཇུག།

伊拉木遮烏囊冬松都吉，

基道果相空和而為一，

མཚོ་སྐྱེས་རྒྱལ་བའི་བསྟན་པ་རྒྱས་གྱུར་ཅིག

措吉嘉哇旦巴吉几吉！

唯願海生勝教永昌盛！

དུས་གསུམ་རྒྱལ་བའི་དགོངས་པ་མཐར་ཐུག་དོན།

德松嘉威貢巴塔陀冬，

三世諸佛究竟聖密意，

ཟབ་ཞི་སྤྲོས་བྲལ་འོད་གསལ་འདུས་མ་བྱས།

薩希遮扎敖薩帝瑪希，

深夜離戲光明集無為，

རིག་སྟོངས་མི་ཤིགས་རྡོ་རྗེ་གྲུབ་པའི་མཐར།

仁冬莫希多傑智比塔爾，

明空不滅金剛盡成就，

མཚོ་སྐྱེས་རྒྱལ་བའི་བསྟན་པ་རྒྱས་གྱུར་ཅིག

措吉嘉哇旦巴吉几吉！

唯願海生勝教永昌盛！

མང་དུ་ཐོས་པ་ལུང་གི་སྤྲིན་འཁྲིགས་ཤིང་།

芒都特巴龍格貞赤香，

諸多聽聞教言雲彌漫，

ཕ་རོལ་རྒོལ་འཛོམས་རིག་པའི་གློག་ཕྲེང་འབར།

帕若果覺仁比洛昌巴爾，

搶度彼岸明的電鬘閃，

མན་ངག་གནད་ཀྱི་བདུད་རྩི་སྙིང་པ་སེམ།

曼呃那吉都支寧巴塞，

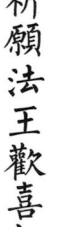

密訣要點清涼目露藏，

མཚོ་སྐྱེས་རྒྱལ་བའི་བསྟན་པ་རྒྱས་གྱུར་ཅིག

措吉嘉哇旦巴吉八吉！

唯願海生勝教永昌盛！

རྨད་བྱུང་ཨ་ཏི་ཡོ་གའི་གསེང་ལམ་ནས།

瑪雄阿底約噶桑拉木內，

稀有阿底瑜迦間隔道，

མ་ལུས་རྒྱལ་བ་ཀུན་གྱི་ཡེ་ཤེས་སྐུ།

瑪列嘉哇更吉伊希格，

一切諸佛無餘智慧身，

ཁྱབ་བདག་འཇམ་དཔལ་རྡོ་རྗེས་རབ་བསྒྲུབས་པ།

恰達嘉華多傑熱智巴，

精進修習遍主妙金剛，

མཚོ་སྐྱེས་རྒྱལ་བའི་བསྟན་པ་རྒྱས་གྱུར་ཅིག

措吉嘉哇旦巴吉八吉！

唯願海生勝教永昌盛！

ཡང་དག་ཚད་མ་གསུམ་གྱི་ང་རོ་ཡིས།

央達叉瑪松吉呃若伊，

憑以真實三量之吼聲，

ཕྲ་དམན་རི་དྭགས་ཚོགས་རྣམས་་སྐྲག་མཛོད་པ།

達曼惹達措南扎作巴，

微見野獸眾聚而恐懼，

ཐེག་མཆོག་སེང་གེའི་སྒྲ་དབྱངས་ས་གསུམ་ཁྱབ།

乘卻桑格扎央薩松恰，

上乘獅子吼聲遍三土，

མཚོ་སྐྱེས་རྒྱལ་བའི་བསྟན་པ་རྒྱས་གྱུར་ཅིག

措吉嘉哇旦巴吉几吉！

唯願海生勝教永昌盛！

རྒྱལ་བསྟན་ཡོངས་སུ་རྫོགས་པའི་གོས་བཟང་རྩེར།

嘉旦雲蘇佐比格桑次，

佛教一切妙善在頂首，

འོད་གསལ་རྡོ་རྗེ་སྙིང་པོའི་ཏོག་མཛེས་པ།

敖薩多傑寧波多次巴，

光明金剛藏頂首炫麗，

ཕྱོགས་ལས་རྣམ་པར་རྒྱལ་བའི་རྒྱལ་མཚན་མཐོ།

肖列南巴嘉威嘉參陀，

一切方向尊勝勝幢立，

མཚོ་སྐྱེས་རྒྱལ་བའི་བསྟན་པ་རྒྱས་གྱུར་ཅིག

措吉嘉哇旦巴吉几吉！

唯願海生勝教永昌盛！

བདག་སོགས་དེང་ནས་འགྲོ་བ་ཇི་སྲིད་དུ།

達索當內卓哇吉詩都，

從今我等眾生永世住，

བསྟན་དང་བསྟན་པའི་སྙིང་པོ་ཡོངས་རྫོགས་པ།

旦當旦比寧波雲佐巴，

教和教藏盡所有一切，

མཁའ་ཁྱབ་ཞིང་དུ་འཛིན་སྐྱོང་སྤེལ་བ་ཡིས།

卡恰香都增君白哇伊，

憑以增上護持遍空剎，

མཚོ་སྐྱེས་རྒྱལ་བའི་བསྟན་པ་རྒྱས་གྱུར་ཅིག

措吉嘉哇旦巴吉几吉！

唯願海生勝教永昌盛！

མདོར་ན་མཁས་བཙུན་གྲུབ་པའི་རྣམ་མཐར་གྱིས།

多那卡贊智比南塔吉，

總之由賢正成就解脫，

རྒྱལ་བསྟན་སྤེལ་བའི་ཕྲིན་ལས་མཁའ་ཁྱབ་པའི།

嘉旦白威赤列卡恰比，

佛教事業興旺遍虛空，

བསྟན་འཛིན་དམ་པས་ས་སྟེང་ཡོངས་གང་ནས།

旦增達比薩當雲岡內，

佛教正士地上盡所有，

མཚོ་སྐྱེས་རྒྱལ་བའི་བསྟན་པ་རྒྱས་གྱུར་ཅིག

措吉嘉哇旦巴吉几吉！

唯願海生勝教永昌盛！

དཔལ་ལྡན་བླ་མའི་སྐུ་ཚེ་རབ་བརྟན་ཅིང་།

華旦喇嘛格次熱旦江，

具德上師壽命最牢固，

བསྟན་པའི་སྦྱིན་བདག་མངའ་ཐང་དར་བ་ཡིས།

旦比興達呃唐達哇伊，

是故佛教施主增福澤，

ཆོས་སྲིད་མི་ནུབ་ནོར་བུའི་རྒྱལ་མཚན་བསྒྲེངས།

處切詩莫努努爾烏嘉參章，

政教不衰珍寶勝幢立，

མཚོ་སྐྱེས་རྒྱལ་བའི་བསྟན་པ་རྒྱས་གྱུར་ཅིག

措吉嘉哇旦巴吉几吉！

唯願海生勝教永昌盛！

如是佛法吉祥體性，降生蓮花生上師長壽海中，佛教初譯寧瑪教法弘揚，是所有佛教的原貌，是許多甚深要義的殊勝法，而且是清淨觀修殊勝歡喜的無謬妙道。以此證悟，能清除摩尼珍寶污垢，如供於勝幢頂首，因人緣諸俱，講、辯、著等佛學家應做如下三事；講說法旨，辯論經義和擅長世、出世間兩類著述的偉大事業等一切方面繁榮昌盛眷注。如是主張的如意成就的緣起祈願詞，在舊教寧瑪巴中，增上意樂緣起舞座中，無礙而寫，祝吉祥如意！

（五十）世尊發願成就王

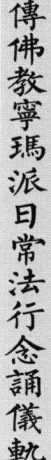

བཅོམ་ལྡན་འདས་སྨོན་ལམ་གྲུབ་པའི་རྒྱལ་པོ།

覺旦帝萌拉木智比嘉烏

བཅོམ་ལྡན་འདས་སྨོན་ལམ་གྲུབ་པའི་རྒྱལ་པོ་ལ་ཕྱག་འཚལ་ལོ།

覺旦帝萌拉木智比嘉烏拉夏叉洛！

頂禮世尊發願成就王！

ལས་དང་གློ་བུར་རྐྱེན་ལས་གྱུར་པ་ཡིས།

列當洛烏金列吉巴伊，

由於因和忽爾緣變化，

གདོན་དང་ནད་དང་འབྱུང་པོའི་འཚེ་བ་སོགས།

冬當那當君波次哇索，

魔障疾病四大災難等，

སེམས་ཅན་ཡིད་མི་བདེ་བའི་ནད་རྣམས་ཀུན།

賽堅伊莫帝威那南更，

有情愁苦憂患諸種症，

འཇིག་རྟེན་ཁམས་སུ་འབྱུང་བར་མ་གྱུར་ཅིག།

吉旦康蘇君哇瑪姬幾！

唯願情世不要再生起！

ཇི་ལྟར་གཤེད་མས་ཁྲིད་པའི་བསད་བྱ་བཞིན།

吉達希米赤比薩夏音，

猶如閻羅鬼卒來索命，

སྐད་ཅིག་གཅིག་ལ་ལུས་སེམས་འབྲལ་བྱེད་པའི།

迦吉幾拉列賽扎希比，

剎那之間身心能分離，

སྲོག་འཕྲོག་ནད་ཀྱི་སྡུག་བསྔལ་ཇི་སྙེད་པ།

梳楚那吉都俄吉尼巴，

所以致命疾病痛苦厄，

འཇིག་རྟེན་ཁམས་སུ་འབྱུང་བར་མ་གྱུར་ཅིག།

吉旦康蘇君哇瑪姬几！

唯願情世不要再生起！

འཆི་བདག་གཤིན་རྗེའི་ཁ་ནང་ཚུད་པ་ལྟར།

齊達興吉卡囊次巴達爾，

猶如死主閻羅口內入，

ནད་ཀྱི་མིང་ཙམ་ཐོས་པས་སྐྲག་བྱེད་པའི།

那吉芒乍特比扎希比，

微聞病名亦令人恐懼，

ཉིན་གཅིག་པ་དང་རྟག་པའི་རིམས་སོགས་ཀྱིས།

寧吉巴當達比仁索吉，

一旦常常瘟疫蔓延等，

ལུས་ཅན་ཀུན་ལ་གནོད་པར་མ་གྱུར་ཅིག

列堅更拉努巴瑪姬幾！

唯願一切有情無災難！

གནོད་པའི་བགེགས་རིགས་སྟོང་ཕྲག་བརྒྱད་ཅུ་དང་།

努比迦仁冬擦嘉吉當，

災難障礙一千零八十，

གློ་བུར་ཡི་འདྲོགས་སུམ་བརྒྱ་དྲུག་ཅུ་དང་།

洛烏伊卓松嘉智吉當，

忽爾陰卓鬼三百六十，

བཞི་བརྒྱ་རྩ་བཞིའི་ནད་ལ་སོགས་པ་ཡིས།

伊嘉作伊那拉索巴伊，

四百四十種種疾病等，

ལུས་ཅན་ཀུན་ལ་འཚེ་བར་མ་གྱུར་ཅིག།

列堅更拉次哇瑪姬幾！

唯願一切有情無災難！

ལུས་སེམས་བདེ་བ་མ་ལུས་འགྲོག་བྱེད་པའི།

列賽帝哇瑪列楚希比，

有情平安無餘能吉利，

འབྱུང་བཞི་འཁྲུག་པའི་སྡུག་བསྔལ་ཇི་སྙེད་པ།

君伊赤比都呃吉尼巴，

四大壞滅盡所有苦厄，

མ་ལུས་ཞི་ཞིང་མདངས་་སྟོབས་ལྡན་གྱུར་ནས།

瑪列希香當多旦吉內，

息除無餘精力而充沛，

ཚེ་རིང་ནད་མེད་བདེ་སྐྱིད་ལྡན་པར་ཤོག

次仁那美帝金旦巴肖！

唯願長壽無恙得平安！

བླ་མ་དཀོན་མཆོག་རྣམས་ཀྱི་ཐུགས་རྗེ་དང་།

喇嘛貢卻南吉陀吉當，

是諸上師三寶大悲憫，

མཁའ་འགྲོ་ཆོས་སྐྱོང་སྲུང་མའི་མཐུ་སྟོབས་དང་།

卡卓切君梳碼陀多當，

空行護法母的眾威德，

ལས་འབྲས་བསླུ་བ་མེད་པའི་བདེན་སྟོབས་ཀྱིས།

列遮勒哇美比殿多吉，

無有虛妄因果真實力，

སྨོན་ལམ་ཇི་ལྟར་བཏབ་པ་འགྲུབ་གྱུར་ཅིག

萌拉木吉達達巴智吉幾！

唯願如是祈願證悉地！

བླ་མ་སྐུ་ཁམས་བཟང་བར་གསོལ་བ་འདེབས།

喇嘛格康桑哇索哇帝！

祈願上師福體淨妙善！

མཆོག་ཏུ་སྐུ་ཚེ་རིང་བར་གསོལ་བ་འདེབས།

卻都格次仁哇索哇帝！

祈願貴體長壽之無疆！

ཕྲིན་ལས་དར་ཞིང་རྒྱས་པར་གསོལ་བ་འདེབས།

赤列達香吉巴索哇帝，

祈願事業繁榮而昌盛！

བླ་མ་དང་འབྲལ་མེད་པར་བྱིན་གྱིས་རློབས།

喇嘛當扎美巴興吉隆！

祈願不離上師垂加護！

དཔལ་ལྡན་བླ་མའི་སྐུ་ཚེ་བརྟན་པ་དང་།

華旦喇嘛格次旦巴當，

具德上師永長壽無疆，

མཁའ་མཉམ་ཡོངས་ལ་བདེ་སྐྱིད་འབྱུང་བ་དང་།

卡娘雲拉帝金君哇當，

量等虛空平安而生起，

བདག་གཞན་མ་ལུས་ཚོགས་བསཏ་སྒྲིབ་བྱང་ནས།

達燕瑪列措薩智香內，

自他無餘積福障息除，

མྱུར་དུ་སངས་རྒྱས་ས་ལ་འགོད་པར་ཤོག།

紐爾都桑傑薩拉果巴肖！

唯願疾速證得佛果位！

དཔལ་ལྡན་བླ་མའི་རྣམ་པར་ཐར་པ་ལ།

華旦喇嘛南巴塔巴拉，

具德上師本生中，

སྐད་ཅིག་ཙམ་ཡང་ལོག་ལྟ་མི་སྐྱེ་ཞིང་།

迦吉作央洛達莫吉香，

剎那邪見而不生，

ཅི་མཛད་ལེགས་པར་མཐོང་བའི་མོས་གུས་ཀྱིས།

吉作拉巴彤威米格吉，

因見遍妙行敬信，

བླ་མའི་བྱིན་རླབས་སེམས་ལ་འཇུག་པར་ཤོག

喇嘛興拉賽拉吉巴肖！

願入上師加持心！

སྐྱེ་བ་ཀུན་ཏུ་ཡང་དག་བླ་མ་དང་།

吉哇更都央達喇嘛當，

眾生正徧知上師，

འབྲལ་མེད་ཆོས་ཀྱི་དཔལ་ལ་ལོངས་སྤྱོད་ཅིང་།

扎美切吉華拉龍覺江，

受用不離法吉祥，

ས་དང་ལམ་གྱི་ཡོན་ཏན་རབ་རྫོགས་ནས།

薩當拉木吉雲旦熱佐內，

地道功德圓滿後，

དཔལ་ལྡན་བླ་མའི་གོ་འཕང་མྱུར་ཐོབ་ཤོག།

華旦喇嘛果榜紐爾陀肖！

願證具德上師位！

（五十一）修持持明壽命煨桑供

རིག་འཛིན་སྲོག་སྒྲུབ་ལས། རི་བོ་བསང་མཆོད་བཞུ ཏ་སོ།

仁增梳智列　惹烏桑卻秀索

སྐྱབས་འགྲོ་ནི།

嘉卓：

皈依：

ཨོཾ་ ཨཱཿ ཧཱུྃཿ

唵　阿　吽

མཁའ་མཉམ་སྲིད་ཞིའི་སྐྱབས་ཀུན་སྙིང་པོའི་བཅུད།

卡娘詩希嘉更寧波吉，

量等虛空有寂皈心要，

དབང་དྲག་རིག་འཛིན་པདྨ་ཐོད་ཕྲེང་རྩལ།

旺扎仁增貝瑪妥昌乍，

威王持明蓮花顱鬘尊，

ཁྱེད་སྐུར་སྣང་སྲིད་རྒྱལ་བའི་དཀྱིལ་འཁོར་རྫོགས།

切格囊詩嘉威吉科佐，

您賜萬物圓滿佛壇城，

འགྲོ་ཀུན་སྲིད་ལས་སྒྲོལ་ཕྱིར་སྐྱབས་སུ་མཆི།

卓更詩列卓希爾嘉蘇卻！

諸眾度出輪迴而皈依！

སེམས་བསྐྱེད་ནི།

賽吉：

發心：

གསང་མཆོག་འོད་གསལ་ཡེ་ཤེས་ཐིག་ལེའི་ཞིང་།

桑卻敖薩伊希特裡香，

勝密光明智慧明點內，

འགྲོ་ཀུན་སྒྲིབ་གསུམ་དག་ནས་སྐུ་དང་གསུང་།

卓更智松達內格當松，

遍眾三障淨後身和語，

ཐུགས་ཀྱི་ཐིག་ལེ་ལྷུན་གྲུབ་སྣང་བཞིའི་ངང་།

陀吉特裡林智囊伊俄，

心的明點任成四相態，

གཞོན་ནུ་བུམ་སྐུར་གྲོལ་བར་སེམས་བསྐྱེད་དོ།

雲努笨格卓哇賽吉多。

童瓶身中解脫而發心。

（燕拉冬巴）

ཡན་ལག་བདུན་པ་ནི།

七支：

གཤིས་རིག་མ་བཅོས་གཉུག་མར་ཕྱག་འཚལ་ཞིང་།

希仁瑪傑紐瑪夏叉香！

性明不變真實我頂禮！

གཏིང་མཐའ་བྲལ་བའི་འོད་གསལ་མཆོད་པ་འབུལ།

當塔扎威敖薩卻巴波，

深度離邊光明中供養，

འཁོར་བ་མྱང་འདས་མཉམ་ཉིད་ཀློང་དུ་བཤགས།

科哇娘帝娘尼龍都夏，

離輪迴苦同一體性懺，

བློ་བྲལ་ཆོས་ཟད་ཆེན་པོར་རྗེས་ཡི་རང་།

洛扎切薩欽波吉伊讓，

隨喜行相大法性遍盡[91]，

ལྷུན་གྲུབ་རྫོགས་པ་ཆེན་པོའི་ཆོས་འཁོར་བསྐོར།

林智佐巴欽波切科果，

任運大圓滿的法輪轉，

འཁོར་བ་དོང་ནས་སྤྲུགས་པར་གསོལ་བ་འདེབས།

科哇冬內智巴索哇帝！

祈願從輪迴苦厄拔濟！

འཁོར་གསུམ་དམིགས་མཐའ་བྲལ་བའི་ཕ་མཐར་བསྔོ།

科松莫塔扎威帕塔俄！

三輪境離邊彼岸迴向！

在種種桑科中，讓雅康法性清淨增長。

持誦淨業觀空咒：

唵索巴瓦．希達薩爾瓦達爾瑪索巴哇．悉多杭。

唯願不淨之垢除淨而證空性。

結虛空藏手印，並誦咒曰：

南瑪．薩爾瓦達塔噶達．巴約拜夏母克白．薩爾瓦達康烏噶底法日尼．烏瑪噶噶納康索哈。

唯願各個一致遍虛空，結甘露合掌手印，持誦咒曰：

唵貝雜爾阿梅達格扎尼哈那哈那吽拍。

唯願能除苦厄於大海，增長威德光明：

唵．南瑪．薩爾瓦達塔噶達阿瓦洛格底。唵娑巴熱娑巴熱熱吽。

唯願不知供雲受用盡，智慧星群增長：

唵 嘉納阿哇洛格底．南瑪薩曼達熱梅巴瓦薩麻雅．瑪哈瑪尼．都惹都惹．舍達乍拉尼吽。

唯願是諸聖眾歡喜，怙主滿足受用。結控制輪手印，並誦咒曰：

南瑪、薩曼陀、達那瑪扎嘿、夏熱扎巴雜底娑哈。

唯願利樂有情事業歡喜成就。

如是用六密咒、六手印加持後，並頌贊曰：

ཧཱུྃ（種）

རིན་ཆེན་སྣ་ཚོགས་དྭངས་མའི་སྣོད་ཡངས་སུ།

仁欽那措當瑪努央蘇，

種種珍寶廣大純淨器，

འཇིག་རྟེན་སྲིད་པའི་འདོད་དགུའི་དམ་ཚིག་རྫས།

吉旦詩比多格達次裁，

世間殊勝九欲之聖物㉒，

འབྲུ་གསུམ་ཡེ་ཤེས་བདུད་རྩིར་བྱིན་བརླབས་པས།

智松伊希都支興拉威，

三字種智甘露賜加持，

སྣང་སྲིད་མཆོད་པའི་འདོད་དགུར་འཁྲིགས་པ་འདི།

囊詩卻比多格赤巴德！

密集情器世間供九欲！

བླ་མ་ཡི་དམ་ཌཱ་ཀི་ཆོས་སྐྱོང་དང་།

喇嘛伊達扎格切松當，

上師本尊空行護法眾，

ཕྱོགས་བཅུ་རྒྱལ་བའི་ཞིང་ཁམས་ཇི་སྙེད་དང་།

肖吉嘉威香康吉尼當，

盡所有十方諸佛剎土，

འཛམ་གླིང་གཞི་བདག་རིགས་དྲུག་ལན་ཆགས་མགྲོན།

乍林伊達仁智南恰仲，

世間六種地祇宿債客，

ཁྱད་པར་བདག་གི་ཚེ་འཕྲོག་སྲོག་རྐུ་ཞིང་།

恰巴達格次楚梳勾香，

特別我的壽損命傷害，

ནད་གདོན་བར་ཆད་རྩོམ་པའི་འབྱུང་པོ་དང་།

那冬哇恰佐比君波當，

病魔道障開始能生起，

རྨི་ལམ་རྟགས་མཚན་ངན་དང་ལྟས་ངན་རིགས།

莫拉木達參俄當帝俄仁，

人道惡運以及凶兆類，

སྡེ་བརྒྱད་མ་རུང་ཆོ་འཕྲུལ་བདག་པོ་དང་།

帝嘉瑪若卻赤達波當，

八部兇狠惡毒神變主，

ཟས་དང་གནས་དང་ནོར་གྱིས་ལན་ཆགས་ཅན།

塞當內當努吉蘭恰堅，

因為食宿財貨欠孽債，

གྲིབ་དང་སྐྱོ་འདྲེ་ཕོ་ཤིན་མོ་ཤིན་དང་།

智當覺遮普興母興當，

陰影恐怖男女死鬼者，

གྲེ་བོ་ཐེའུ་རང་གྲོང་སྲིན་འདྲེ་མོར་བཅས།

遮烏特讓仲珊遮母吉，

鬼魅祟屋羅剎女妖等，

ལན་ཆགས་དམར་མོ་མེ་ལ་བསྲེགས་ཏེ་སྦྱངས།

蘭恰瑪母美拉舍帝江，

彤紅烈火淨燃燒冤債，

རང་རང་ཡིད་ལ་གང་བསམ་འདོད་དགུའི་ཆར།

讓讓伊拉岡桑多格恰爾，

自己心中遍想生九欲，

ཇི་སྲིད་ནམ་མཁའ་གནས་ཀྱི་བར་ཉིད་དུ།

吉詩南卡內吉哇尼都，

及至遍及廣大虛空中，

འདོད་པའི་ཡོན་ཏན་ཟད་པ་མེད་པར་བསྔོ།

多比雲旦薩巴美巴俄。

願望功德無盡而迴向。

བདག་གིས་དུས་གསུམ་བསགས་པའི་སྡིག་སྒྲིབ་དང་།

達格德松薩比地智當，

由我三世積集諸罪業，

དཀོན་མཆོག་དང་གཉེན་དཀོར་ལ་སྤྱད་པ་རྣམས།

貢卻達興果拉嘉巴南，

信賴三寶超薦諸淨財，

སྦྱིན་བསྲེག་མེ་མཆོད་འདི་ཡིས་དག་གྱུར་ཅིག།

興舍美卻德伊達吉幾！

唯願由燒施火供盡淨！

མེ་ལྕེ་སྣང་སྲིད་གང་བའི་རྡུལ་ཕྲན་རེ།

美傑囊詩岡威都赤熱，

火焰在情世遍每微塵，

ཀུན་བཟང་མཆོད་པའི་སྤྲིན་ཕུང་མི་ཟད་པ།

更桑卻比貞彭莫薩巴，

普賢供養雲堆而無盡，

རྒྱལ་བའི་ཞིང་ཁམས་ཡོངས་ལ་ཁྱབ་གྱུར་ཅིག།

嘉威香康龍拉恰吉幾！

唯願遍復佛剎土受用！

མེ་ལྕེ་ཡེ་ཤེས་འོད་ལྔའི་མཆོད་སྤྲིན་ཟེར།

美傑伊希敖呃卻興賽爾，

火舌王智光供施幅射，

རིགས་དྲུག་མཐར་མེད་གནས་སུ་ཁྱབ་ཅིག

仁智那美內蘇恰吉幾！

唯願六趣苦厄盡轉化！

ཁམས་གསུམ་འཁོར་བ་འཇའ་ལུས་འོད་སྐུར་གྲོལ།

康松科哇嘉列敖格卓，

解脫三界輪迴虹光身，

འགྲོ་ཀུན་བྱང་ཆུབ་སྙིང་པོར་འཚང་རྒྱ་ཤོག

卓更香琪寧波備嘉肖！

唯願諸眾證覺菩提心！

ཨོཾ༔ ཨཱཿ ཧཱུྃ༔

唵　阿　吽

如是持誦百千萬遍，斟酌情況而供。

སྐུ་གསུམ་དག་པ་སྣོད་ཀྱི་གཞལ་ཡས་སུ།

格松達巴努吉雅伊蘇，

三身無量諸淨器之中，

ཆོས་ལོངས་སྤྲུལ་གསུམ་སྣང་སྲིད་གཟུགས་ཕུང་རྣམས།

切龍智松囊詩寺彭南，

報化三身情世諸色蘊，

བདུད་རྩིར་ཞུ་བས་འཇའ་འོད་བར་སྣང་གང་།

都支希哇嘉敖哇爾囊岡，

融入甘露虹光盡示現，

འཁོར་བ་མྱང་འདས་ཟག་མེད་བདུད་རྩིའི་བཅུད།

科哇娘帝薩美都支吉，

離輪迴苦無漏甘露精，

ཐོག་མེད་དུས་ནས་ད་ལྟ་ཡན་ཆད་དུ།

妥美德內達打燕恰都，

無始以來到現在未來，

སྣང་སྲིད་མགོན་དུ་གྱུར་པ་ཡོངས་ལ་བསྔོ།

囊詩仲都吉巴雲拉俄！

唯願情世怙主皆迴向！

ས་ལམ་འབྲས་བུའི་ཡོན་ཏན་མཐར་ཕྱིན་ཞིང་།

薩拉木遮烏雲旦塔興香，

地道果之功德到彼岸，

ལྟ་སྒོམ་སྤྱོད་པའི་བར་ཆད་ཀུན་སེལ་ནས།

達果覺比哇恰更賽內，

觀、修、行的道障一切除，

རྨད་བྱུང་ཀུན་བཟང་ཐུགས་ཀྱི་མཁའ་དབྱིངས་སུ།

瑪雄更桑陀吉卡央蘇，

稀有善賢意的虛空界，

གཞོན་ནུ་བུམ་སྐུར་གཏན་སྲིད་ཟིན་པར་ཤོག།

雲努笨格旦詩省巴肖！

唯願永遠執受童瓶身！

འཁོར་བའི་རྒྱ་མཚོ་ཆེན་པོ་སྟོང་བའི་ཐར།

科威嘉措欽波冬比塔爾，

輪迴大海空性證解脫，

འོག་མིན་པདྨ་དྲྭ་བར་འཚང་རྒྱ་ཤོག

敖萌貝瑪扎哇倉嘉肖！

願證密嚴刹土蓮花網！

ཕུང་ཁམས་སྲིག་རྫས་བཀག་མདངས་གཟི་བརྗིད་འབར།

彭康舍次扎當詩吉巴爾，

蘊界護摩光彩威赫照，

དཀར་དམར་བྱང་སེམས་བསྲིག་རྫས་བདེ་སྟོང་འབར།

迦瑪香賽舌次帝冬巴爾，

紅白菩提護摩樂空燦，

སྟོང་ཉིད་སྙིང་རྗེའི་བསྲིགས་རྫས་ཆོས་དབྱིངས་གང་།

冬尼寧吉舍次切央岡，

空性悲憫護摩遍法界，

སྣང་སྲིད་འཁོར་འདས་རྡོ་རྗེ་འོད་སྐུའི་ཞིང་།

囊詩科帝多傑敖格香，

情世有寂金剛光身刹，

ལྷུན་གྲུབ་རྫོགས་སངས་རྒྱས་པའི་བསྲེག་རྫས་འབུལ།

林智佐桑傑比舍次波，

任運圓滿佛的護摩供，

སྔོན་གྱི་ལན་ཆགས་ཐམས་ཅད་བྱང་གྱུར་ཅིག།

俄吉蘭恰塔堅香吉幾！

唯願往昔一切宿債除！

ད་ལྟ་རྒྱུད་ལ་མི་གནས་མཐོལ་ལོ་བཤགས།

達打吉拉莫內陀洛夏，

今世相續不斷發露懺，

མ་འོངས་སྒྲིབ་པའི་འཁོར་ལོར་མ་གྱུར་ཅིག།

瑪旺智比科洛瑪姬幾！

唯願未來障礙輪不轉！

སོ་ཐར་བྱང་སེམས་རིག་པ་འཛིན་པ་ཡི།

別解脫菩提心之持明，

索塔香賽仁巴增巴伊，

སྡོམ་བཅས་བསླབ་པ་གསང་སྔགས་དམ་ཚིག་རིགས།

哆吉拉巴桑呃達次仁，

律儀梵行密乘三昧耶，

ཚོར་དང་མ་ཚོར་ཉམས་པ་མཐོལ་ལོ་བཤག།

措當瑪措娘巴陀洛夏，

受與非受退失發露懺，

ནད་གདོན་གྲིབ་དང་མི་གཙང་དག་གྱུར་ཅིག།

那冬智當莫藏達吉幾！

唯願病魔障與不淨除！

ནད་མུག་མཚོན་གྱི་བསྐལ་པ་ཞི་གྱུར་ཅིག།

那莫聰吉迦巴希吉幾！

唯願瘟疫刀兵劫熄滅！

མཐའ་མི་དབུས་སུ་འོང་བའི་བསུན་མ་བཟློག།

塔莫威蘇旺威松瑪哆，

打退邊境野蠻人侵擾，

ཆོས་མཛད་བླ་མ་གདན་འདྲེན་བར་ཆད་བཟློག།

切乍喇嘛旦遮哇恰哆，

阻攔上師修法座招障，

བོད་ཡུལ་བཀྲ་མི་ཤིས་པའི་ལྟས་ངན་བཟློག།

烏隅扎莫希比帝俄哆，

迴遮藏地不吉祥凶兆，

གཟའ་ཀླུ་རྒྱལ་པོས་སྲོག་དབུགས་བསྡུད་པ་བཟློག།

薩勒嘉烏梳吾都巴哆，

免除星曜龍王壽命損，

འཇིགས་པ་ཆེན་པོ་བརྒྱད་དང་བཅུ་དྲུག་བཟློག།

吉巴欽波嘉當吉智哆，

八大怖畏及十六迴遮，

བདག་ཅག་གར་གནས་བཀྲ་མི་ཤིས་པ་བཟློག།

達嘉迦內扎莫希巴哆，

我等遍處不吉祥迴遮，

དམ་སྲིད་འབྱུང་པོའི་མཐུ་སྟོབས་ནུས་པ་བཟློག།

達詩君波陀多努巴哆。

迴遮鬼域生起之威力。

如是各種草木的八種煨桑煙供和八種護摩會供，如是生起，這山桑供，排除種種亡靈和淨治淨財障礙，猶如平常的金剛會供，從密境哲孟雄聖地之門打開的部分，猶如空行手鼓音聲無謬，尊者虛空無畏和合。

（五十二）戰神

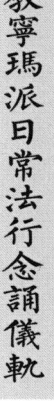

དགྲ་ལྷ།

扎拉

ཀྱཻ།

嗟！

འཇའ་ཀློང་ཡེ་ཤེས་དྭངས་བཀྲ་འཁོར་ལོའི་དབུས།

嘉龍伊希當扎科洛威，

虹內智慧淨麗輪之中，

སྲིད་གསུམ་སྒྱུ་མའི་འདོད་དགུ་སྣང་སྲིད་ཚོགས།

詩松吉瑪多格囊詩群，

三有幻化九欲情世間，

དེ་ཀློང་ལྷུན་འབྱམས་དག་པ་རབ་འབྱམས་དང་།

帝龍林嘉達巴熱嘉當，

任運流轉清淨廣無邊，

སྐྱོབ་པའི་དགྲ་ལྷ་མ་འགྱུར་སུ་ཞིག་ཡོད།

君威扎拉瑪姬蘇希幼，

有誰護持戰神無變化，

གནམ་སའི་ཁྱོན་ན་གླིང་བཞིའི་མཐུ་རྩལ་བདག།

內薩群納林伊投匝達，

天垠遍復四洲威德力，

ལས་བཞི་ཕྲིན་ལས་ཀུན་ལ་དབང་སྒྱུར་པའི།

列伊赤列更拉旺吉比，

主宰變化四世遍事業，

སྲ་བའི་སྒོ་ལྡན་འཇོམས་བྱེད་མཚོན་ཆའི་དཔུང་།

薩威果旦覺希聰恰宏，

有堅固門能征刀兵聚，

མཛེས་པའི་སྤྱན་གཟིགས་འབུལ་ལོ་འདིར་གཤེགས་ཤིག།

次比堅詩波洛帝歇希！

唯願此行獻美妙供品！

ནམ་མཁའི་སྣོད་ཡངས་སྟོང་གསུམ་བརྡལ་བའི་ཁྱོན།

南卡努央冬松達威群，

三千廣空器世間鋪開，

འདོད་ཡོན་འཇའ་དཔུང་ཕུན་ཚོགས་ནོར་བུའི་རིགས།

多雲嘉宏彭措努烏仁，

妙欲虹聚圓滿珍寶部，

སྒྱུལ་པའི་གཟུགས་བརྙན་སྲིད་པར་གྱུར་པ་ཀུན།

智比司寧詩巴吉巴更，

幻化影像世間盡變化，

མ་ཆགས་དགྲ་ལྷའི་རྒྱལ་པོ་ཁྱོད་ལ་འབུལ།

瑪恰扎拉嘉烏喬拉波，

呈獻於您無貪戰神王，

སྐྱེ་མེད་ངང་ནས་སྐྱེས་པའི་རང་བཞིན་གཅིག

吉美呃內吉比讓音吉，

從無生態只生出自性，

ཆོས་རྣམས་གདོད་ནས་སྙོམས་པའི་དཔའ་འབྱམས་སུ།

切南多內紐比華嘉蘇，

最初諸法平等無比勇，

ཕན་ཚུན་སོ་སོའི་འཛིན་སྣང་མ་མཆིས་ཀྱང་།

帕從索索增囊瑪齊江，

彼此不同執相而無有，

མ་དག་སྣང་ཚུལ་སྒྱུ་མའི་རོལ་པ་ལས།

瑪達囊次吉瑪若巴列，

不淨現象如幻之神變，

སྟག་རལ་གཟིཏ་ཤུབ་སྔོ་བསངས་སྙེཏ་པའི་མདུང་།

達熱詩秀俄桑寧比冬，

深藍虎皮箭囊豹皮鞍，

ཁམས་གསུམ་གཡུལ་ལས་རྒྱལ་བའི་དབང་བསྟོད་དོ།

康松隅列嘉威旺多哆，

三界疆域王自在稱讚，

བཙའ་འཕྲང་ལམ་འཕྲང་གྲུ་དང་ཟབ་པ་སྒྲོལ།

嘉昌拉昌智當薩巴卓，

棧道關隘狹舟窄橋渡，

ཐྲོས་ཐར་དེད་ན་ཟིན་ཞིང་དགྲ་བོ་འཇོམས།

遮塔帝那省香扎烏覺，

追捕脫逃攝受破敵眾，

དབེན་གནས་གཞིས་ལ་སྡོད་པའི་འཚེ་བ་སྲུངས།

紋內伊拉多比次哇松，

祈居靜處之災難護佑，

གཞན་སྣང་དབང་དུ་འདུས་པའི་ཕྲིན་ལས་མཛོད།

燕囊旺都德比赤列佐。

他相主宰總集事業藏。

此是能護佑的戰神贊，從淨相金剛藏而掘出。

（五十三）勝敵煨桑供

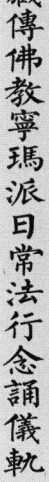

དགྲ་ལྷ་བསང་མཆོད་བཞུགས་སོ།

扎喇桑卻秀索

ཀྱཻ།

嗟！

འདོད་ཡོན་ཀུན་འགྲུབ་དགྲ་ལྷ་མཐུ་བོ་ཆེ།

多雲更智扎喇陀烏切，

一切妙欲成就勝敵力，

རིགས་གསུམ་པདྨ་སྤྲུ་འཕྲུལ་སེང་ཆེན་རྗེ།

仁松貝瑪姬赤桑欽吉，

三部蓮花神變大尊師，

ནོར་བུ་དགྲ་འདུལ་བཀའ་སྡོད་ཕོ་ཉར་བཅས།

努烏扎都迦多普娘吉，

珍寶鎮敵命令昔使者，

གསོལ་ལོ་མཆོད་དོ་བསམ་དོན་ལྷུན་གྲུབ་ཤོག།

索洛卻多桑冬林智肖！

唯願祈供願望任運成！

（五十四）招財祈福

གཡང་འགུགས་བྱ་བ་ནི།

央勾夏哇尼

ཀྱཻ།

嗟

འཇའ་ལུས་རྡོ་རྗེ་ཆོས་སྐུའི་གཡང་ར་འདིར།

嘉列多傑切格央熱德，

虹光金剛法身福祿中，

འོད་ལྔ་མ་འགགས་འཇའ་ཟེར་ཐིག་ལེའི་གཡང་།

敖呃瑪迦嘉賽特裡央，

五光無礙虹光明點運，

སྣང་སྲིད་འོད་གསལ་མཁའ་སྤྱོད་དབྱིངས་ནས་ཁུག

囊詩敖薩卡覺央內苦，

情世光明空行界之隅，

འཇའ་ལུས་འཕོ་བ་ཆེན་པོའི་དངོས་གྲུབ་སྩོལ།

嘉列普哇欽波俄智佐，

虹身大遷轉的悉地賜，

གུ་རུའི་སྦས་ཡུལ་དཔའ་བོ་ཌཱ་ཀིའི་གླིང་།

格惹拜隅華烏扎格林，

上師密境勇士空行洲，

འཁོར་ཡུག་ཐམས་ཅད་ལྷ་དང་ལྷ་མོའི་གང་།

科隅塔堅拉當拉母岡，

一切輪圍遍佛與佛母，

མཆོག་ཐུན་དངོས་གྲུབ་ཅི་བསམ་གཡང་ཁུག་ཅིག།

卻彤俄智吉薩央苦吉，

共勝成就一心願招財，

ཚེ་དཔལ་བསོད་ནམས་རྒྱས་པའི་དངོས་གྲུབ་སྩོལ།

次華索南吉比俄智佐！

壽享福祿增上賜成就！

སྲིད་ཞི་འདོད་རྒུར་དཔུང་པའི་གཡང་ར་འདིར།

詩希多格宏比央熱德，

有寂九欲憑依之福澤，

རྒྱན་ངན་གཅེས་ཕྲུག་གཞོན་ནུས་ལྷ་གསོལ་གང་།

堅呃吉楚雲努拉索岡，

莊嚴寵愛驕子盡祈佛，

བུ་ནོར་ཅི་བསམ་འདོད་རྒུའི་གཡང་ཁུག་ཅིག།

烏努爾吉桑多格央苦吉，

子財盡思九欲之福運，

ཕུན་ཚོགས་དཔལ་འབྱོར་དངོས་གྲུབ་ཐམས་ཅད་སྩོལ།

彭措華覺俄智塔堅佐！

圓滿富足一切賜成就！

གཡང་ཆང་བཀྲ་ཤིས་མདའ་དར་ཕྱེ་མར་དང་།

央強扎西達打爾希瑪當，

福酒吉祥彩箭[93]糌粑[94]團，

སྲིད་པའི་ལྷ་ཆེན་དགྱེས་པའི་ཆོས་རྫས་འབུལ།

詩比拉欽傑比切次波，

世間大神歡喜法物供，

ཕུ་ནས་གནོད་སྦྱིན་མཆེད་ལྔའི་ནོར་གཡང་ཁུག།

普內努興切俄努央苦，

眷屬夜叉五兄弟財運，

མདའ་ནས་མཚོ་སྨན་བརྟན་མས་དངོས་གྲུབ་སྩོལ།

達內措曼旦瑪伊智佐！

箭中藥海地母賜悉地！

བར་ན་བདུད་བཙན་འབར་བ་སྤུན་བདུན་དང་།
哇那都贊巴哇笨冬當，
此中凶魔爆烈七兄弟，

སྐྱེས་མཆོག་རྡོ་རྗེ་ལེགས་པའི་བསམ་དོན་འགྲུབ།
吉卻多傑拉比桑冬智！
勝生善金剛之願望成！

ཡུལ་ཕྱོགས་འདི་ལ་བཀྲ་ཤིས་དཔལ་འབར་དང་།
隅肖德拉扎西華巴爾當，
在這故土吉祥威光照，

དཀར་པོའི་དམ་ཆོས་དར་བའི་ཕྲིན་ལས་མཛོད།
迦波達切達威赤列佐，
淨善妙法增長事業藏，

ཞི་བའི་ལས་མཛད་བྱང་སེམས་ལྷན་རྣམས་ཀྱིས།
希威列乍香賽旦南吉，
修持息業具諸菩提心，

ནད་གདོན་སྡིག་སྒྲིབ་ཞི་བའི་ཕྲིན་ལས་མཛོད།
那冬帝智希威赤列佐，
病魔災難息除事業藏，

རྒྱས་པའི་ལས་མཛད་རིན་ཆེན་རིགས་རྣམས་ཀྱིས།
吉比列乍仁欽仁南吉，
修持增業是諸珍寶部，

ཚེ་དང་བསོད་ནམས་རྒྱས་བའི་དངོས་གྲུབ་སྩོལ།

次當索南吉比俄智佐！

福澤壽命增長賜悉地！

དབང་གི་ལས་མཛད་པདྨ་རིགས་རྣམས་ཀྱིས།

旺格列作貝瑪仁南吉，

修持懷業是諸蓮花部，

ཁམས་གསུམ་དབང་དུ་འདུས་པའི་དངོས་གྲུབ་སྩོལ།

康松旺都帝比俄智佐！

三界主宰總集賜悉地！

དྲག་པོའི་ལས་མཛད་ལས་ཀྱི་རིགས་རྣམས་ཀྱིས།

扎波列作列吉仁南吉，

修持誅業是諸羯摩部，

དགྲ་བགེགས་ཚར་གཅོད་ནུས་པའི་དངོས་གྲུབ་སྩོལ།

扎迦叉覺努比俄智佐！

怨障制伏作用賜悉地！

བསམ་དོན་མ་ལུས་འགྲུབ་པའི་དངོས་གྲུབ་སྩོལ།

桑冬瑪列智比俄智佐！

願望無餘成就賜悉地！

如是招財祈福是由虛空無畏（南喀久美）尊者纂編的方便法。

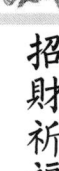

（五十五）煨桑吉祥發願迴向

ལྷ་བསང་བཀྲ་ཤིས་དང་བསྔོ་སྨོན།

拉桑扎西當俄萌

ཀྱེ

嗟！

嗟籲！

འོད་གསལ་སྙིང་པོ་དོན་གྱི་གཞལ་ཡས་ན།

敖薩寧波冬吉雅伊那，

光明心要義的越量宮，

རྒྱུད་གསུམ་བླ་མ་འཇའ་ལུས་རྡོ་རྗེའི་སྐུ།

吉松喇嘛嘉列多傑格，

三續[95]上師虹光金剛身，

མི་བཟད་རྒྱན་གྱི་འཁོར་ལོའི་སྤྲུལ་པ་ཡིས།

莫薩堅吉科洛智巴伊，

是故無盡莊嚴輪幻化，

ཨ་ཏི་སྒྲུབ་བརྒྱུད་འཕེལ་བའི་བཀྲ་ཤིས་ཤོག

阿底智吉帕威扎西肖！

阿底修持傳授[96]增吉祥！

སྲིད་ཞི་གཞིར་རྫོགས་འབྲས་བུ་ཆོས་ཟད་ཀློང་།

詩希伊佐遮吾切薩隆，

有寂基圓滿果法盡境，

བདེ་ཆེན་མི་འགྱུར་ཐར་གླིང་དགའ་བདེའི་ཞིང་།

帝欽莫吉塔林迦帝香，

大樂不動樂土解脫洲，

འགྲོ་བ་རིགས་དྲུག་ཟག་མེད་འོད་གསལ་ངང་།

卓哇仁智薩美敖薩昂，

六趣有情無盡光明性，

ཉིན་མཚན་བདེ་ལེགས་སྐྱོང་བའི་བཀྲ་ཤིས་ཤོག

寧參帝拉君威扎西肖！

唯願晝夜樂善護吉祥！

སྦས་ཡུལ་གཉོང་ལུང་བཀྲ་ཤིས་རྡོ་རྗེ་ཞིང་།

威隅雄龍扎西多傑香，

秘境地教吉祥金剛刹，

བྱང་ཆུབ་ཆོས་གླིང་ཡངས་པའི་གུར་ཁང་ནས།

香琪切林央比格康內，

菩提法洲廣大霓虹宮，

དམ་ཅན་དཔའ་བོ་ཌཱ་ཀིའི་སྤྲིན་ཕུང་གིས།

達堅華烏扎格貞龍格，

以護法勇士空行雲堆，

མཐུ་སྟོབས་ཉམས་རྟོགས་འཕེལ་བའི་བཀྲ་ཤིས་ཤོག།

陀多娘哆帕威扎西肖！

願威力證悟增長吉祥！

ཧྲཱིཿ

舍！

བཀྲ་ཤིས་དཔལ་འབར་འཛམ་གླིང་སྦེད་ཞིའི་ཁྱོན།

扎西華巴爾作林衛希群，

威光閃爍贍洲隱密處，

དཔའ་བོ་ཕྲིན་ཆགས་ཌཱ་ཀི་ལྷ་ན་སྡུག།

華烏興恰扎格達那都，

勇識威猛妙端空行母，

བདེ་ཆེན་ཉམས་དགའ་འོད་ཟེར་ལྷུག་པར་བསྐྱེད།

帝欽娘迦敖賽勒巴吉，

大樂歡喜光明悠然生，

ཟད་མེད་དགའ་བ་གཞིར་རྫོགས་བཀྲ༔

薩美迦哇伊佐扎西肖！

無盡樂處願圓滿吉祥！

ཕྱི་ནང་གསང་བའི་རིགས་དང་མཚན་བཟང་པོ།

希囊桑威仁當參桑波，

內外密咒部與俱吉兆，

རྟགས་ཀྱི་ལང་ཚོ་རྫོགས་ལྡན་སྲིད་ཞི་ཡི།

達吉朗措佐旦詩希伊，

相的榮華俱圓滿有寂，

ཁམས་གང་མཐོང་ཐོས་དྲན་རེག་འགྲོ་བ་ཀུན།

康岡彤特占仁卓哇更，

諸界見聞念觸普有情，

དྭངས་མ་འཇའ་སྐུར་སྨིན་པའི་བཀྲ༔

當瑪嘉格閔比扎西肖！

澄淨虹身成熟願吉祥！

གཉིང་ཟབ་ཀུན་ཏུ་བཟང་མོའི་བྷ་གའི་དབྱིངས།

當薩更都桑母巴迦央，

甚深普賢佛母薄伽[97]界，

གདོད་མའི་རྒྱལ་བ་ཡོངས་ཀྱི་མཐུ་སྟོབས་དང་།

多瑪嘉哇雲吉陀多當，

最初一切諸佛威儀力，

ནུས་པར་མངའ་དབང་རྫོགས་པའི་ཕྲིན་ལས་ཀྱིས།

努巴呃旺佐比赤列吉，

憑以作用主宰圓事業，

འདོད་རྒུ་དཔལ་དུ་འཕྱིལ་བའི་བཀྲ་ཤིས་ཤོག།

多格華都齊威扎西肖！

唯願九欲福德聚吉祥！

（五十六）迴向發願

བསྔོ་སྨོན།

俄萌

ཀྱཻ།

嗟！

嗟籲！

སྲིད་ཞི་ཁམས་ཀྱི་དམིགས་ཚད་མི་དམིགས་དགེ།

詩希康吉莫叉莫母格，

有寂境界善不可思量，

རྨད་བྱུང་བླ་མེད་ཐེག་གསང་ཆེན་པོར་བསྔོ།

瑪雄拉美乘桑欽波俄，

無比稀有大密咒迴向，

འབྲས་བུ་མི་ནུབ་ཕྱོགས་དུས་རྒྱལ་བ་ཡི།

遮烏莫努肖德嘉哇伊，

果不衰微十方三世佛，

ཞིང་དུ་ཁམས་གསུམ་འཁོར་བ་ཀུན་འགྲོ་ནས།

香都康松科哇更卓內，

三土一切輪迴證解脫，

རྡོ་རྗེ་སྙིང་པོ་མཁའ་སྤྱོད་ནམ་བཀྲ་ཞིང་།

多傑寧波卡覺南扎香，

金剛心要空行相美麗，

ངོ་མཚར་བཀོད་སྤྲིན་འཁྲུགས་པའི་པདྨ་འོད།

俄叉果貞赤比貝瑪敖，

稀有莊嚴雲漫蓮花光，

ས་ལེར་མཐོང་ནས་ཌཱ་ཀི་མཛེས་ཁྲུག་ཅིག།

薩里彤內扎格次苦吉，

照見顯現空行壯麗處，

རྩེ་དགའ་རོལ་མའི་དབང་ཕྱུག་ཐོབ་པར་ཤོག

次迦若瑪旺秀陀巴肖！

唯願證得歡宴化自在！

དཔལ་ལྡན་ཧེ་རུ་ཀ་དང་རིག་པ་འཛིན།

華旦黑如迦當仁巴增，

具德上樂金剛和持明，

དཔའ་བོ་དབང་ཕྱུག་ཚོགས་པའི་གུ་ཡང་གེར།

華烏旺秀措比勾央格爾，

勇識自在會聚穀祥格⑱，

དུས་གསུམ་སངས་རྒྱས་ཀུན་གྱིས་དབུ་དབྱུང་ཞིང་།

德松桑傑更吉烏群香，

三世盡一切佛而安住，

ཌཱ་ཀི་དབང་ཕྱུག་ཆེན་པོར་བདག་སྒྱུར་ཅིག།

扎格旺秀欽波達吉幾！

唯願我化空行大自在！

薩瑪雅，密密密！

從吉祥天無垢宮城，普賢尊勝密境法界，決定至尊增上善住。

（五十七）釋尊增上開光儀軌

ཇོ་དར་རབ་གནས་ཉི།

覺達爾熱內舍

皈依發心：

誦淨業觀空咒：

唵．索巴瓦．悉達薩爾哇達爾瑪索巴哇．悉哆杭。

觀想自己刹那蘊界諸處化為不可得空[99]，從空性蓮花月輪座上，舍燈字化為蓮花，舍燈字莊嚴，自己刹那如在大悲觀自在清涼光中，觀自在滿面恬靜，肅穆微笑，髮辮分髻，無量光明莊嚴示現。四臂之中，前二臂合掌置於胸前，後二臂中右手執數珠，左手執蓮，一切珍寶莊飾華麗，標幟綢緞服飾妙端華美，光明遍復。結金剛跏趺坐，蓮花月輪法座而住瑪尼，如應持誦，娑婆明王真言如應撒出驅魔芥子[100]，伊達爾瑪咒如應，背負吉祥穀物，陳列厲鬼朵瑪食子，灑水。並誦咒「阿噶若」三遍。能調伏四大手印，結於心口，捨施朵瑪食子，五妙欲俱。只此魔王白納雅嘎，摩羅他化自在天王（歡喜天）等，住於地上地下，三上首（三魂）魔鬼魑魅示現而聚，一切施足飽，到各自之處而去，法樂俱足，念誦百變億咒：「桑巴納……」之後，以驅魔眾，然後修護輪。心間光明閃爍，所有下方猶如金剛地基，所有上方如金剛帳，華蓋之頂猶如金剛道場。所有外邊，，五色火山，右旋而轉。持誦咒曰：「貝雜爾，熱恰熱恰」。由己心際，放射光芒，迎請如來，及諸佛母，由此諸寶瓶而作沐浴，種種吉祥音聲，法樂而俱，作諸供養：

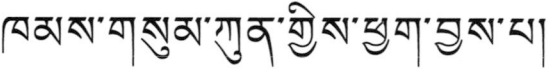

ཁམས་གསུམ་ཀུན་གྱིས་ཕྱག་བྱས་པ།

康松更吉夏希巴！

由普三界我頂禮！

གསང་བ་གསུམ་གྱིས་གནས་ལས་བྱུང་།

桑哇松吉內列雄，

三密從此刹生起，

དབང་བསྐུར་བ་ནི་རྡོ་རྗེ་ཆེ།

旺格爾哇尼多傑切，

賜灌頂者大金剛，

མི་ལྡོག་པ་ཡི་ཁྲུས་གསོལ་ལོ།

莫多巴伊赤索洛。

永不退轉獻沐浴。

持誦咒曰：

唵，薩爾哇達塔迦達，阿百切嘎待薩麻雅寫爾耶 吽

誦獻浴贊：

ཇི་ལྟར་བལྟམས་པ་ཙམ་གྱིས་ནི།

吉達達巴乍吉尼

云何如來降生時，

ལྷ་རྣམས་ཀྱིས་ནི་ཁྲུས་གསོལ་ལྟར་ལོ།

拉南吉尼赤索達爾，

一切天眾獻沐浴，

ལྷ་ཡི་ཆུ་ནི་དག་པ་བཞིན།

拉伊曲尼達巴音，

今以清淨妙聖水，

དེ་བཞིན་བདག་གིས་སྐུ་ཁྲུས་གསོལ།

帝音達格句赤索，

我亦如是作沐浴。

唵　薩爾哇達塔迦達，阿百切嘎待薩麻雅寫爾 吽

གཟུགས་ཀྱི་ཕུང་པོ་རྣམ་དག་ཅིང་།

詩吉彭波南達江，

如若色身蘊清淨，

ཉོན་མོངས་གཏི་མུག་སྦྱོང་བྱེད་པ།

寧萌帝莫君希巴，

淨治煩惱和愚癡，

ཆོས་ཀྱི་དབྱིངས་ཀྱི་ཡེ་ཤེས་ཀྱིས།

切吉央吉伊希吉，

憑以法界體性智，

དཔལ་ལྡན་སྐུ་ཡི༔

華旦格伊赤索洛。

具吉祥身作沐浴。

唵　薩爾哇達塔迦達……

ཚོར་བའི༔

措威彭波南達江，

如若受蘊能清淨，

ཉོན་མོངས་ང་རྒྱལ༔

寧萌呃嘉君希巴，

淨治無明和我慢，

མཉམ་པ་ཉིད་ཀྱི༔

娘巴尼吉伊希吉，

憑以平等性智慧，

དཔལ་ལྡན་ཡོན་ཏན༔

華旦雲旦赤索洛。

功德圓滿作沐浴。

薩爾哇達塔迦達……

འདུ་ཤེས༔

都希彭波南達江，

如若想蘊能清淨，

ཉོན་མོངས་འདོད༔

寧萌多恰君希巴，

能淨治煩惱愛染，

སོ་སོར༔

索索爾多比伊希吉，

憑以此妙觀察智，

དཔལ་ལྡན་གསུང་གི༔

華旦松格赤索洛。

具吉祥語作沐浴。

唵　薩爾哇達塔迦達……

འདུ་བྱེད༔

都希彭波南達江，

如若行蘊能清淨，

ཉོན་མོངས་ཕྲག༔

寧萌擦哆君希巴，

能淨治煩惱嫉妒，

བྱ་བ༔

夏哇智吉伊希吉，

憑以此成所作智，

དཔལ་ལྡན་ཕྲིན་ལས༔

華旦赤列赤索洛。

事業吉祥作沐浴。

唵　薩爾哇達塔迦達……

རྣམ་ཤེས༔

南茜彭波南達江，

如若識蘊能清淨，

ཉོན་མོངས་ཞེ་སྡང༔

寧萌希當君希巴，

能淨治煩惱瞋恚，

མེ་ལོང་ཿ

美龍佑吉伊希吉，

憑以大圓明鏡智，

དཔལ་ལྡན་ཐུགསཿ

華旦陀吉赤索洛。

俱吉祥意作沐浴。

唵　薩爾哇達塔迦達……

མཐོ་བ་སྲིད་པའི་རྩེ་མོ་ནས།

陀哇詩比次母內，

高大世間之頂首，

དམའ་བ་མནར་མེད་ལྕགས་ཀྱི་བཞིས།

瑪哇那美迦吉伊，

底下無間鐵地獄，

བར་དུ་གནས་པ་ཐམས་ཅད་ལ།

哇都內巴塔堅拉，

所有住於此中間，

གྲིབ་གསལ་དག་པསཿ

智薩達比赤索洛。

影像妙淨作沐浴。

唵　薩爾哇達塔迦達……

གདེང་ཀ་ནོར་བུ་འབར་བའི་འོད་ཟེར་གྱིས།

當迦努爾烏巴威敖賽吉，

信念珍寶閃光輝，

ས་འོག་མུན་པའི་ཚོགས་རྣམས་འཇོམས་མཛད་ཅིང་།

薩敖萌比措南覺乍江，

地下黑暗清泉除，

བསྟན་ལ་རབ་དགའ་མཐུ་སྟོབས་བསམ་མི་ཁྱབ།

旦拉熱迦陀多桑莫恰，

現極喜力不思議，

ཀླུ་རྒྱལ་འཁོར་དང་བཅས་ལ་ཁྲུས་གསོལ་ལོ།

勒嘉科當吉拉赤索洛。

龍王眷屬作沐浴。

唵　薩爾哇達塔迦達……

ཚེ་རིང་མཆེད་ལྔ་བསྟན་སྲུང་བཅས།

次仁切呃旦君吉，

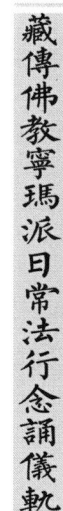

護教長壽五姊妹，

གངས་ཆེན་གནས་པ་ཐམས་ཅད་ལ།

岡欽內巴塔堅拉，

盡一切大藏居住，

ཁྱད་པར་ཡུལ་ཕྱོགས་འདིར་གནས་པའི།

恰巴隅肖德內比，

依此殊勝之故土，

ལྷ་ཀླུ་གཞི་བདག་རྣམས་ལ།

拉勒伊達南拉赤索洛。

龍王地祇作沐浴。

唵　薩爾哇達塔迦達……

ཇི་ལྟར་དམ་པ་རྟོག་དཀར་དགའ་ལྡན་ནས།

吉達打巴多迦嘎旦內，

一旦善意喜足天，

ལྷ་མཛེས་ལྷུམས་ནས་བལྟམས་ཏེ་ཁྲུས་གསོལ་ལྟར།

拉次勒內達帝赤索達，

尊者懷胎降生浴，

སྐུ་གདུང་རིང་བསྲེལ་དྲི་མ་མེད་པར་བཅས།

格冬仁舍智瑪美巴吉，

遺體無垢舍利俱，

སྤྲུལ་སྐུ་ཡིད་འོང་རྣམས་ལ་ཁྲུས་གསོལ་ལོ།

智格伊文南拉赤索洛。

祈浴諸化身如意。

唵　薩爾哇達塔迦達……

དེ་དག་སྐུ་ལ་མཚུངས་པ་མེད་པའི་གོས།

帝達格拉倫巴美比格，

華美絢麗織錦緞，

གཙང་ལ་དྲི་རབ་གོས་པའི་སྐུ་ཕྱིའོ།

藏拉智熱格比句希敖。

淨潔無垢拭佛身。

唵　吽扎 舍 阿

唵　薩爾哇達塔迦達，嘎雅威秀達納耶娑哈。

罪墮塵垢等等淨除，並誦：「伊達爾瑪」。三遍之後接誦「蘇扎帝恰貝雜爾耶婆哈」。釋尊增長甘露煨桑，從空性中，猶如是諸所依，觀自在清涼光中，滿面慈祥微笑，髮辮分髻．光明無量莊嚴，四臂前二臂雙手合掌，手印置於心口，於下方雙手，右手持佛珠，左手執蓮，珍寶裝飾華麗，妙端莊嚴，綢緞服飾，光明遍復。金剛跏趺而坐，頂上字，喉間阿字，心際上分　吽

字，下分 月種之相，自生心際光明智慧，貝雜爾薩瑪乍。伴隨智慧，以「桑巴……」之咒驅魔眾．乍吽榜火化為不二三昧耶誓言，持誦：

唵 洛格夏熱薩巴熱哇熱阿爾噶

咒聲之中，而作供養：

སྲིད་པའི་འཇིགས་ལས་སྐྱོབས་པ་དང་།

詩比吉列覺巴當，

從怖畏輪迴護佑，

ཕུན་ཚོགས་དངོས་གྲུབ་ཀུན་སྟེར་བས།

彭措俄智更帝威，

圓滿悉地一切獻，

ཡིད་བཞིན་ནོར་ལྟར་རྨད་འབྱུང་བའི།

伊音努達瑪君威，

似如意寶稀有生，

བཅོམ་ལྡན་ཁྱོད་ལ་ཕྱག་འཚལ་བསྟོད།

覺旦喬拉夏叉哆！

頂禮讚頌如來您！

化為融入所依殊勝慈悲光明，六字真言正播之相。

說吉祥:

རང་ཉིད་ཐུབ་པར་གསལ་བའི་མདུན།

讓尼陀巴薩威冬,

自性證得明現前,

ཐུགས་ཀྱི་རྟེན་རྣམས་བསང་སྦྱངས།

陀吉登南木桑江。

心的諸依桑淨治。

從空性寶座及蓮花月輪座上，藍色 吽字不動明王，捨身藍色，一頭二臂，跏趺而坐，所住之處，等引禪定，錦緞珍寶，服飾莊嚴. 頂上 唵字，喉間阿字，心際吽字，光明照耀。智慧乍吽榜火四字明咒，化為與三昧耶誓言不二之智。復次迎請五方焰熾佛，以咒:

唵 ，阿釋切雜嘟瑪木薩爾哇達塔噶達。

而作祈請。以咒:

唵 貝雜爾巴哇阿拜切雜 吽。

而作念誦灌頂，全身淨垢，水尤溢流，由不動化身相化為頭上裝飾，在「**唵　薩爾哇達塔噶達，阿爾噶**」咒言之中而作是言:

སྲིད་པའི་འཇིགས་ལས་སྐྱོབས་པ་དང་།

詩比吉列覺巴當，

從怖畏輪迴護佑，

ཕུན་ཚོགས་དངོས་གྲུབ་ཀུན་གཏེར་བའི།

彭措俄智更帝威，

圓滿成就一切藏，

ཡིད་བཞིན་ནོར་ལྟར་རྨད་འབྱུང་བ།

伊音努達瑪君哇，

似如意寶稀有生，

བཅོམ་ལྡན་ཁྱོད་ལ་ཕྱག་འཚལ་བསྟོད།

覺旦喬拉夏叉哆！

頂禮讚頌如來您！

祈請進入十方諸佛菩薩能依所依之中，唵 蘇扎帝恰爾貝雜爾耶娑哈。從融入不動光明化為意所依相，奇呀哉！從「稀有等等……」而說吉祥和迴向發願。

（五十八）焰口母替死儀軌[101]

ཁ་འབར་མའི་འཆི་བསླུ་བར་ཆད་ཀུན་སེལ་ཞེས་བྱ་བ་བཞུགས་སོ།

卡巴爾米其勒哇爾恰更賽希夏哇秀索

頂禮一切佛菩薩！

能依焰口母食子，淨垢法障替死儀軌，唯此朵瑪食子器皿猛厲替死品及三指鉤三丸子，修習禮紫金相怙主！猶如往昔從小長命無恙，我今能依此朵瑪食子，為了長壽健康，淨除一切法障，修法而入朵瑪食子，從其朵瑪器皿種犳字珍寶器內由榜挺字而生蓮花，阿爐字而生月輪之上，白色阿爐 字一切變化，自己化為釋迦能仁，全身白色，一頭二臂，右手施願印之上方，白色阿爐字，光明示現。並誦咒曰：南瑪薩曼達布達納，南瑪薩爾瓦達塔噶達，阿瓦洛格帝．唵 桑巴熱桑巴熱吽拍。以此咒言，淨除我等師徒及其眷屬之一切病魔道障，悉達格惹耶娑哈。（念誦七遍，彈指七次）融入阿字，化為甘露，由諸眾餓鬼，飲用而食，鬼除饑餓。並結吽字手印，置於心口，念誦：

南無佛的真實語，

南無法的真實語，

南無僧的真實語，

我心清淨真實語，

真實威德賜加持！

我等師徒及一切眷屬，轉化外魔部眾、天魔、龍魔、非天、人或一切魔等，魔眾一千零八十種災難，盡悉息除，悉達格惹耶娑哈。（三遍）轉化病種；從風息轉化、膽轉化、涎分轉化、風熱雜症轉化等等。盡悉息除四百零四種病的一切災難．悉達格惹耶娑哈。（三遍）。轉化魔種、魔鬼、妖精、王、龍、地祇、閻羅、女鬼、赤腳鬼、白鼠鬼、怨鬼等等一切鬼眾，悉應息除一千零八十種災難。悉達格惹耶娑哈。（三遍）朵瑪食子向外拋撒之後，種種修習及替身品逐一而修。

ཧཱུྃ

吽

ཁྱེར་ཅིག་ཁྱེར་ཅིག་སྟོབས་ལྡན་རྣམས།

切吉切吉哆旦南，

眾力士負載而去，

སྲིད་དང་ཆགས་དང་ཞེན་པ་དང་།

詩當恰當興巴當，

輪迴愛染及執著，

དྲན་དང་གཟུགས་དང་བསམ་དང་རེག།

詹當詩當桑當熱，

念色想觸之等等，

གླུ་དང་གྲོགས་དང་ཞི་བར་མཛོད།

勒當卓當希哇佐！

伴隨音律而息除！

（以上應多念誦）

轉動替身品：

ཀྱཻ།

嗟！

嗟籲！

ད་ནི་གླུད་ཆེན་གཡས་སུ་བསྐོར།

達尼勒欽伊蘇果，

現今替身品右轉，

གླུད་ཆེན་གཡས་སུ་བསྐོར་ཙ་ན།

勒欽伊蘇果作納，

替身品向右轉時，

སྣང་སྲིད་ལྷ་འདྲེས་གཡས་སུ་བསྐོར།

囊詩拉遮伊蘇果，

情世鬼神向右轉，

བྲན་གཡོག་མང་པོས་འཁོར་དང་བཅས།

展幼芒波科當吉，

眾多役使僕從等，

དགྱེས་པའི་མདངས་དང་བཅས་ཏེ་བསྐོར།

吉比党當吉帝果，

顏面歡喜而轉動，

སྐྱེས་པ་ཕོ་ཡི་རྐྱེན་བཟློག་ཅིག།

吉巴普伊金多吉。

唯願男子除障礙。

ཀྱཻ།

嗟！

嗟籲！

ད་ནི་གླུད་ཆེན་གཡོན་དུ་བསྐོར།

達尼勒欽雲都果，

現今替身向左轉，

གླུད་ཆེན་གཡོན་དུ་བསྐོར་ཙ་ན།

勒欽雲都果乍納，

大替身品左轉時，

སྣང་སྲིད་ལྷ་འདྲེས་གཡོན་དུ་བསྐོར།

囊詩拉遮雲都果，

情世神鬼向左轉，

བྲན་གཡོག་མང་པོས་འཁོར་དང་བཅས།

展幼芒波科當吉，

眾多役使相隨從，

དགྱེས་པའི་མདངས་དང་བཅས་ཏེ་བསྐོར།

吉比党當吉帝果，

顏面歡喜而轉動，

ཟ་མ་མོ་ཡི་རྐྱེན་བཟློག་ཅིག

薩瑪母伊金多吉。

唯願女子除障礙。

ཀྱཻ།

嗟 ！

嗟籲！

གླུད་བསྐོར་གཅིག་དང་གཉིས་དང་གསུམ།

勒果吉當尼當松，

替身一轉二三轉，

ལོ་བསྐོར་གསུམ་དང་ཟླ་བསྐོར་གསུམ།

浴果松當達果松，

轉動三年三個月，

ནད་དང་གདོན་གྱི་ཞེན་པ་ཆུང་།

那當冬吉興巴群，

減除疾病魔障貪，

གླུད་དང་གྲོགས་ཏེ་ལམ་ལ་སོང་།

勒當卓帝拉木拉松。

替身結伴動身離。

ཀྱཻ།

嗟！

嗟籲！

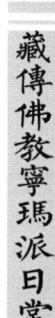

ད་ནི་གླུད་ཀྱི་ལམ་བསྟན་ནོ།

達尼勒吉拉木旦努，

現今替身之大道，

རི་གསུམ་རྩེ་དང་ལུང་གསུམ་མདོ།

惹松次當龍松多，

三山頂首三經教，

རྒྱ་གྲམ་ལམ་དང་འབབ་ཆུའི་གཞུང་།

嘉扎拉木當巴曲雲，

十字路口流水中，

ཉི་ཟླ་གྲིབ་སོ་གླུད་ཀྱི་ལམ།

尼達智索勒吉拉木，

日月影子替身路，

འདྲེ་ལྔ་བདུད་བཅོད་གླུད་ཀྱི་ལམ།

遮呃都覺勒吉拉木，

五鬼除魔替身路，

ལམ་དེར་ཞུགས་ལ་ཕྱོགས་དེར་སོང་།

拉木帝秀拉肖帝松，

進入此路去此方，

ལན་ཆགས་བུ་ལོན་ཁྱེར་སྐྱུར་ཅིག།

蘭恰烏龍切吉幾！

唯願宿債盡償還！

最後行大施捨，與智慧藏等迴遮之一切部分連接.這是鄔金蓮花生消除道障焰口母替死之因，由替死咒接引，為了利樂後世有情眾生能夠深證。

焰口母替死儀軌

（五十九）施食三次第

གཏོར་མ་ཆ་གསུམ་གྱི་རིམ་པ།

朵玛恰松吉仁巴

頂禮上師金剛薩埵！

修持金剛乘大曼陀羅儀軌時，三分食子[102]修法，盡所有而言。如是所知，增長大寶三器的第一、第二中，是與護方神一般出現的圓滿朵瑪食子指頭麵團[103]穿孔等等白淨食物裝飾。第三厲鬼的朵瑪食子是用糌粑燈碗[104]粉末捏成的圓粉團，酒肉等等混雜，諸如種種供品，次第陳列，灑驅魔淨水，結金剛施願手印，隨持誦咒曰：

唵　貝雜爾雅恰吽。

從而焚香煨桑，煙火供施。繼結金剛火手印，並誦咒曰：

唵 貝雜爾乍拉，阿那拉哈那，達哈巴軋瑪塔巴雜熱納吽拍唵索巴瓦，悉達薩爾瓦達爾瑪，索巴瓦希多杭。

從空性種（བྷྲཱུྃ）字珍寶甚深廣大器內，因有色朵瑪食子氣味作用，化為圓滿甘露大海，持誦：唵　阿　吽火（三遍），共賜加持，之後，把最初的朵瑪食子供養十護方神[105]。觀想自心 吽（ཧཱུྃ）字，光明示現，迎請護方神及諸善眷，手執金剛鈴，而作偈曰：

ཕྱོགས་སྐྱོང་འཇིག་རྟེན་སྐྱོང་བ་དབང་དང་ལྡན།

肖君吉旦君哇旺當旦，

護方護世有權威，

ཐུགས་རྗེ་ཐུགས་མཁས་ཐུགས་དམ་དཀྱེལ་པོ་ཆེ།

陀吉陀堪陀達吉波切，

悲憫善巧大誓願，

ལྷ་དང་དྲང་སྲོང་ཡི་དྭགས་སྲིན་པོ་ཀླུ།

拉當章松伊達珊波勒，

天神餓鬼羅剎龍，

རིག་འཛིན་རྒྱལ་པོ་དང་ནི་གནོད་སྦྱིན་བདག།

仁增嘉波當尼努興達，

持明王和夜叉主，

དེ་དག་སོ་སོའི་དབང་པོའི་སྐུར་སྟོན་པ།

帝達索索旺波格冬巴，

是諸種種灌頂現，

ཕྱོགས་བཅུའི་འཇིག་རྟེན་སྐྱོང་བ་བཞུཏ་སོ་འཚལ།

肖吉吉旦君哇秀索叉，

願住十方世護持，

བསྟན་པ་རྒྱས་པའི་སླད་དུ་སྤྱན་འདྲེན་ན།

旦巴吉比拉都堅詹那，

為興佛教而迎請，

འགྲོ་བའི་དོན་དུ་མཆོད་ཀྱིས་གཤེགས་སུ་གསོལ།

卓威冬都卻吉歇蘇索！

以利生供請降臨！

持誦迎請咒：

唵　達夏帝洛噶，巴拉薩巴熱哇熱哎嗨呵。

持誦入座供養咒：

貝瑪噶瑪拉伊達。

持誦供養咒：

唵　哎扎耶、阿賴耶、雅瑪耶、尼熱帝、瓦熱那雅、鄔雅威、格威熱雅、哎夏納雅、鄔達扎哈那耶、蘇爾雅扎哈阿底巴達耶、乍扎納恰扎阿底巴耶，阿都拜特威巴雅、阿蘇熱巴雅、納格巴雅、薩巴熱瓦熱阿爾噶。

向上打開金剛火供壇，並持誦上面之咒：「唵　哎扎耶……。」至終。

並用：**「南瑪薩爾哇達塔噶帝布拜夏……」**三裝飾品三朵瑪食子而供。

དབང་པོ་རྡོ་རྗེ་འཆང་བའི་ལྷ།

旺波多傑強威拉，

帝釋金剛持之天，

ལྷ་ཡི་རྒྱལ་པོ་གདོན་གྱི་བདག།

拉伊嘉波冬吉達，

帝釋天王鬼神主，

ཤར་ཕྱོགས་དྲི་ཟའི་ཚོགས་བཅས་ལ།

夏肖智薩措吉拉，

東方尋香眾眷屬，

མཆོད་ཅིང་བསྟོད་དེ་ཕྱག་ཀྱང་འཚལ།

卻江哆帝夏江叉！

讚頌供養又頂禮！

མེ་སྟེ་བསྲེག་བྱ་ཟ་བའི་ལྷ།

美帝舍夏薩威拉，

火供燒施膳食神，

དྲང་སྲོང་རྒྱལ་པོ་གདོན་གྱི་བདག།

章松嘉波冬吉達，

仙人之王鬼神主，

ཤར་ལྷོ་མེ་ལྷའི་ཚོགས་བཅས་ལ།

嚇洛美拉措吉拉，

東南火神眾眷屬，

མཆོད་ཅིང༔

卻江哆帝夏江叉！

讚頌供養又頂禮！

གཤིན་རྗེ་བེ་ཅོན་འཆང་བའི་ལྷ།

興吉畏君強威拉，

死主執短橛之神，

མ་མོའི་རྒྱལ་པོ་གདོན་གྱི་བདག།

瑪母嘉烏冬吉達，

本母之王鬼神主，

ལྷོ་ཕྱོགས་གཤིན་རྗེའི་ཚོགས་བཅས་ལ།

洛肖興吉措吉拉，

南方閻羅眾眷屬，

མཆོད་ཅིང༔

卻江哆帝夏江叉！

讚頌供養又頂禮！

བདེན་དང་བྲལ་བ་ལེགས་ལྡན་ལྷ།

旦當扎哇拉旦拉，

離實妙善俱足神，

སྲིན་པོའི་རྒྱལ་པོ་གདོན་གྱི་བདག

珊波嘉波冬吉達，

羅刹之王鬼神主，

ལྷོ་ནུབ་སྲིན་པོའི་ཚོགས་བཅས་ལ།

洛努珊波措吉拉，

西南羅刹眾眷屬，

མཆོད་ཅིང་༔

卻江哆帝夏江叉！

讚頌供養又頂禮！

ཞགས་པ་ཐོགས་པ་ཆུ་ཡི་ལྷ།

夏巴妥巴曲伊拉，

執持羂索之水神，

ཀླུ་ཡི་རྒྱལ་པོ་གདོན་གྱི་བདག།

勒伊嘉烏冬吉達，

大海龍王鬼神主，

ནུབ་ཕྱོགས་ཆུ་ལྷའི་ཚོགས་བཅས་ལ།

努肖曲拉措吉拉，

西方水神眾眷屬，

མཆོད་ཅིང་།

卻江哆帝夏江叉！

讚頌供養又頂禮！

རླུང་སྟེ་སྲོག་ཀྱང་འཛིན་པའི་ལྷ།

龍帝輸江增比拉，

所持風息生命神，

རིག་འཛིན་རྒྱལ་པོ་གདོན་གྱི་བདག།

仁增嘉烏冬吉達，

持明王是鬼神主，

ནུབ་བྱང་རླུང་ལྷའི་ཚོགས༔

努香龍拉措吉拉，

西北風神眾眷屬，

མཆོད་ཅིང་༔

卻江哆帝夏江叉！

讚頌供養又頂禮！

གནོད་སྦྱིན་ལག་ན་དབྱུག་ཏོ་ཐོགས།

努興拉那君多妥，

藥叉手中執棍杖，

ནོར་སྐྱོང་རྒྱལ་པོ་གདོན་གྱི་བདག

努松嘉烏冬吉達，

護財天王鬼神主，

བྱང་ཕྱོགས་གནོད་སྦྱིན་ཚོགས་༔

香肖努興措吉拉，

北方藥叉眾眷屬，

མཆོག་ཅིང་༔

卻江哆帝夏江叉！

讚頌供養叉頂禮！

དབང་དང་ལྡན་པ་འདྲེན་པའི་ལྷ།

旺當旦巴遮比拉，

自在成就接引神，

འབྱུང་པོའི་རྒྱལ་པོ་གདོན་གྱི་བདག

君波嘉烏冬吉達，

部多之王鬼神主，

བྱང་ཤར་དབང་ལྡན་ཚོགས་བཅས་ལ།

香夏旺旦措吉拉，

東北主宰眾眷屬，

མཆོད་ཅིང་༔

卻江哆帝夏江叉！

讚頌供養又頂禮！

སྟེང་གི་ཚངས་པ་ཆེན་པོ་དང་།

當格倉巴欽波當，

虛空之上大梵王，

ཉི་མ་ཟླ་བ་གཟའ་ཆེན་པོ།

尼瑪達哇薩欽波，

太陽月亮大星曜，

གཟའ་དང་རྒྱུ་སྐར་ཚོགས་བཅས་ལ།

薩當吉迦措吉拉，

日月星宿眾眷屬，

མཆོད་ཅིང་༔

卻江哆帝夏江叉！

讚頌供養又頂禮！

འོག་གི་ཀླུ་སྡེ་ས་ཡི་ལྷ།

敖格勒帝薩伊拉，

水底龍王之地神，

ས་འཛིན་ལག་པ་ཆེན་པོ་དང་།

薩增拉巴欽波當，

以及持地大參宿，

དམ་ཚིག་ཤེས་པའི་ཚོགས་བཅས་ལ།

達次希比措吉拉，

所知誓願眾眷屬，

མཆོད་ཅིང་བསྟོད་དེ་ཕྱག་ཀྱང་འཚལ།

卻江哆帝夏江叉！

讚頌供養又頂禮！

ཤར་ཕྱོགས་རྡོ་རྗེ་རིགས་ཀྱི་ལྷ་ཚོགས་འཁོར་དང་བཅས།

夏肖多傑仁吉拉措科當吉，

東方金剛部眾偕眷屬，

གཏོར་མ་ཕུལ་བ་འདི་དག་བཞེས་སུ་གསོལ།

朵瑪普哇德達伊蘇索，

供養這些食子請受用，

མེ་དང་གཤིན་རྗེ་བདེན་བྲལ་སྲིན་པོའི་བདག།

美當興吉旦扎珊波達，

火神閻羅離實羅刹王，

ཆུ་བདག་རླུང་བདག་ནོར་གྱི་བདག་པོ་དང་།

曲達龍達努吉達波當，

水神風神財寶天王主，

དབང་ལྡན་ལྷ་སྟེ་འབྱུང་པོའི་བདག་པོ་དང་།

旺旦拉帝君波達波當，

權威俱足部多主宰神，

སྟེང་གི་ཉི་ཟླ་ཚངས་པ་ཆེན་པོ་དང་།

當格尼達倉巴欽波當，

虛空之上日月大梵王，

ལྷ་རྣམས་ཀུན་དང་གང་དག་ས་སྟེང་ཀླུ།

拉南更當岡達薩當勒，

一切諸天所有地上龍，

རི་ཡི་ལྷ་དང་གཙང་མའི་ཚོགས་བཅས་ལ།

惹伊拉當藏瑪措吉拉，

山神以及清淨眾眷屬，

ས་ས་སོ་སོར་གཏོར་མ་ཕུལ་བ་རྣམས།

薩洣索唆朵瑪普哇南，

各個地方是諸供朵瑪，

རབ་ཏུ་དགྱེས་པ་ཡིས་ནི་བཞེས་ནས་ཀྱང་།

熱都吉巴伊尼耶內江，

是故十分歡喜受用後，

རང་རང་ཕྱོགས་སུ་ལེགས་པར་བཞུགས་ནས་སུ།

讓讓肖蘇拉巴秀內蘇，

各自地方居住而平安，

རང་གི་བུ་སྨད་མཛའ་བཤེས་གཉེན་འདུན་དང་།

讓格烏瑪作希寧登當，

自己母女真實互相愛，

ནང་མི་དམག་དང་དཔུང་བཅས་ལྷན་ཅིག་ཏུ།

囊莫瑪當宏吉蘭吉都，

家眷官兵等等相融洽，

མེ་ཏོག་དྲི་དང་བྱུག་པ་བདུག་པར་བཅས།

美多智當希巴都哇吉，

花香塗香熏香之等等，

བསྔོད་དང་གཏོར་མ་མར་མེ་གུས་འབུལ་ན།

多當朵瑪瑪爾美格波那，

讚頌朵瑪酥油燈虔供，

འདི་དག་གསོལ་ཞིང་ལེགས་པར་བསྣམས་ནས་ཀྱང་།

帝達索香拉巴南內江，

這些祈願妙善之執持，

བདག་གི་ལས་ཀྱི་འབྲས་བུ་མཆིས་པར་མཛོད།

達格列吉遮烏齊巴佐！

唯願我的業果而存在！

如果託付事業，持誦：「嗡．達夏帝噶……」至終，以迦叉之名降臨。

朵瑪食子第二次給部多施捨：

ལྷ་དང་ལྷ་མིན་གནོད་སྦྱིན་སྟོ་འཕྱེ་གྲུལ།

拉當拉萌努興多希智，

天與非天夜叉腹行鬼，

ནམ་མཁའ་ལྡིང་དང་འདབ་བཟང་ལུས་སྦྲུལ་པོ།

南卡党當達桑列蘇波，

虛空盤旋妙齒身腐臭，

དྲི་ཟ་སྲིན་པོ་གདོན་གྱི་རིགས་རྣམས་དང་།

智薩珊波冬吉仁南當，

尋香羅刹魑魅鬼諸眾，

གང་དག་ས་ལ་གནས་པའི་རྫུ་འཕྲུལ་ཅན།

岡達薩拉內比支赤堅，

住於一切之處而幻化，

བུད་སྨད་བཅས་ཤིང་གཡོག་འཁོར་བཅས་པ་ལ།

烏瑪姬香紉科吉巴拉，

母女等等眷屬及僕從，

བདག་གི་པུས་མོ་ས་ལ་བཙུགས་ནས་ནི།

達格百母薩拉支內尼，

由我雙膝著地而下跪，

ཐལ་མོ་སྦྱར་ནས་ཁྱོད་ལ་གསོལ་འདེབས་ཀྱི།

塔母雅內喬拉索帝吉，

雙手合掌之後祈請你，

གསན་ནས་ཕན་གདགས་སླད་དུ་འདིར་གཤེགས་ཤིག

珊內帕達拉都德歇希！

聞聽名稱之後請降臨！

以咒：「**唵　薩爾哇洛迦巴拉哎哈雅嘿**」而迎請。以：「貝瑪迦瑪拉耶達」而供座。

並誦咒曰：**「唵帝瓦那噶雅恰，熱恰幹達爾瓦，阿蘇　熱噶若扎格而作供養**」。向上打開火供之壇，並誦：「唵　帝誦密咒至終。復次誦：**南瑪薩爾瓦……**，三名密咒而供朵瑪食子。

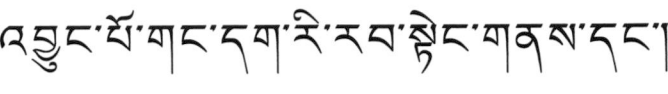

འབྱུང་པོ་གང་དག་རི་རབ་སྟེང་གནས་དང་།

君波岡達惹熱當內當，

所有部多山上住，

དགའ་བའི་ཚལ་དང་ལྷ་ཡི་གནས་རྣམས་དང་།

迦威叉當拉伊內南當，

歡喜苑中住諸天，

ཤར་ནུབ་རི་རབ་ཉི་ཟླ་ཁྱིམ་རྣམས་དང་།

夏努惹熱尼達齊南當，

東西山及日月宅，

རི་བོ་ཀུན་ལ་གང་དག་གནས་པ་དང་།

惹烏更拉岡達內巴當，

所有山中盡居處，

རིན་ཆེན་གླིང་ན་ལྷག་པར་གང་གནས་དང་།

仁欽林納拉巴岡內當，

寶洲一切殊勝地，

ཆུ་བོ་ཀུན་དང་ཆུ་ཡི་མདོ་རྣམས་དང་།

曲烏更當曲伊多南當，

諸河流域彙集處，

མཚོ་དང་རྫིང་བུ་ལྟེང་ཀ་ཆུ་དོགས་དང་།

措當藏吾當迦曲俄當，

海塘泉眼渡口處，

གཡའ་ཆུ་སིལ་ཆུ་ཅན་ན་གང་གནས་དང་།

雅曲賽曲堅那岡內當，

零星澗溪所有地，

གྲོང་དང་ཕྱུགས་ལྷས་གྲོང་ཁྱེར་སྟོང་པ་དང་།

仲當秀拉仲切冬巴當，

舍神畜神千城邑，

བང་སྟོང་དག་དང་ལྷ་ཡི་ཁང་པ་དང་།

旺冬達當拉伊康巴當，

濕潤空所淨神廟，

གཙུག་ལག་ཁང་དང་མཆོད་རྟེན་གནས་རྣམས་དང་།

芝拉康當卻旦內南當，

經堂佛塔諸聖處，

དཀའ་ཐུབ་གནས་དང་གླང་ཆེན་བྲིས་རྣམས་དང་།

迦陀內當林欽遮南當，

苦行處和象秣槽，

རྒྱལ་པོའི་དཀོར་ཁང་དག་ན་གང་གནས་དང་།

迦烏果康達那岡內當，

佛信財庫一切處，

ལམ་སྲང་སུམ་མདོ་དང་ནི་བཞི་མདོ་དང་།

拉木尚松多當尼伊多當，

三岔路口四岔道，

གང་དག་ལམ་པོ་ཆེད་དང་ཤིང་གཅིག་དྲུང་།

岡達拉木波切當香吉仲，

所有淨道一木前，

དུར་ཁྲོད་ཆེན་པོ་ནགས་ཚལ་ཆེན་པོ་དང་།

都楚欽波那叉欽波當，

屍林墳場大稠林，

སེང་གེ་དྲེད་དང་གཅན་གཟན་གནས་རྣམས་དང་།

桑格遮當堅珊內南當，

獅子熊羆猛獸地，

འབྲུག་ཆེན་འཇིགས་སུ་རུང་བར་གང་གནས་དང་།

智欽吉蘇絨哇岡內當，

廣大牧區怖畏地，

གང་དག་གླིང་མཆོག་དག་ན་གནས་པ་དང་།

岡達林卻達那內巴當，

所有勝洲清淨處，

ལྷུན་པོ་དུར་ཁྲོད་དག་ན་གནས་པ་རྣམས།

林波都楚達那內巴南，

須彌屍林所有處，

རབ་ཏུ་དགྱེས་ཞིང་མགུ་བར་གྱུར་ནས་སུ།

熱都吉香格哇吉內蘇，

化為極歡喜悅意，

ཕྲེང་བ་དྲི་དང་བདུག་པ་མེ་ཏོག་དང་།

倡哇智當秀巴美多當，

珠鬘塗香鮮花等，

བསྟོད་དང་གཏོར་མ་མར་མེ་གྱུས་འབུལ་ན།

哆當朵瑪瑪爾美格波那，

供贊朵瑪酥油燈，

འདི་དག་གསོལ་ཞིང་ལེགས་པར་བསྐམས་ནས་ཀྱང་།

德達索香拉巴那內江，

執持這些妙祈後，

བདག་གི་ལས་ཀྱི་འབྲས་བུ་མཆིས་པར་མཛོད།

達格列吉遮烏齊巴佐。

願我業果而俱足。

如是託付事業。持誦：「伊達爾瑪。」

སྡིག་པ་ཅི་ཡང་མི་བྱ་ཞིང་།

帝巴吉央莫夏香，

諸惡皆莫作，

དགེ་བ་ཕུན་སུམ་ཚོགས་པར་སྤྱོད།

格哇彭松措巴嘉，

眾善行圓滿，

རང་གི་སེམས་ནི་ཡོངས་སུ་འདུལ།

讓格賽尼雲蘇都，

自心盡調伏，

འདི་ནི་སངས་རྒྱས་བསྟན་པ་ཡིན།

德尼桑傑旦巴音。

這便是佛教。

（如是修法供施）

唵 薩爾瓦洛噶巴拉噶叉，

（如是祈降）

復次為消除魔障，厲鬼迴向：

貝雜爾瑪哈寫爾黑如迦娘哈。

自己金剛忿怒明王與俱，結吽ཧཱུྃ字盡除，警惕傷害生命，不作損人之事，己身滿足：手印而縛。

南無至尊根本傳承具德上師諸聖真實教！

南無佛的諸聖真實教！

南無法的諸聖真實教！

南無僧的諸聖真實教！

南無種種秘密明咒密藏手印等持真實教！

真實而賜加護，一切魔障剎那息除！

以咒：「**唵扎格吽乍**」而作迎請。以咒：「**唵格噶熱格噶娑哈、貝支貝支娑哈、唵 格格 娑哈、薩爾瓦拜那扎尼達阿爾迦**」而作增長，火供燒施壇城俱足。持誦咒：「**唵格噶惹**」至終，以：「**薩爾瓦拜那、那瑪、薩爾瓦達塔噶達巴雅……**」等三咒而施食，並白言曰：一旦夜間行走，諸種部多、食肉羅剎、食生肉羅剎、種種有情眾生，在樹木嫩枝茂盛之處，此中朵瑪食子、食品、酒肉之內俱足、諸多乾飯果品，此為供養，足飽受用而去，禍患心息除。我等諸眾，饒益有情之心，今後生起莊嚴法行，調伏淨戒，息除一切部多鬼蜮，這是沙門比丘修梵淨行，不畏刀兵戰亂，一切災劫。

ཨོཾ

唵

ཆེན་པོ་འམ་ཆུང་ངུ་གང་དག་གི།

欽波阿木窮俄岡達格，

無論大小盡一切，

ལུས་ལ་མངོན་པར་གནོད་གྱུར་པའི།

列拉俄巴努吉比，

自現禍患自化解，

ནང་ནས་ཉེ་བར་སྤྱུངས་ནས་སུ།

囊內尼哇窮內蘇，

內障災禍排除後，

གདོན་དེ་རང་གི་གནས་སུ་དེངས།

冬帝讓格內蘇當，

魔向自己之地去，

དེ་ལྟར་བདག་གི་ཅི་ནུས་ཀྱིས།

帝達打格吉努吉，

如是我盡一切力，

མཆོད་དང་བསྙེན་བཀུར་བྱས་པ་ཡི།

卻當寧勾希巴伊，

供養及親近承事，

དམ་ཚིག་ལ་ནི་གནས་ནས་སུ།

達次拉尼內內蘇，

三昧耶戒在此處，

བདག་གི་བསམ་པ་སྐོང་བར་མཛོད།

達格桑巴貢哇佐，

我的心中得滿足，

རྟག་ཏུ་དམ་ཚིག་ལ་གནས་ཤིང་།

達都達次拉內香，

永久依止三昧耶，

འདིར་ནི་སེམས་ཅན་ཐམས་ཅད་ཀྱི།

德尼賽堅塔堅吉，

於此一切眾有情，

ནད་རེ་རབ་ཏུ་སོལ་མཛོད་ལ།

那惹熱都索左拉，

疾病魔擾而盡除，

གདོན་རྣམས་རང་གི་གནས་སུ་སོང་།

冬南讓格內蘇松。

魔眾從此處離去。

如是接上面之法而施食。並誦咒曰：「**薩爾瓦拜噶那噶叉**」而去。如若一切持殘暴心而不離去者，可用忿怒智慧金剛火焰猛烈熾燃，把汝等邪魔厲鬼之首粉碎，百般肢解。復次持誦：

桑巴拉……等四吽密咒，法樂之聲齊鳴，猛厲驅除，次第把朵瑪食子撒向淨處。

འབྱུང་པོ་གང་དག་འདི་བ་ནི་ལྷགས་གྱུར་ཏམ།

君波岡達德哇尼拉吉達，

所有部多不來臨，

ས་འམ་འོན་ཏེ་བར་སྣང་འཁོད་ཀྱང་རུང་།

薩阿文帝哇囊科江若，

納入地下或虛空，

སྐྱེ་རྒུ་རྣམས་ལ་རྟག་ཏུ་བྱམས་བྱེད་ཅིང་།

吉勾南拉達都強希江，

常憫一切眾有情，

ཉིན་དང་མཚན་དུ་ཆོས་ལ་སྤྱོད་པར་ཤོག།

尼當參都切拉覺巴肖！

唯願晝夜修法行！

如是祈願，這朵瑪食子三次第儀軌，是初譯佛教經典。是從善逝如來修持會集的朵瑪食子施捨儀軌中摘要而成，流傳後世，形成種種變化，但不違背，是由釋迦居士持明不動金剛撰編。

（六十）隆欽心髓：覺域空行大笑

ཀློང་ཆེན་སྙིང་གི་ཐིག་ལེ་ལས༔ གཅོད་ཡུལ་མཁའ་འགྲོའི་གད་རྒྱངས་ཞེས་བྱ་བ་བཞུགས་སོ།།

覺域卡卓迦江希夏哇秀索

頂禮本性自在大樂海勝母!

自性大圓滿是因唯一根斷，從將斷能斷而超越，戲論之人，因生起禁行威儀，轉化蘊的妨害而教授秘訣。此中所需資具，因憍慢制服，四種之中，以不同獸皮，支起無數帳篷，行為十分怖畏，以天技制伏神鬼，主尊之足，現鎮壓相。手鼓及其女眾執持鐘形法鈴、虎豹皮、鬘頭飾、總持禁行，是諸適宜資具。從此隘要凶險之境，蔑視輕慢兇悍神鬼。非是世間八法之心，而以四無量心，蔑視一切相生。由於今世制伏，在非教化的冤仇中，同於外泄，從心禁行，「拍」字從己心間，九霹靂金剛，堅硬、沉重、火光芒閃爍，如在一切緣境，兇險之地，此處神鬼兵旅師眾，不由自主，遠遁漂泊。此時，觀想英武莊嚴而住。矯詐、羞愧，無地自容，禁戒兇猛，信心十足，四種清淨習慣，伴隨見的信念而行。此時情世神鬼，如被勾召，猶如驅趕山羊、綿羊，彼等不能自已，不斷到於此處，所有姿態，威光赫然，從神鬼之足而執，三思觀想適遇四大灌頂，由一切佛法妙力，而得轉化，無論神鬼多大倨傲，法力若不達到，亦不能役使。如若瑜伽禁行微微變化，次第相應，自己剎那化為密咒智慧空行母，多少輪迴堆積與共，生起瑜伽圓滿身。此時，脛骨號筒猛厲而吹，剎那諸神舞蹈，「拍」字音聲，無畏禁行瑜伽，憑以有寂鋪開的意趣行持，我執持上身而舞，滅除二執，輪迴尋思塵染，達到根本傳承持明上師舞，達到本尊勇士大海舞，達到空行地臥眾母舞，在禁行道中受用而賜加護：

ཕཊ།

拍

ཤར་ཕྱོགས་ལུས་འཕགས་གླིང་དུ་བརྡུངས་ཚ་ན།

夏肖列帕林都冬乍那，

東方勝身洲中舞蹈時，

དཔང་པོ་མཁའ་འགྲོའི་བྲོ་ར་ཟླུམ་ལ་འཁྱིལ།

華烏卡卓周熱都拉切，

空行勇士旋轉姿舞蹈，

ཞེ་སྡང་རྒྱལ་པོའི་མགོ་ལ་ཆེམས་སེ་ཆེམ།

希當嘉烏果拉切賽切，

瞋恚王的頂上鏗鏘響，

མེ་ལོང་ཡེ་ཤེས་གླིང་བུ་སྒྱུ་རུ་རུ།

美龍伊希林烏吉如如。

大圓鏡智洲中啁啁鳴。

ཧཱུྃ་ ཧཱུྃ་ ཧཱུྃ༔ཕཊ།

吽　吽　吽　拍

ལྷོ་ཡི་འཛམ་བུ་གླིང་དུ་བརྡུངས་ཙ་ན།

洛伊乍烏林都冬乍那，

南方贍部洲中舞蹈時，

དཔའ་བོ་མཁའ་འགྲོའི་བྲོ་ར་ཟུར་གསུམ་དཔལ།

華烏卡卓周熱塞松華，

空行勇士三角吉祥舞，

ང་རྒྱལ་གཤིན་རྗེའི་མགོ་ལ་ཆེམས་སེ་ཆེམ།

呃嘉興吉果拉切塞切，

憍慢閻羅頂上鏗鏘響，

མཉམ་ཉིད་ཡེ་ཤེས་ཐོད་ཌ་ཁྲོ་ལོ་ལོ།

娘尼伊希妥呃楚洛洛。

平等性智顱鼓響咚咚。

ཧཱུྃ་ཧཱུྃ་ཧཱུྃཿཕཊ།

吽 吽 吽 拍

ནུབ་ཀྱི་བ་ལང་སྤྱོད་ལ་བརྡུངས་ཚ་ན།

努吉哇朗覺拉冬乍那，

西方牛賀洲中舞蹈時，

དཔའ་བོ་མཁའ་འགྲོའི་བྲོ་ར་ཟླ་གམ་འཁྱིལ་།

華烏卡卓周熱達迦切，

空行勇士半圓旋舞蹈，

འདོད་ཆགས་སྲིན་མོའི་མགོ་ལ་ཚེམས་སེ་ཚེམ།

哆恰珊母果拉切塞切，

貪著魔女頂上鏗鏘響，

སོར་རྟོག་ཡེ་ཤེས་དྲིལ་གཡེར་ཁྲོ་ལོ་ལོ།

索多伊希智耶楚洛洛。

妙觀察智鈴聲響叮噹。

ཧཱུྃ་ ཧཱུྃ་ ཧཱུྃཿཕཊ།

吽 吽 吽 拍

བྱང་གི་སྒྲ་མི་སྙན་ལ་བརྡུངས་ཙ་ན།

香格扎莫寧拉冬乍那，

北方俱盧洲中舞蹈時，

དཔའ་བོ་མཁའ་འགྲོའི་བྲོ་ར་གྲུ་བཞི་ལམ།

華烏卡卓周熱智伊拉木，

空行勇士正方形舞蹈，

ཕྲག་དོག་དམ་སྲིའི་མགོ་ལ་ཆེམས་སེ་ཆེམ།

擦多達詩果拉切塞切，

嫉妒冤魂頂上鏗鏘響，

བྱ་གྲུབ་ཡེ་ཤེས་ཅོད་པན་ཕུ་རུ་རུ།

夏智伊希覺貝波如如。

成所作智寶冠響叮噹。

ཧཱུྃ་ ཧཱུྃ་ ཧཱུྃཿ ཕཊ།

吽 吽 吽 拍

དབུས་ཕྱོགས་ལྷུན་པོའི་རྩེ་རུ་བརྡུངས་ཙ་ན།

威肖林波次如冬作那，

中央須彌頂首舞蹈時，

དཔའ་བོའི་མཁའ་འགྲོའི་ཁྲོ་ར་ཕྱིན་རེ་ཆགས།

華烏卡卓周熱興熱恰，

空行勇士冠冕堂皇舞，

གཏི་མུག་ཤི་འདྲེའི་མགོ་ལ་ཆེམས་སེ་ཆེམ།

德莫希遮果拉切塞切，

愚病死鬼頂上鏗鏘響，

ཆོས་དབྱིངས་ཡེ་ཤེས་ཧཱུྃ་གླུ་ཀྱུ་རུ་རུ།

切央伊希吽勒吉如如。

法界性智吽歌啁啾鳴。

ཧཱུྃ ཧཱུྃ ཧཱུྃ༔ ཕཊ།

吽 吽 吽 拍

觀想了知如是舞蹈遺失與否？從彼支起單人帳篷，此處神鬼禍害在推倒仰面的五部分中，用天生鐵橛釘住：

ཕཊ

拍

ཤར་ཕྱོགས་རྡོ་རྗེ་མཁའ་འགྲོ་མས།

夏肖多傑卡卓瑪，

東方金剛空行母，

བྱམས་པ་ཆེན་པོའི་ཕུར་པ་ཁྱེར།

強巴欽波普巴切，

手執慈悲普巴杵，

ལྷོ་ཕྱོགས་རིན་ཆེན་མཁའ་འགྲོ་མས།

洛肖仁欽卡卓瑪，

南方珍寶空行母，

སྙིང་རྗེ་ཆེན་པོའི་ཕུར་པ་ཁྱེར།

寧吉欽波普巴切，

手執大悲普巴杵，

ནུབ་ཕྱོགས་པདྨ་མཁའ་འགྲོ་མས།

努肖貝瑪卡卓瑪，

西方蓮花空行母，

དགའ་བ་ཆེན་པོའི་ཕུར་པ་ཁྱེར།

迦哇欽波普巴切，

手執大樂普巴杵，

བྱང་ཕྱོགས་ལས་ཀྱི་མཁའ་འགྲོ་མས།

香肖列吉卡卓瑪，

北方羯磨空行母，

བཏང་སྙོམས་ཆེན་པོའི་ཕུར་པ་ཁྱེར།

當紐欽波普巴切，

手執行舍普巴杵，

དབུས་ཕྱོགས་སངས་རྒྱས་མཁའ་འགྲོ་མས།

威肖桑傑卡卓瑪，

中央佛部空行母，

བྱང་ཆུབ་སེམས་ཀྱི་ཕུར་པ་ཁྱེར།

香琪賽吉普巴切，

執菩提心普巴杵，

བདག་འཛིན་ལྷ་འདྲེའི་མགོ་བོ་དང་།

達增拉遮果烏當，

我取神鬼之首級，

ལྷ་ཚིགས་བཞི་ལ་བཏབ་པ་ཡིས།

拉次伊拉達巴伊，

用佛四句偈釘住，

གཡོ་འགུལ་མེད་པར་གནས་པར་གྱུར།

幼勾美巴內巴吉！

唯願不動而皈依！

如是言說，自他神鬼三者，皆不可得定，從彼認識神鬼，而入捨身。

ཕཊ།

拍

རང་སྣང་འོད་གསལ་བདེ་བ་ཆེན་པོའི་དབྱིངས།

讓囊敖薩帝哇欽波央，

自相示現光明大樂體，

འབད་རྩོལ་སྤྲོས་པ་བྲལ་བའི་ནམ་མཁའ་ལ།

巴佐遮巴扎威南卡拉，

精進離戲論的虛空中，

རྩ་བའི་བླ་མ་དྲུག་པ་རྡོ་རྗེ་འཆང་།

軋威喇嘛智巴多傑強，

根本上師第六金剛持[108]，

དགོངས་བརྡ་སྙན་བརྒྱུད་བླ་མ་ཡི་དམ་ལྷ།

貢達寧吉喇嘛伊達拉，

言教耳傳上師本尊佛，

མཁའ་འགྲོ་ཆོས་སྐྱོང་སྲུང་མ་སྤྲིན་ལྟར་གཏིབས།

卡卓切君松瑪貞達德，

空行護法如雲而彌漫，

མ་འགགས་འཛའ་ཚོན་ཐིག་ལེའི་ཀློང་དུ་གསལ།

瑪迦嘉叢特裡龍都薩。

明現無礙彩虹明點境。

如是會供之中，以神鬼為首的盡一切有情眾生，憑你智慧而想。

皈依：

ཕཊ

拍

རང་བྱུང་གི་རིག་པ་བཅོས་མེད་འདི།

讓雄格仁巴吉美德，

自生之明不虛妄，

སྐྱབས་ཡུལ་ཀྱི་ངོ་བོར་མ་རིག་པས།

嘉隅吉俄烏瑪仁比，

皈依境體性無明，

སྡུག་བསྔལ་གྱི་རྒྱ་མཚོར་བྱིངས་པ་རྣམས།

都呃吉嘉措香巴南，

苦海之中諸沉倫，

སྐུ་གསུམ་གྱི་དགོངས་པས་བསྐྱབ་ཏུ་གསོལ།

格松吉貢比嘉都索。

三身密意祈加護。（以上念誦三遍）。

སེམས་བསྐྱེད་ནི

發心：

ཕཊ།

拍

སྣང་བ་ལ་དངོས་པོར་འཛིན་པའི་སེམས།

囊哇拉俄波增威賽，

顯現執實有之心，

བརྟུལ་ཞུགས་ཀྱི་སྤྱོད་པས་ཚར་བཅད་ནས།

都秀吉覺比叉嘉內，

清淨律儀行調伏，

ཡང་དག་གི་གནས་ལུགས་རྟོགས་བྱའི་ཕྱིར།

央達格內勒多夏希爾，

真實本性證悟因，

རེ་དོགས་དང་བྲལ་བར་སེམས་བསྐྱེད་དོ།

惹多當扎哇爾賽吉多。

脫離疑慮而發心。

之後供曼扎：觀想體內為須彌山、肢體為四大部洲，分支為四小洲、頭為天界、眼為雙日月，臟腑為天人財富：

མཎྜལ་འབུལ་བ་ནི།

供曼扎：

ཕཊ།

拍

གཅེས་འཛིན་གྱི་ཕུང་པོ་སྒྱུ་མའི་ལུས།

傑增吉彭波吉米列，

愛執之蘊幻化身，

མཎྜལ་གྱི་ཚོམ་བུ་རབ་བཀོད་ནས།

曼扎吉措烏熱果內，

莊嚴安置曼扎堆，

ཚོགས་ཞིང་གི་ལྷ་ལ་སྟོས་མེད་འབུལ།

措香格拉拉帝美波，

資糧田中佛常供，

བདག་འཛིན་གྱི་རྩ་བ་ཆོད་པར་ཤོག

達增吉乍哇卻巴肖！

唯願我執之根斷！

དེ་ནས་བླ་མ་རྣལ་འབྱོར་ནི།

上師瑜伽：

ཕཊ།

拍

དབྱིངས་ཟག་མེད་ཆོས་སྐུའི་ནམ་མཁའ་ལ།

央薩美切格南卡拉，

本性無漏法身虛空中，

མདངས་འཇའ་ཟེར་ཐིག་ལེར་འཁྲུགས་པའི་དབུས།

當嘉塞特里爾赤比威，

虹光奪目明點散中央，

ཕ་དུས་གསུམ་ཀུན་མཁྱེན་པདྨ་འབྱུང་།

帕德松更欽貝瑪君，

三世父續遍智蓮花生，

ཚུལ་བརྟུལ་ཞུགས་སྤྱོད་པའི་ཧེ་རུ་ཀ།

次鬥秀覺比黑如迦，

清淨律儀行持黑如迦，

མ་མཁའ་འགྲོ་རྒྱ་མཚོའི་ཚོགས་དང་བཅས།

瑪卡卓嘉措措當吉，

母讀空行大海眾眷屬，

སྐུ་མཚན་དཔེའི་གཟི་བྱིན་ཏ་ལ་ལ།

格參惠詩興達拉拉，

身相好的威光如燈明，

གསུང་གང་འདུལ་ཆོས་སྒྲ་འུ་རུ་རུ།

松岡都切扎敖如如，

語遍調伏法音呼呼嗚，

ཐུགས་འོད་གསལ་རྡོ་རྗེ་སྙིང་པོའི་ངང་།

陀敖薩多傑寧波呃，

心意光明金剛藏自性，

བུ་མོས་གུས་དྲག་པོས་གསོལ་བ་འདེབས།

嗚母格扎波索哇帝！

女眾虔誠威猛作祈請！

ཕྱི་རྣམ་རྟོག་དགྲར་ལངས་ལྷ་འདྲེའི་གཟུགས།

希南多扎朗拉遮詩，

外尋思敵起而神鬼色，

ནང་རེ་དང་དགོངས་པའི་གཉིས་འཛིན་སེམས།

囊惹當貢比尼增賽，

內心持疑嫉妒心二執，

བར་སྣང་བ་སྣ་ཚོགས་རྐྱེན་ངན་ཀུན།

哇囊瓦那措金俄更，

空間種種一切盡逆緣，

ཆོས་ཟབ་མོ་བདུད་ཀྱི་གཅོད་ཡུལ་གྱིས།

切薩母都吉覺隅吉，

甚深無上法之魔斷境，

དུས་ད་ལྟ་སྟན་ཐོག་འདི་རུ་ཆོད།

德達打旦妥德如卻，

今時在法座上而斬除，

དབྱིངས་ཆོས་སྐུའི་རྒྱལ་ས་ཟིན་པ་རུ།

央切格嘉薩省巴如，

本性法身佛果已執持，

ཕ་རྗེ་བཙུན་བླ་མས་བྱིན་གྱིས་རློབས།

帕吉贊喇嘛興吉隆！

至尊上師喇嘛垂加護！

ཕཊ། ཕཊ། ཕཊ།

拍　拍　拍

如是而言、資糧田融入已，等引不二：

ཕཊ།

拍

དེ་ནས་བག་ཆགས་སྙིགས་མའི་ལུས།

帝內哇恰尼米列，

從彼習氣濁垢身，

ཚོ་ཞིང་སྣུམ་ལ་གདོས་ཆེ་བའི།

措香努拉堆切威，

容華脂潤身魁梧，

དབུས་ནས་དྭངས་མའི་རིག་པ་ནི།

威內當米仁巴尼，

從中澄淨大智慧，

ཁྲེས་མའི་རྣམ་པར་ཕཊ་ཅེས་དབྱེ།

赤米南巴拍吉伊，

現忿怒母「拍」分開，

ཞལ་གཅིག་ཕྱག་གཉིས་གྲི་ཐོད་ཅན།

夏吉夏尼智妥堅，

一頭二臂執月刀，

དེ་ཡིས་རང་ལུས་ཐོད་པ་ཕྲལ།

帝伊讓列妥巴叉，

因此已身顱骨破，

སྟོང་ཁམས་ཁྱབ་པའི་མི་མགོ་ཡི།

冬康恰比莫果伊，

空間遍及人首級，

སྒྱིད་བུ་གསུམ་གྱི་ཁར་བཞག་ནང་།

吉吾松吉卡雅囊，

三角灶石放入內，

འབྱུང་ལུས་ཚོགས་སུ་བཤགས་པ་དེ།

君列措蘇夏巴帝，

魑魅眾身內排列，

འབྲུ་གསུམ་འོད་ཀྱི་བདུད་རྩིར་སྦར།

智松敖吉都支巴。

三字種光燃甘露。

ༀ་ ཨཱ་ ཧཱུྃ་ ཧ་ ཧོཿ ཧྲཱིཿ

唵 阿 吽 哈 火 舍

盡多念誦，精進修習，觀想佈施怖畏本尊、歡喜苑中，衣食穿戴，醫藥俱足，隨心所欲，體性音聲，血肉佈施，自性黑忿怒母，剝去污濁身之皮，三千大千世界，遍滿陳列其上，人屍血肉堆集，如屠夫聚。罪惡分別，自他有情，無始以來，所積集病魔，所有宿孽冤債，集而融入人屍，神鬼爭食、使其嚎啕大哭，變如木炭，供施諸客，如是召請：

ཕཊ།

拍

མཆོད་ཡུལ་རྩ་གསུམ་དམ་ཅན་ནས།

卻優作松達堅內，

供境三尊護法神，

སྡེ་བརྒྱད་འབྱུང་པོས་གཙོ་བྱས་པའི།

帝嘉君波佐希比，

天龍八部為主尊，

སྲིན་ཡུལ་ལན་ཆགས་འདྲེ་གདོན་ཡན།

興隅蘭恰遮冬燕，

施於冤孽鬼魔前，

བརྟུལ་ཞུགས་སྤྱོད་པའི་གནས་འདིར་བྱོན།

都秀覺比內德興，

請到這裡禁行處，

དེ་རིང་འཇིགས་མེད་རྣལ་འབྱོར་ངས།

帝讓吉美那覺爾俄，

今日無怖畏瑜伽，

འཁོར་འདས་ཤན་འབྱེད་སྒྱུ་མའི་ལུས།

科帝先伊吉米列，

分辨有寂的化身，

སྟོང་གསུམ་ཁྱོན་ཡངས་ཀ་བ་ལར།

冬松群央迦哇拉爾，

三千世界廣顱器，

བམ་ཆེན་ཚོགས་ཀྱི་འཁོར་ལོར་བཞམས།

哇欽措吉科洛夏，

唯積集大屍輪迴，

ཟག་མེད་ཡེ་ཤེས་བདུད་རྩིར་བསྒྱུར།

薩美伊希都支吉，

化為無漏智甘露，

འདོད་དགུར་འཆར་བའི་ཆོ་འཕྲུལ་ཅན།

多格恰威卻楚堅，

生起九欲神通者，

གཅེས་འཛིན་མེད་པར་འབུལ་ལགས་ཀྱི།

吉增美巴波拉吉，

毫不珍惜而施供，

སྟོན་ཆེན་མགྲོན་ལ་གཤེགས་སུ་གསོལ།

冬欽鐘拉歇蘇索！

請降秋季供施會！

མཆོག་ཆེན་ཐོད་རྔ་སྐད་རེག་སངས།

卻欽妥呃迦惹桑，

殊勝顱鼓聲嘹亮，

ཞིང་ཆེན་གཡང་གཞི་བརྗིད་རེ་ཆེ།

香欽央伊吉惹切，

區域廣大地威赫，

མི་རྐང་གླིང་བུ་གདངས་རེ་སྙན།

莫岡列烏當惹寧，

脛骨號筒雅音調，

དྲིལ་གཡེར་ཅོད་པན་དངས་རེ་སྒྲོ།

智耶覺斑當惹卓，

小鈴冕旒喜聲韻，

བྱ་རྒོད་ཤ་ལ་འཁྱབས་པ་བཞིན།

夏果夏拉特巴音。

正盤旋著食肉鷲。

སྐད་ཅིག་ཉིད་ལ་གཤེགས་སུ་གསོལ།

迦吉尼拉歇蘇索！

唯此剎那祈降臨！

དེ་ནས་འབུལ་ཞིང་བསྔོ་བ་ནི།

供施迴向：

ཕཊ།

拍

གདོད་མའི་མགོན་པོ་མན་ཆད་ནས།

哆米貢波曼恰內，

從原始怙主以後，

རྩ་བའི་བླ་མ་ཡན་ཆད་ཀྱི།

作威喇嘛燕恰吉，

根本上師之以前，

བརྒྱུད་གསུམ་རིག་འཛིན་བླ་མ་དང་།

吉松仁增喇嘛當，

三傳承持明上師，

ཡི་དམ་མཁའ་འགྲོ་ཆོས་སྐྱོང་ལ།

伊達卡卓切尼拉，

本尊空行護法中，

བམ་ཆེན་བདུད་བརྩིའི་མཆོད་པ་འབུལ།

哇欽都支卻巴波，

大屍甘露我供養，

ལྷ་འདྲེ་གཙོ་བྱས་བདག་གཞན་གྱི།

拉遮佐希達燕吉，

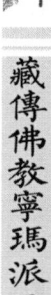

神鬼自他之主尊，

ཚོགས་གཉིས་རྫོགས་ཤིང་སྒྲིབ་གཉིས་བྱང་།

措尼佐香智尼香，

二資糧圓除二障，

བརྟུལ་ཞུགས་འགྲོ་དོན་མཐར་ཕྱིན་ནས།

都秀卓冬塔興內，

禁行饒益究竟後，

སྣང་བ་འོད་གསལ་སྒྱུ་མར་འབྱོངས།

囊哇敖薩吉瑪爾君，

光明示現巧幻化，

ཡང་བག་ཆ་ཆོས་སྐུར་གྲོལ།

央哇叉切格爾卓，

無畏法身中解脫，

ཧེ་རུ་ཀ་ལྷར་བྱིན་གྱིས་རློབས།

黑如迦達興吉隆！

猶黑如迦垂加護！

ཕཊ།

拍

འཇིག་རྟེན་འདས་དང་མ་འདས་ཀྱི།

吉旦帝當瑪帝吉，

世間死去未來世，

སྡེ་བརྒྱད་འབྱུང་པོ་མི་མ་ཡིན།

帝嘉尼波莫瑪音，

八部鬼神人非人，

ལོག་འདྲེན་ཤ་ཟའི་གདོན་ཚོགས་ལ།

洛遮夏薩冬措拉，

誤導食肉魔眾中，

སྟོང་གསུམ་ཁྱབ་པའི་ཞིང་ལྤགས་སྟེང་།

冬松恰比香瓦當，

三千世界人皮上，

ཤ་ཁྲག་རུས་པའི་ཕུང་པོར་འབུལ།

夏擦如比彭烏波，

血肉骨堆集呈獻，

བདག་ཏུ་འཛིན་པ་ནང་རེ་ཞེན།

達都增巴囊惹興，

我執每一內貪欲，

སྒྲོད་དུ་མ་ནུས་ཁྱོད་རེ་ཡོད།

覺都瑪努喬惹洛？

大力行持你願否？

རེངས་ན་རྗེན་པ་ཁྱུང་མིང་ཐོད།

讓那金巴慶芒妥，

若速赤裸吞顱骨，

སློད་ན་དུམ་བུར་ཚོས་ལ་ཟོ།

洛那都烏則拉索，

若緩段屍煮熟吃，

རྡུལ་ཕྲན་ཙམ་ཡང་མ་བཞག་ཅིག།

都蟬乍央瑪雅吉。

骨肉絲毫不剩餘。

ཕཊ།

拍

འཁོར་ཚེ་ཐོག་མ་མེད་པ་ནས།

科次妥瑪美巴內，

自從無始輪迴時，

ཞི་འཁོན་ཆགས་པའི་ལན་ཆགས་དང་།

夏空恰比蘭恰當,

形成仇恨之宿債,

གློ་བུར་ལྷགས་པའི་སྙིང་རྗེའི་མགྲོན།

洛烏拉比寧吉鐘,

剎那來臨悲憫客,

ཁས་ཞན་དབང་ཆུང་མ་ལུས་ལ།

殼先旺群瑪列拉,

人微言輕之無餘,

སོ་སོ་གང་ལ་ཅི་འདོད་ཀྱི།

索索岡拉吉哆幾,

一切各異心所欲,

འདོད་ཡོན་མི་ཟད་གཏེར་དུ་བསྔོ།

哆雲莫薩帝都俄,

迴向所欲無盡藏,

འབྲེལ་པ་ཐོགས་ཚད་སངས་རྒྱས་ཤིང་།

遮巴妥叉桑傑香,

如來連接掛礙量,

བུ་ལོན་ལན་ཆགས་བྱང་པར་ཤོག

烏龍蘭恰香巴肖！

唯願斷除宿業債！

如實而言，相續不斷施捨食子，空性中而傳，珍惜今世色身，如若心中怖畏、疑惑、以捨身佈施神鬼之後盡除，心者無根。鬼以佛性、無受、想、定見生起之中，盡一切生，自根斷絕，有觸礙外因生起；猛獸、野人等等貪瞋尋思。魔及無礙內因困苦心中忿恨，自不能忍之魔，一些野牛，妄自適樂，浮誇傲慢等魔，矜驕傲慢，猶豫不決，疑惑之魔。要以「拍」字， 如是自性中戒除。復次表明供施時辰； 黎明時因二資糧圓滿、 燒施素供　甘露，中午時分，因償還宿債，用所有花色佈施，一心迴向。黃昏時分，因禁行稱心如意，達到目的。制伏我執，血肉佈施，生命中淨罪之施，盡一切樂欲變化，修持主尊境相。此時神通之中，一切而現，離開姿態感受之見約束。如於小範圍瑜伽，災難到達，降伏障礙，神鬼大範圍如不到達，為白骷髏境相。而以「拍」己身剎那，白色骷髏火燃，由火把三千大千世界神鬼居處熾燃，最終骷髏燒盡，光芒消散，而入空性，瘟疫除淨而不再生。惡鬼作祟，應小心注意，應示現智慧忿怒佛母身，剝去污濁身之皮，三千世界遍滿的全人皮，坐墊之上，骨肉勻稱擺開，魔鬼貪婪而食，忿怒佛母把全人皮卷起堆放，用蛇和小腸索鏈捆綁，轉動敲打頭腦，所有骨肉，領受離去。是故變化的許多猛獸，無剩餘而食之，本性明融合而定，定生懲戒，滅除兇惡魔鬼。盡所有中，捨愛重心，以定見珍惜執受，猶如今世佛前懲戒，如決定進入懲戒，二者融合。如融合的習氣，懲戒和進入二者究竟，諸相和合而行，事相無我，普賢佛母幻化發出智慧度母密意，受用於斷境道。薩瑪雅！

རྗེས་ལ་བསྔོ་སྨོན་བྱ་བ་ནི།

隨後迴向祈願：

ཨཱ། །

阿

དགེ་དང་མི་དགེའི་རྟོག་ཚོགས་རང་གྲོལ་ལ།

格當莫格多措讓卓拉，

善與非善諸分別自解，

རེ་དང་དོགས་པའི་མཚན་མ་མི་དམིགས་ཀྱང་།

惹當多比參瑪莫磨江，

顧慮持疑之相不可得，

སྣང་ཆའི་རྟེན་འབྲེལ་བསླུ་མེད་དགེ་ཚོགས་རྒྱུན།

囊恰旦遮勒美格措金，

現分緣起不虛善法聚，

ཟག་མེད་ཆོས་ཀྱི་དབྱིངས་སུ་བསྔོ་བར་བྱ།

薩美切吉央蘇俄哇夏。

無漏法界之中作迴向。

ཕཊ།

拍

ཀུན་རྫོབ་ལུས་ཀྱི་སྦྱིན་པ་ལ་བརྟེན་ནས།

更佐列吉興巴拉登內，

能依世俗身佈施，

བསྐལ་བར་བསགས་པའི་བུ་ལོན་ལན་ཆཊ་བྱང་།

迦哇薩比烏龍蘭恰香，

劫中積集宿債除，

དོན་དམ་ཆོས་ཀྱི་སྦྱིན་པས་རྒྱུད་གྲོལ་ཚེ།

冬達切吉興比吉卓次，

勝義法施解脫時，

བདག་གི་འདུས་པ་དང་པོར་སྐྱེ་བར་ཤོག

達格帝巴當烏吉哇肖。

願生我集成第一。

དེ་ཚེ་མ་བཅོས་རང་གཞག་གཉུག་མའི་དོན།

帝次瑪傑讓雅吉瑪冬，

今世不變已近事，

མི་མཐུན་ལྷ་འདྲེའི་རྒྱུད་ལ་སྐྱེས་ནས་ཀྱང་།

莫彤拉遮吉拉傑內江，

生出逆緣神鬼地，

ངན་འཛིན་འཁྲུལ་པའི་རྗེས་ཞེས་རྒྱུད་བརླན་བར་ཤོག།

呃增赤比界希吉蘭哇肖，

執我逆亂不跟隨，

བྱམས་དང་སྙིང་རྗེས་ཞེས་རྒྱུད་བརླན་བར་ཤོག།

強當寧界希吉蘭哇肖！

唯願悲憫常滋潤！

བདག་ཀྱང་བརྟུལ་ཞུགས་སྤྱོད་པ་མཐར་ཕྱིན་ནས།

達江都秀覺巴塔興內，

我持禁行究竟後，

སྐྱིད་སྡུག་རོ་སྙོམས་འཁོར་འདས་ཆོས་སྐུར་འཁྱོངས།

金都若娘科帝切格君，

苦樂均等寂法身，

ཕྱོགས་ལས་རྣམ་རྒྱལ་འབྲེལ་ཚད་དོན་ལྡན་གྱིས།

肖列南嘉遮叉冬旦吉，

尊勝連結量饒益，

འཕྲིན་ལས་མཐར་ཕྱིན་འཇའ་ལུས་འགྲུབ་པར་ཤོག།

赤列塔興嘉列智巴肖！

事業成就虹光身！

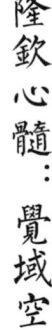

如是祈言任運成就精進護持，大慈悲受持，苦樂佈施，我樂於佈施神鬼，取境神鬼之苦，由已而取，法的佈施（從一切諸法而生），不生一切罪過而生起的說吉祥，真實進入連接以上善惡的解脫道，薩瑪雅！大海網罟之處，人脛骨號筒吹起音聲，就如耳聞「唵」字悠揚，如聞「吽」字威猛，猶如「覺」字猛厲呼嘯，猶如舍字曲

折委婉變化樂神[111]之音。阿！從以上曲折變化，以下能量扎格（杖）的幻化身。善哉！善哉！善哉！

འདི་བཞེངས་ལེགས་ཚོགས་དགེ་བའི་འབྲས།

德央拉措格威遮，

此修善資糧善果，

གང་མཆིས་བགྲངས་ཡས་ལུས་ཅན་ལ།

岡齊章耶列堅拉，

所有存在情眾中，

མ་ལུས་ཡོངས་བསྔོ་འཁོར་གསུམ་གྱི།

瑪列雲俄科松吉，

三輪無餘我迴向，

དམིགས་མེད་ཆོས་དབྱིངས་ཀློང་དུ་ཨཱ།

莫美切央龍都阿！

無境法界中之阿！

隆欽心髓：覺域空行大笑

（六十一）

覺域派必需安放適成百餘糌粑團的修法儀軌

གཅོད་ལུགས་ཉེར་མཁོ་ཚང་བུ་བརྒྱ་རྩའི་ཕྲུག་ལེན་འཁྲིགས་ཆགས་སུ་བཀོད་པ་བཞུགས་སོ།

南無扎乍巴熱莫達耶！

南無眾空行佛母！

百來個酒瓶在適當念誦的安置中，通達密意賜教加持。首先用洗滌內身之水，糌粑團一百零八個，於此肉塊與俱，在一器皿內，盛入洗病之水，從彼諸斷境中，是諸施供之時，也是即刻諸多身施，素施葷施而終。

拍　觀想剎那三千大千世界化成鄔金蓮花生大師，自生屍林之中，所見自性麻吉忿怒母，手拍全人皮，降伏情器世間，左手吹脛骨號筒，調伏三界，化為三界尊勝身。前方虛空麻吉拉[112]燈明，全身白色，白綢披風，而作啟白：

དབུ་སྐྲ་སིལ་མས་རྒྱབ་ཁེབས་པ།

吾扎塞米加克巴，

髮髻蓬亂在後披，

右手搖動手鼓，左手捧法鈴，蓮花月輪座上，舞蹈而住，麻吉五部覺域傳承上師環繞，周圍病者、身魔、病魔、瘟神、魔師、魑魅部冤孽、仇恨、地裡鬼等盡所有一切地而居。拍拍拍，從病人心間識界自性阿字，白色明現，從中脈而出，融入自性忿怒母心間。拍拍拍。

南無證果覺宇傳承諸上師聖諦！

南無佛、法、僧三寶聖諦！

南無本尊黑忿怒母聖諦！

南無麻吉拉五部燈明聖諦！

南無億萬空行母聖諦！

大聖諦威力，首先引導病人，中間在病人居處停留，最終饒益病人：竊取壽命，心中輕慢，有負載之身魔靠山、瘟神、魔導等等盡所有病人色法無別的香水糌粑團、肉塊、浴水俱足，是諸得到。

吽吽吽．扎吽榜火

拍，拍，拍，（脛骨號筒，手鼓，法鈴猛厲而鳴）

拍，病人色法無別的香水糌粑團、肉塊，唯自性智慧甘露之中，猶如病人行相明現。尤其明現蘊界諸處，一一齊全，百千無數，即此放出麻吉五部，千萬空行而俱。十方神鬼魑魅之主，盡所有佈施供養，而作迴向。拍 拍 拍，歡喜足飽，從無始輪迴堆集的冤孽宿債，一切仇恨，盡皆除淨，化為菩提心。

拍，拍，拍，（從彼家宅，淨除病苦，以糌粑團，肉塊沐水而灑，由行茶僧[113]主持：）

ཕཊ།

拍

བེམ་པོ་ལུས་གདོན་དབྱེར་མེད་པའི།

威波列冬吉美比，

色法身魔無分別，

ཤ་ཁྲག་བདུད་རྩིའི་རྒྱ་མཚོ་འདི།

夏擦都支嘉措德，

這血肉甘露大海，

མཁའ་འགྲོ་འབུམ་སྡེའི་ཞལ་དུ་བསྟབ།

卡卓波帝夏都達。

呈獻千萬空行前。

བཞེས་ཤིག་རོལ་ཅིག་ལུས་གདོན་གྲོལ།

伊希若吉列冬楚，

奏樂受用除身魔，

གླུད་ཟད་དྲི་ཁུའི་རྒྱ་མཚོ་འདི།

勒薩智苦嘉措德，

替身糌粑團香海，

ལྷན་ཅིག་སྐྱེས་པའི་ལྷ་རྣམས་དང་།

蘭吉幾比拉南當，

俱而同生之諸神，

སྙམ་པོར་འོང་བའི་འཆི་བདག་བདུད།

娘波文威齊達都，

如意想的司命主，

བགེགས་རིགས་སྟོང་ཕྲག་བརྒྱད་ཅུ་དང་།

迦仁冬叉迦吉當，

一千零八十魔眾，

བྱིས་པའི་གདོན་ཆེན་བཅོ་ལྔ་དང་།

希比冬欽覺呃當，

昏沉十五大魔鬼，

ཕོ་མོ་ནད་བདག་རིམས་ཡམས་བདག།

普母那達惹雅達，

男女瘟神疫厲鬼，

གྲེ་ཕོ་གྲེ་མོ་ཐེའུ་རང་འགོང་།

遮烏遮母吐讓貢，

男女凶死獨腳鬼，

ལན་ཆགས་བདག་པོ་ཐམས་ཅད་ལ།

蘭恰達波塔堅拉，

一切冤孽宿債主，

དགོས་འདོད་མཁོ་དགུར་ནས་ཀྱང་།

賅多苦格爾內江，

從而必需之九欲，

ཟད་མེད་ལོངས་སྤྱོད་ཐོབ་གྱུར་ཅིག

薩美龍覺妥吉幾。

唯願能無盡受用。

ཕཊ། ཕཊ ཕཊ།

拍，拍，拍，

於是把沐水和糌粑團集一器皿之內，如是持誦一百零八遍而離開。拍，猶如前方麻吉不可得之彩虹隱沒，護己之心，融入不二法界虛空自性，願無生大佛母密意示現。

拍，拍，拍，

於是把沐浴之水和糌粑團施向屍林，若是凶神惡鬼盤踞處，即刻向各處施捨。為了急需，由比丘熱噶阿舍編輯。若懲治有罪者，可對麻吉空行聖眾懺悔，唯願生起善行，利樂廣大有情眾生。瑪噶拉。

（六十二）猛咒詈詛禳要

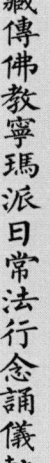

觀想從己大悲心際，放出綠色光芒，化為一切咒敵惡言而得禳解。

唵（ཨོཾ）阿（ཨཱ））精進，頃刻惡言咒敵，一切禳解：

熱里熱里．唵．麻哈帝瓦。

冤敵、昆蟲、蚊子、螻蟻三種害蟲，徹底斷命。

交 ཛོ 由猛咒詈詛除淨，殺掉冤敵，兇猛兇猛，恐怖恐怖，徹底徹底，收起收起，交交，禳解，百字猛咒禳解，一千次脂膏禳解，百次用嘴噴灑禳解，千次口中放酥油燈禳解，禳解，禳病，禳瘟，禳種種怨敵，禳種種訴訟，禳種種盜賊，種種兵災戰禍。禳解猶如太陽四面八方幅射的一切閑言惡語，禳解一切所執邪心入侵，收起收起，兇猛兇猛，恐怖恐怖，交交，禳禳，禳除！

如是事業，由熱噶阿舍纂編，善哉！從更欽敖噶上師真實手抄而來，善哉！

（六十三）
祈請遷轉亡靈的先時之名，適時召請
གཤིན་པོ་ལ་འཕོ་བ་འདེབས་པའི་སྔ་རོལ་དུ་མིང་ན
ས་གསལ་བར་བོས་ལ།

「你臨無常之死！」（如是呼喊三遍）

此也稱之命終，而非唯一之生，是一切五趣的大道。一次而生，最終而死，本是自然之事，在世間中，威勢很大。財富受用俱足，從轉輪王能依食物而生。生活的乞丐，由於以前經過放生，窮人而心無痛苦。如是眷屬住戶，貪婪積攢財物，而那些財物卻不能隨己而去，從自己與那些財物相伴之時，時間已過去而憂患。若是君王，亦總會變化，親密受用，親友而不能帶走。一切士夫，何從何去？業如身影相隨，如是苦厄，在這時真實法性現前成熟，苦極貪婪財物，有墮落於微賤種的危險，八女珍寶，後來昏沉而入歧途。

在此，父母及諸眷屬，親戚分支，所皈不變，若兒女不皈依怙主，除非具備是諸功德，化為世間依怙處，別無他法。

如是而言，我等在佛教善緣中，親身經歷命終遷轉階段，而善修持。這是所有因中，聞諸佛如來名號，獲大饒益。在此要虔誠信仰，以歡喜心，自己從死遷轉，從惡趣而得解脫，是證天人果位的百修之法。清淨比丘，從天而降。我面前而見，祈請至尊如來，見而賜教，清淨比丘，後生歡喜心，離開法座而作商主。此時如我心生歡喜，從死頗瓦遷識，或生國君王宮，或生商賈，勝生上士及我師，從此勝生僅到七歲，一切無明煩惱，盡皆滅除。完全降伏四魔，怨敵的應供阿羅漢，已經現前，這如信佛功德，你會往生佛教淨土，聞佛名號，從此三藏證得究竟善緣。唯願皈依佛教正法！唯願諸菩薩眾，僧伽猶如新月燈明。殊勝圓滿名號音聲，入見中有怖畏，允諾盡除一切惡趣之因，善逝如來怙主無量光，觀世音菩薩，大勢至菩薩所有依止，此剎土稱曰：極樂世界淨土，心中雙雙不忘，從你金剛眷屬血肉之軀死去之故，化為燈明去此殊勝淨土。唯願修持，心中自信，證得上師，唯願見念住本尊，唯願修持大乘願力發心。在此諸要點中，修持眾生的諸多緣起，遷轉證覺之教，決定生起，是先後入胎，定修你心間白色阿字，阿 ཨཱཿ 字音聲，累累重迭，言說與俱，惟有識別阿字。如若特殊情況，舍ཧཱིཿ字變化，在極樂淨土，如大量之箭射出，離弦而去。如是言說，由自己主尊，願望促使，以此年齡，阿字悅耳隨誦，從頂門逸出，阿字累累重呼二十一聲，到達善趣人天，日月和合，以故應用阿字，呼吸與年齡配合。如果於此無法識別，面向頂門呼吸，智慧身中央，阿字專注於境，如果儀軌具備，此人呼吸不斷，是字種呼吸與俱，應不持疑而依次修習。如是隱沒次第生起時，靈活順應風息後退，用無聲字種修持，十分深奧。復次方便善巧，悲憫隨持，如往智慧虛空，而珍重融入，但是，與其他相一致的遷轉部所作意樂歡喜時，在己修持的儀軌中，佛的名號，從密乘發源殊勝之門寂滅後，從經常熟練，斷滅之人中，傳授生起次第，獲得顯現供的介紹等阿賴耶識中難以理解的所知義。如是也是明慧容顏中，自生金剛和阿賴耶識的漂泊黑暗之行，憑此入胎而光亮。若入於錯中之錯內，三隨念唯願成為念住之使。

僅此言說，悲智二者相宜之教，賜與亡者遷轉之需，如是明文記載；諸利他事業中，饒益成就，以慧製版印刷。

過去未來至現世，

三世積集之善業，

父母等諸眾有情，

唯願疾速證菩提！

桑巴仁波切吉祥開示，善哉！善哉！善哉！祝吉祥如意！

（六十四）

隆欽心髓：遷識頗瓦修持儀軌

ཟབ་ལམ་འཕོ་བ་བཞུགས་སོ།

桑拉木頗瓦秀索

祈請遷識頗哇

ཟབ་ལམ་འཕོ་བ་ལ་གསོལ་བ་འདེབས།

（薩拉木頗哇拉索哇帝）

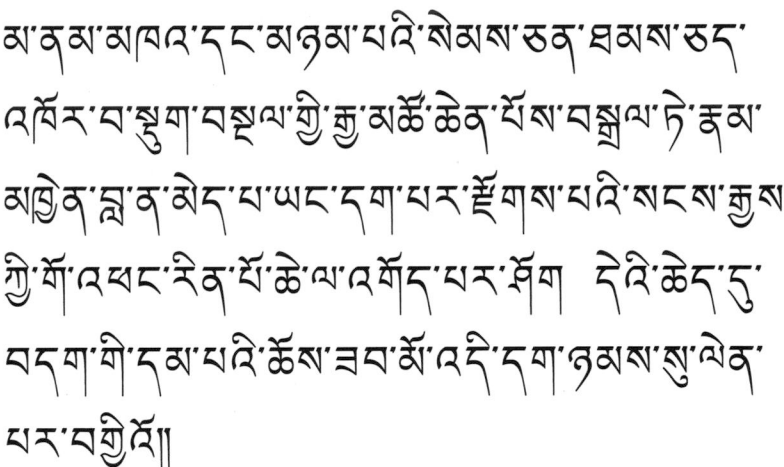

མ་ནམ་མཁའ་དང་མཉམ་པའི་སེམས་ཅན་ཐམས་ཅད་འཁོར་བ་སྡུག་བསྔལ་གྱི་རྒྱ་མཚོ་ཆེན་པོས་བསྒྲལ་ཏེ་རྣམ་མཁྱེན་བླ་ན་མེད་པ་ཡང་དག་པར་རྫོགས་པའི་སངས་རྒྱས་ཀྱི་གོ་འཕང་རིན་པོ་ཆེ་ལ་འགོད་པར་ཤོག དེའི་ཆེད་དུ་བདག་གི་དམ་པའི་ཆོས་ཟབ་མོ་འདི་དག་ཉམས་སུ་ལེན་པར་བགྱིའོ།།

瑪納木卡當娘比賽堅塔堅科爾瓦門俄吉，嘉措欽波扎帝， 南欽喇那美巴央達巴佐比，桑吉貢波吉，果蚌仁波切拉果哇爾肖， 帝切都 ，達格達比切薩母德達娘蘇林巴爾吉敖。

阿！為從量等虛空有情眾生輪迴苦海獲得救度， 安立遍智無上正偏知圓滿大寶佛果， 必須修持此一淨妙甚深正法。

禮贊遷識頗哇：

ཟབ་ལམ་འཕོ་བར་བསྟོད་པ་ནི།

（薩拉木頗哇爾哆巴）：

ཀློང་ཆེན་སྙིང་གི་ཐིག་ལེ་ལས།

隆欽寧格體里列，

从甚深悟境心髓，

འཕོ་བ་མ་བསྒོམས་སངས་རྒྱས་བཞུགས།

頗瓦瑪果桑傑秀，

無修遷識如來住，

ལྟ་བའི་ཀློང་ལ་ཕྱག་འཚལ་ལོ།

拉威隆拉夏叉洛！

頂禮如來勝悟境！

འོད་གསལ་རྫོགས་པའི་ཆེན་པོའི་ལམ།

敖薩佐比欽波拉木，

光明大圓滿勝道，

ཆོས་སྐུ་གཏང་མེད་རང་གྲོལ་ཏེ།

切格當美讓卓帝，

不捨法身自解脫，

བཙན་ས་ཟིན་པའི་གང་ཟག་ནི།

贊薩省比岡薩尼，

扼要執受數取趣，

འཕོ་བྱ་འཕོ་བྱེད་ལས་འདས་ཀྱང་།

頗夏頗希列帝江，

一定遷識出輪迴，

སྤྲོས་ཅན་སྨྲ་ངན་འདལ་དོན་དུ།

遮堅娘俄達冬都。

戲論饒益離苦厄。

འཕོ་བ་མ་བསྒོམས་སངས་རྒྱས་བསྟན།

頗哇瑪果桑傑旦，

無修遷識證悉地，

སྔོན་འགྲོ་སྐྱབས་སེམས་སྤྱི་ལྟར་བྱ།

俄卓嘉賽金達夏，

如前行皈希發心，

བདག་དོན་གཞན་དོན་གང་ལ་འབད།

達冬燕冬岡拉巴，

自他二利精進俱，

ཚད་མེད་རྣམ་གཉིས་ཟིན་པ་གཅེས།

叉美南尼森巴傑，

二種無量珍懾受，

དངོས་གཞི་རང་ལུས་རྣམ་འབྱོར་མ་བསྒོམས་པ་ནི།

俄伊讓列南覺瑪果巴尼。

正行修持瑜伽母。

（以上不作念誦）

ཨེ་མ་ཧོ།

唉瑪火！

奇呀哉！

རང་སྣང་ལྷུན་གྲུབ་བདེ་བ་ཅན།

讓囊林智帝哇堅，

自相任運極樂國，

མཚན་ཉིད་ཡོངས་རྫོགས་ཞིང་གི་དབུས།

參尼雲佐香格威，

所有性相剎土中，

པད་ཉི་བམ་རོའི་གདན་གྱི་ཁར།

巴尼哇若旦吉卡，

虹光蓮花金剛座，

བདག་ཉིད་རྡོ་རྗེ་རྣལ་འབྱོར་མ།

達尼多傑那覺瑪，

自性金剛瑜伽母，

ཞལ་གཅིག་ཕྱག་གཉིས་སྐུ་མདོག་དམར།

夏吉夏尼勾哆瑪爾，

一頭二臂身紅色，

གཅེར་མོ་བཞེངས་སྟབས་གྲི་ཐོད་ཅན།

傑母央達智妥堅，

裸體站姿持偃刀，

སྤྱན་གསུམ་ནམ་མཁའི་མཐོང་ལ་གཟིགས།

堅松南卡彤拉詩，

三目遙視虛空中，

རྒྱན་དང་ཆ་ལུགས་ཡོངས་སུ་རྫོགས།

堅當恰勒雲蘇佐，

衣飾佩環俱威儀，

དེ་ཡི་ཁོང་དབུས་རྩ་དབུ་མ།

帝伊孔威作吾瑪，

體中竅孔一中脈，

སྦོམ་ཕྲ་མདའ་སྨྱུག་ཙམ་པ་ལ།

烏叉達紐乍巴拉，

粗細猶如一箭矢，

སྟོངས་སངས་འོད་ཀྱི་སྦུ་གུ་ཅན།

冬桑敖吉吾勾堅，

中空透明似晶管，

ཡར་སྣེ་ཚངས་བུག་གནས་སུ་ཧར།

雅那倉吾內蘇哈爾，

上至頂門如竅孔，

མར་སྣེ་ལྟེ་འོག་ཐུམ་པ་ཡི།

瑪那帝敖德巴伊，

下端直至臍輪中，

སྙིང་གར་ཚིགས་ཀྱིས་བཅད་པའི་སྟེང་།

寧伽次吉嘉比當，

心輪脈節之上面，

རླུང་གི་ཐིག་ལེ་ལྗངས་སྐྱའི་དབུས།

龍格特裡江嘉威，

風息明點淺綠色，

རིག་པ་ཧྲཱིཿཡིག་དམར་པོ་གསལ།

仁巴舍伊瑪波薩，

智慧舍字紅明現，

སྤྱི་བོར་ཁྲུ་གང་ཙམ་གྱི་སྟེང་།

傑烏尺岡作吉當，

飛出頂門一尺許，

སངས་རྒྱས་སྣང་བ་མཐའ་ཡས་ནི།

桑傑囊哇塔伊尼，

阿彌陀佛現全身，

མཚན་དཔེ་རྫོགས་པའི་ཕུང་པོར་གསལ།

參惠佐比彭波薩。

相好圓滿蘊明現。

བཅོམ་ལྡན་འདས་དེ་བཞིན་གཤེགས་པ་དགྲ་བཅོམ
་པ་ཡང་དག
པར་རྫོགས་པའི་སངས་རྒྱས་མགོན་པོ་འོད་དཔག
་མེད་པ་ལ་ཕྱ
ག་འཚལ་ལོ། །མཆོད་དོ་སྐྱབས་སུ་མཆིའོ། །

覺旦德帝音歇巴，扎覺巴央達巴佐比，桑傑貢波敖華嘟

美巴拉 夏恰洛，卻哆嘉蘇卻。

南無，皈依，世尊，如來，應供，正偏知，圓滿怙主，無量光佛！

（以上聖號持誦三至七遍，乃至二十一遍）

ཨེ་མ་ཧོ།

唉瑪火！

奇呀哉！

གནས་རང་སྣང་དོན་གྱི་འོག་མིན་ན།

內讓囊冬吉敖萌那，

自現勝義密嚴土，

ཡིད་དད་བརྒྱའི་འཇའ་གུར་འཁྲིགས་པའི་ཀློང་།

伊達嘉加勾赤比靈斯，

勝信虹光繚繞中，

སྐྱབས་ཀུན་འདུས་རྩ་བའི་བླ་མ་ནི།

嘉更德作威喇嘛尼，

一切皈集根本師，

སྐུ་ཐ་མ་ལམ་ཡིན་དངས་མའི་ལུས།

格塔瑪拉木音當米列，

非平庸的清淨體，

དཔལ་སངས་རྒྱས་སྣང་མཐའི་ངོ་བོར་བཞུག།

華桑杰囊塔俄烏秀，

住於体性無量光，

ཡིད་མོས་གུས་གདུང་བས་གསོལ་བ་འདེབས།

伊米格冬威索哇帝，

虔誠敬信我祈請，

ཟབ་ལམ་འཕོ་བ་འབྱོངས་པར་བྱིན་གྱིས་རློབས།

薩拉木頗哇君哇興吉隆，

遷識頗哇賜加持，

གནས་འོག་མིན་བགྲོད་པར་བྱིན་གྱིས་རློབས།

內敖萌卓巴興吉隆，

加持往生密嚴剎，

དབྱིངས་ཆོས་སྐུའི་རྒྱལ་ས་ཟིན་པར་ཤོག

央切格嘉薩省巴肖。

願至佛界法身位。

（以上反復念誦三遍）。

ཡིད་མོས་གུས་གདུང་བས་མན་ཆད་ལན་གསུམ།

（從伊米格冬威……以後再念誦三遍）

དབྱིངས་ཆོས་སྐུའི་རྒྱལ་ས་ཟིན་པར་ཤོག །ལན་གསུམ།

（**央切格嘉薩省巴肖**，念誦三遍）

如是念誦已，觀想行者心間紅色舍字隨中脈上升，復次五呼舍字，從頂門湧出，如同離弦之箭，在「嘿」聲中，射入怙主阿彌陀佛心中，與阿彌陀佛融為一體，行者頂上一尺之許，阿彌陀佛，金光示現。復次佛像從頂門融入己身，從中脈復入臍中，化為一尊長壽佛。亦復如前觀想，從心間中脈示現綠色明點，內藏紅色透明舍字，五次提升，終以「嘿」字引識而入阿彌陀佛心中……

（如是觀想三至七遍，或二十一遍）

再誦聖號：**「覺旦德，帝音歇巴…….」**三至七遍，直至二十一遍。

次誦：祈請上師加持：

ཆོས་སྐུ་ཀུན་ཏུ་བཟང་པོ་ལ་གསོལ་བ་འདེབས།

切格更都桑波拉索哇帝，

祈請法身普賢王如來，

ཟབ་ལམ་འཕོ་བ་འབྱོངས་པར་བྱིན་གྱིས་རློབས།

薩拉木頗哇君哇興吉隆，

遷識頗哇諳習賜加持，

གནས་འོག་མིན་བགྲོད་པར་བྱིན་གྱིས་རློབས།

內敖萌卓巴興吉隆，

密嚴刹土路上賜加持，

དབྱིངས་ཆོས་སྐུའི་རྒྱལ་ས་ཟིན་པར་ཤོག

央切格嘉薩省巴肖。

本性法身懾受至佛土。

ལོངས་སྐུ་རྡོ་རྗེ་སེམས་དཔའ་ལ་གསོལ་བ་འདེབས།

龍格多傑賽華拉索哇帝，

祈請報身金剛薩埵佛，

ཟབ་ལམ་འཕོ་བ་འབྱོངས་པར་བྱིན་གྱིས་རློབས།

薩拉木頗哇君哇興吉隆，

遷識頗哇諳習賜加持，

གནས་འོག་མིན་བགྲོད་པར་བྱིན་གྱིས་རློབས།

內敖萌卓巴興吉隆，

密嚴刹土路上賜加持，

དབྱིངས་ཆོས་སྐུའི་རྒྱལ་ས་ཟིན་པར་ཤོག

央切格嘉薩省巴肖。

本性法身懾受至佛土。

སྤྲུལ་སྐུ་དགའ་རབ་རྡོ་རྗེ་ལ།

智格噶熱多傑拉索哇帝，

祈請化身極喜金剛師，

ཟབ་ལམ་འཕོ་བ་འབྱོངས་བར་བྱིན་གྱིས་རློབས།

薩拉木頗哇君哇興吉隆，

遷識頗哇諳習賜加持，

གནས་འོག་མིན་བགྲོད་པར་བྱིན་གྱིས་རློབས།

內敖萌卓巴興吉隆，

密嚴剎土路上賜加持，

དབྱིངས་ཆོས་སྐུའི་རྒྱལ་ས་ཟིན་པར་ཤོག

央切格嘉薩省巴肖。

本性法身懾受至佛土。

སློབ་དཔོན་འཇམ་དཔལ་གཉེད་གཉེན་ལ༔

洛本嘉華尼寧拉索哇帝，

祈請大教授妙吉祥友，

ཟབ་ལམ་འཕོ་བ་འབྱོངས་བར་བྱིན་གྱིས་རློབས།

薩拉木頗哇君哇興吉隆，

遷識頗哇諳習賜加持，

གནས་འོག་མིན་བགྲོད་པར་བྱིན་གྱིས་རློབས།

內敖萌卓巴興吉隆，

密嚴剎土路上賜加持，

དབྱིངས་ཆོས་སྐུའི་རྒྱལ་ས་ཟིན་པར་ཤོག

央切格嘉薩省巴肖。

本性法身攝受至佛土。

རིག་འཛིན་ཤྲཱི་སེང་ལ༔

仁增室利森哈拉索哇帝，

祈請持明師室利森哈，

ཟབ་ལམ་འཕོ་བ་འབྱོངས་བར་བྱིན་གྱིས་རློབས།

薩拉木頗哇君哇興吉隆，

遷識頗哇諳習賜加持，

གནས་འོག་མིན་བགྲོད་པར་བྱིན་གྱིས་རློབས།

內敖萌卓巴興吉隆，

密嚴剎土路上賜加持，

དབྱིངས་ཆོས་སྐུའི་རྒྱལ་ས་ཟིན་པར་ཤོག

央切格嘉薩省巴肖。

本性法身懾受至佛土。

མཁས་པ་ཛྙཱ་ན་སཱུ་ཏྲ་ལ༔

凱哇加納蘇扎拉索哇帝，

祈請善巧嘉納蘇扎師，

ཟབ་ལམ་འཕོ་བ་འབྱོངས་བར་བྱིན་གྱིས་རློབས།

薩拉木頗哇君哇興吉隆，

遷識頗哇諳習賜加持，

གནས་འོག་མིན་བགྲོད་པར་བྱིན་གྱིས་རློབས།

內敖萌卓巴興吉隆，

密嚴剎土路上賜加持，

དབྱིངས་ཆོས་སྐུའི་རྒྱལ་ས་ཟིན་པར་ཤོག

央切格嘉薩省巴肖。

本性法身懾受至佛土。

པཎ་ཆེན་བླི་མ་མི་ཏྲ་ལ༔

貝欽白瑪莫扎拉索哇帝，

祈請斑智達布瑪莫扎，

ཟབ་ལམ་འཕོ་བ་འབྱོངས་བར་བྱིན་གྱིས་རློབས།

薩拉木頗哇君哇興吉隆，

遷識頗哇諳習賜加持，

གནས་འོག་མིན་བགྲོད་པར་བྱིན་གྱིས་རློབས།

內敖萌卓巴興吉隆，

密嚴剎土路上賜加持，

དབྱིངས་ཆོས་སྐུའི་རྒྱལ་ས་ཟིན་པར་ཤོག

央切格嘉薩省巴肖。

本性法身攝受至佛土。

ཨོ་རྒྱན་པདྨ་འབྱུང་གནས་ལཿ

鄔金貝瑪君內拉索哇帝，

祈請鄔金蓮花生大師，

ཟབ་ལམ་འཕོ་བ་འབྱོངས་བར་བྱིན་གྱིས་རློབས།

薩拉木頗哇君哇興吉隆，

遷識頗哇諳習賜加持，

གནས་འོག་མིན་བགྲོད་པར་བྱིན་གྱིས་རློབས།

內敖萌卓巴興吉隆，

密嚴剎土路上賜加持，

དབྱིངས་ཆོས་སྐུའི་རྒྱལ་ས་ཟིན་པར་ཤོག

央切格嘉薩省巴肖。

本性法身懾受至佛土。

ཆོས་རྒྱལ་ཁྲི་སྲོང་ལྡེའུ་བཙན་ལ།

切嘉赤松德贊拉索哇帝，

祈請雪域赤松德贊王，

ཟབ་ལམ༔

薩拉木頗哇君哇興吉隆，

遷識頗哇諳習賜加持，

གནས་འོག༔

內敖萌卓巴興吉隆，

密嚴剎土路上賜加持，

དབྱིངས་ཆོས་སྐུའི༔

央切格嘉薩省巴肖。

本性法身懾受至佛土。

མཁའ་འགྲོ་ཡེ་ཤེས་མཚོ་རྒྱལ་ལ༔

卡卓伊希措嘉拉索哇帝，

祈請空行智慧海勝母，

ཟབ་ལམ་འཕོ་བ་འབྱོངས་བར་བྱིན་གྱིས་རློབས།

薩拉木頗哇君哇興吉隆，

遷識頗哇諳習賜加持，

གནས་འོག་མིན་བགྲོད་པར་བྱིན་གྱིས་རློབས།

內敖萌卓巴興吉隆，

密嚴剎土路上賜加持，

དབྱིངས་ཆོས་སྐུའི་རྒྱལ་ས་ཟིན་པར་ཤོག

央切格嘉薩省巴肖。

本性法身攝受至佛土。

ཉང་བན་ཏིང་འཛིན་བཟང་པོ་ལ༔

娘貝當增桑波拉索哇帝，

祈請聲聞三摩地妙賢，

ཟབ་ལམ་འཕོ་བ་འབྱོངས་བར་བྱིན་གྱིས་རློབས།

薩拉木頗哇君哇興吉隆，

遷識頗哇諳習賜加持，

གནས་འོག་མིན་བགྲོད་པར་བྱིན་གྱིས་རློབས།

內敖萌卓巴興吉隆，

密嚴剎土路上賜加持，

དབྱིངས་ཆོས་སྐུའི་རྒྱལ་ས་ཟིན་པར་ཤོག

央切格嘉薩省巴肖。

本性法身攝受至佛土。

གནས་བརྟན་ལྡང་མ་ལྷུན་རྒྱལ་ལ།

內旦當瑪林嘉拉索哇帝，

祈請上座當瑪威光王，

ཟབ་ལམ་འཕོ་བ་འབྱོངས་པར་བྱིན་གྱིས་རློབས།

薩拉木頗哇君哇興吉隆，

遷識頗哇諳習賜加持，

གནས་འོག་མིན་བགྲོད་པར་བྱིན་གྱིས་རློབས།

內敖萌卓巴興吉隆，

密嚴刹土路上賜加持，

དབྱིངས་ཆོས་སྐུའི་རྒྱལ་ས་ཟིན་པར་ཤོག

央切格嘉薩省巴肖。

本性法身攝受至佛土。

ལྕེ་བཙུན་སེང་གེ་དབང་ཕྱུག་ལཿ

傑贊桑格旺秀拉索哇帝，

祈請舌王獅子大自在，

ཟབ་ལམ་འཕོ་བ་འབྱོངས་པར་བྱིན་གྱིས་རློབས།

薩拉木頗哇君哇興吉隆，

遷識頗哇諳習賜加持，

གནས་འོག་མིན་བགྲོད་པར་བྱིན་གྱིས་རློབས།

內敖萌卓巴興吉隆，

密嚴剎土路上賜加持，

དབྱིངས་ཆོས་སྐུའི་རྒྱལ་ས་ཟིན་པར་ཤོག

央切格嘉薩省巴肖。

本性法身懾受至佛土。

སྤྲུལ་སྐུ་རྒྱལ་བ་ཞང་སྟོན་ལ༔

智格嘉哇香冬拉索哇帝，

祈請化身嘉哇香冬尊，

ཟབ་ལམ་འཕོ་བ་འབྱོངས་པར་བྱིན་གྱིས་རློབས།

薩拉木頗哇君哇興吉隆，

遷識頗哇諳習賜加持，

གནས་འོག་མིན་བགྲོད་པར་བྱིན་གྱིས་རློབས།

內敖萌卓巴興吉隆，

密嚴剎土路上賜加持，

དབྱིངས་ཆོས་སྐུའི་རྒྱལ་ས་ཟིན་པར་ཤོག

央切格嘉薩省巴肖。

本性法身懾受至佛土。

གྲུབ་ཆེན་མཁས་པ་ཉི་འབུམ་ལ༔

智欽凱哇尼本拉索哇帝，

祈請開哇尼本大悉地，

ཟབ་ལམ་འཕོ་བ་འབྱོངས་བར་བྱིན་གྱིས་རློབས།

薩拉木頗哇君哇興吉隆，

還識頗哇諳習賜加持，

གནས་འོག་མིན་བགྲོད་པར་བྱིན་གྱིས་རློབས།

內敖萌卓巴興吉隆，

密嚴刹土路上賜加持，

དབྱིངས་ཆོས་སྐུའི་རྒྱལ་ས་ཟིན་པར་ཤོག

央切格嘉薩省巴肖。

本性法身懾受至佛土。

ཆོས་ཉྫ་ཀུ་ཏུ་ཛོ་བེད་ལ༔

切娘格惹覺百拉索哇帝，

祈請法圓滿師覺白爾，

ཟབ་ལམ་འཕོ་བ་འབྱོངས་བར་བྱིན་གྱིས་རློབས།

薩拉木頗哇君哇興吉隆，

遷識頗哇諳習賜加持，

གནས་འོག་མིན་བགྲོད་པར་བྱིན་གྱིས་རློབས།

內敖萌卓巴興吉隆，

密嚴刹土路上賜加持，

དབྱིངས་ཆོས་སྐུའི་རྒྱལ་ས་ཟིན་པར་ཤོག

央切格嘉薩省巴肖。

本性法身懾受至佛土。

འཁྲུལ་ཞིག་སེངྒེ་རྒྱབ་པ་ལཿ

赤秀桑格嘉哇拉索哇帝

祈請獅子嘉巴永息亂，

ཟབ་ལམ་འཕོ་བ་འབྱོངས་བར་བྱིན་གྱིས་རློབས།

薩拉木頗哇君哇興吉隆，

遷識頗哇諳習賜加持，

གནས་འོག་མིན་བགྲོད་པར་བྱིན་གྱིས་རློབས།

內敖萌卓巴興吉隆，

密嚴刹土路上賜加持，

དབྱིངས་ཆོས་སྐུའི་རྒྱལ་ས་ཟིན་པར་ཤོག

央切格嘉薩省巴肖。

本性法身攝受至佛土。

གྲུབ་ཆེན་མེ་ལོང་རྡོ་རྗེ་ལ༔

智欽美隆多傑拉索哇帝，

祈請大賢哲明鏡金剛，

ཟབ་ལམ་འཕོ་བ་འབྱོངས་བར་བྱིན་གྱིས་རློབས།

薩拉木頗哇君哇興吉隆，

遷識頗哇諳習賜加持，

གནས་འོག་མིན་བགྲོད་པར་བྱིན་གྱིས་རློབས།

內敖萌卓巴興吉隆，

密嚴剎土路上賜加持，

དབྱིངས་ཆོས་སྐུའི་རྒྱལ་ས་ཟིན་པར་ཤོག

央切格嘉薩省巴肖。

本性法身攝受至佛土。

བླ་མ་ཀུ་མ་ར་ཛ་ལ༔

喇嘛匈瑪熱乍拉索哇帝，

祈請拘摩邏多仁波切，

ཟབ་ལམ་འཕོ་བ་འབྱོངས་བར་བྱིན་གྱིས་རློབས།

薩拉木頗哇君哇興吉隆，

遷識頗哇諳習賜加持，

གནས་ཨོག་མིན་བགྲོད་པར་བྱིན་གྱིས་རློབས།

內敖萌卓巴興吉隆，

密嚴刹土路上賜加持，

དབྱིངས་ཆོས་སྐུའི་རྒྱལ་ས་ཟིན་པར་ཤོག

央切格嘉薩省巴肖。

本性法身攝受至佛土。

ཀུན་མཁྱེན་ཀློང་ཆེན་རབ་འབྱམས་ལ༔

更欽隆欽繞絳巴拉索哇帝，

祈請遍智無垢光尊者，

ཟབ་ལམ་འཕོ་བ་འབྱོངས་བར་བྱིན་གྱིས་རློབས།

薩拉木頗哇君哇興吉隆，

遷識頗哇諳習賜加持，

གནས་ཨོག་མིན་བགྲོད་པར་བྱིན་གྱིས་རློབས།

內敖萌卓巴興吉隆，

密嚴刹土路上賜加持，

དབྱིངས་ཆོས་སྐུའི་རྒྱལ་ས་ཟིན་པར་ཤོག

央切格嘉薩省巴肖。

本性法身懾受至佛土。

རིག་འཛིན་འཇིགས་མེད་གླིང་པ་ལ༔

仁增久美林巴拉索哇帝，

祈請持明無畏洲尊者，

ཟབ་ལམ་འཕོ་བ་འབྱོངས་བར་བྱིན་གྱིས་རློབས།

薩拉木頗哇君哇興吉隆，

遷識頗哇諳習賜加持，

གནས་འོག་མིན་བགྲོད་པར་བྱིན་གྱིས་རློབས།

內敖萌卓巴興吉隆，

密嚴剎土路上賜加持，

དབྱིངས་ཆོས་སྐུའི་རྒྱལ་ས་ཟིན་པར་ཤོག

央切格嘉薩省巴肖。

本性法身懾受至佛土。

འཇིགས་མེད་རྒྱལ་བའི་མྱུ་གུ་ལ༔

久美嘉哇紐格拉索哇帝，

祈請無畏制勝之子嗣，

ཟབ་ལམ་འཕོ་བ་འབྱོངས་བར་བྱིན་གྱིས་རློབས།

薩拉木頗哇君哇興吉隆，

遷識頗哇諳習賜加持，

གནས་འོག་མིན་བགྲོད་པར་བྱིན་གྱིས་རློབས།

內敖萌卓巴興吉隆，

密嚴剎土路上賜加持，

དབྱིངས་ཆོས་སྐུའི་རྒྱལ་ས་ཟིན་པར་ཤོག

央切格嘉薩省巴肖。

本性法身懾受至佛土。

ཨོ་རྒྱན་འཇིགས་མེད་ཆོས་ཀྱི་དབང་པོ་ལ༔

鄔金久美切吉旺波拉索哇帝，

祈請鄔金無怖畏法王，

ཟབ་ལམ་འཕོ་བ་འབྱོངས་བར་བྱིན་གྱིས་རློབས།

薩拉木頗哇君哇興吉隆，

遷識頗哇諳習賜加持，

གནས་འོག་མིན་བགྲོད་པར་བྱིན་གྱིས་རློབས།

內敖萌卓巴興吉隆，

密嚴剎土路上賜加持，

དབྱིངས་ཆོས་སྐུའི་རྒྱལ་ས་ཟིན་པར་ཤོག

央切格嘉薩省巴肖。

本性法身攝受至佛土。

ལུང་རྟོགས་བསྟན་པའི་ཉི་མ་ལ༔

隆多旦比尼瑪拉索哇帝，

祈請教證旦比尼瑪尊，

ཟབ་ལམ་འཕོ་བ་འབྱོངས་བར་བྱིན་གྱིས་རློབས།

薩拉木頗哇君哇興吉隆，

還識頗哇諳習賜加持，

གནས་འོག་མིན་བགྲོད་པར་བྱིན་གྱིས་རློབས།

內敖萌卓巴興吉隆，

密嚴刹土路上賜加持，

དབྱིངས་ཆོས་སྐུའི་རྒྱལ་ས་ཟིན་པར་ཤོག

央切格嘉薩省巴肖。

本性法身攝受至佛土。

དྲིན་ཅན་རྩ་བའི་བླ་མ་ལ༔

貞欽乍威喇嘛拉索哇帝，

祈請具德根本上師尊，

ཟབ་ལམ་འཕོ་བ་འབྱོངས་བར་བྱིན་གྱིས་རློབས།

薩拉木頗哇君哇興吉隆，

遷識頗哇諳習賜加持，

གནས་འོག་མིན་བགྲོད་པར་བྱིན་གྱིས་རློབས།

內敖萌卓巴興吉隆，

密嚴剎土路上賜加持，

དབྱིངས་ཆོས་སྐུའི་རྒྱལ་ས་ཟིན་པར་ཤོག

央切格嘉薩省巴肖。

本性法身攝受至佛土。

ཨ་འཛོམས་འབྲུག་པ་རིན་པོ་ཆེ་ལ༔

阿宗珠巴仁波切拉索哇帝，

祈請阿宗珠巴根本師，

ཟབ་ལམ་འཕོ་བ་འབྱོངས་བར་བྱིན་གྱིས་རློབས།

薩拉木頗哇君哇興吉隆，

遷識頗哇諳習賜加持，

གནས་འོག་མིན་བགྲོད་པར་བྱིན་གྱིས་རློབས།

內敖萌卓巴興吉隆，

密嚴剎土路上賜加持，

དབྱིངས་ཆོས་སྐུའི་རྒྱལ་ས་ཟིན་པར་ཤོག

央切格嘉薩省巴肖。

本性法身攝受至佛土。

接誦聖號：**「覺旦德，帝音歇巴……」**三遍，七遍至二十一遍。

སངས་རྒྱས་འོད་དཔག་མེད་ལ་ཕྱག་འཚལ་ལོ།

桑傑敖華美拉夏叉洛，

南無無量光如來，`

ཨོ་རྒྱན་པདྨ་འབྱུང་གནས་ལ༔

鄔金貝瑪君內拉夏叉洛，

南無鄔金蓮花生，

དྲིན་ཅན་རྩ་བའི་བླ་མའི་ཐུགས་རྗེའི་བཟུང་།

貞欽乍威喇嘛陀吉松，

具德根本慈上師，

རྩ་བ་བརྒྱུད་པའི་བླ་མས་ལམ་སྣ་དྲོང་།

乍哇吉比喇嘛拉木那鐘，

指路根本傳承師，

ཟབ་ལམ་འཕོ་བ་འབྱོངས་བར་བྱིན་གྱིས་རློབས།

薩拉木頗哇君哇興吉隆，

遷識頗哇賜加持，

མྱུར་ལམ་འཕོ་བ་མཁའ་སྤྱོད་བགྲོད་པར་བྱིན་གྱིས་རློབས།

紐拉木頗哇卡覺卓巴興吉隆，

速道遷轉賜加持，

བདག་སོགས་འདི་ནས་ཚེ་འཕོས་གྱུར་མ་ཐག།

達索得內次頗吉瑪塔，

從今我等壽無量，

བདེ་བ་ཅན་དུ་སྐྱེ་བར་བྱིན་གྱིས་རློབས།

帝哇堅都吉哇興吉隆，

加持往生極樂土。

（以上念誦三遍）

བདེ་བ་ཅན་དུ་སྐྱེ་བར༔

帝哇堅都吉哇興吉隆。

加持往生極樂土。

（以上念誦三遍之後，如前接誦聖號：**「覺旦德，帝音歇巴……」**，三遍，七遍至二十一遍）。

ཨེ་མ་ཧོ།

唉瑪火！

奇呀哉！

ཤིན་ཏུ་ངོ་མཚར་འོད་དཔག་མེད་མགོན་དང་།

興都俄叉敖華美貢當，

稀有無量光怙主，

ཐུགས་རྗེ་ཆེན་པོ་ཕྱག་རྡོར་མཐུ་ཆེན་ཐོབ།

陀吉欽波夏哆陀欽頭，

觀音金剛手勢至，

བདག་སོགས་རྩེ་གཅིག་ཡིད་ཀྱིས་གསོལ་བ་འདེབས།

達索次吉伊吉索哇帝，

我等至心來祈請，

ཟབ་ལམ་འཕོ་བ་འབྱོངས་པར་བྱིན་གྱིས་རློབས།

薩拉頗哇君哇興吉隆，

遷識頗哇賜加持，

བདག་སོགས་ནམ་ཞིག་འཆི་བའི་དུས་བྱུང་ཚེ།

達索南茜其威德雄次，

我等一旦命終時，

རྣམ་ཤེས་བདེ་ཆེན་འཕོ་བར་བྱིན་གྱིས་རློབས།

南茜帝欽頗哇興吉隆。

識大樂遷賜加持。

（以上念誦三遍）

接誦長壽佛根本咒及心咒：

唵　格惹 阿攸爾佳納，薩爾哇斯地吽舍，阿麻熱尼支哇

達耶娑哈。

（以上念誦百千萬遍）

迴向：

སྤྱི་བོར་འོད་དཔག་མེད་པའི་སྐུ།

吉烏敖華美比格，

頂上無量光佛身，

འོད་དུ་ཞུ་ནས་རང་ལ་ཐིམ།

敖都秀内讓拉特，

此光已融入自身，

རྐྱེན་དེས་སྐད་ཅིག་དྲན་རྫོགས་སུ།

金帝迦吉詹佐蘇，

此緣一傾念圓滿，

རང་ཡང་ཚེ་དཔག་མེད་དུ་གྱུར།

讓央次華美都吉，

自己變成無量壽。

ཨོཾ་གུ་རུ་པདྨ་སིདྡྷི་ཧཱུྃ༔།།

唵格惹貝瑪斯地吽。

注：此法本根據四川德格印經院木刻版翻譯，其中祈請上師部分中，阿宗•珠巴仁波切系譯者據自己傳承添加，特此聲明。

西元二零零一年觀音成道日譯竟

隆欽心髓：遷識頗瓦修持儀軌

（六十五）積集佈施簡修法

སྦྱངས་གཏོར་བསྡུས་པ་བཞུགས།

奔哆爾德巴秀

（若是積集佈施，最能帶來平安）。

持誦發菩提心偈三遍。

持誦淨業觀空咒一遍。

觀想從空性剎那，念住圓滿，自己化為羯沙流坡坭尊者　之身，站立姿勢，右手供施者印示現前方，有毗盧遮那雪山大海，身中剎土圓滿頂髻，喉際以上有佛、法、僧三寶侍奉之怙，在如是心際，臍間一切之中，為怙主功德下體悲憫之怙，蓮花月輪等住……

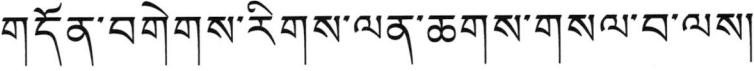

གདོན་བགེགས་རིགས་ལན་ཆགས་གསལ་བ་ལས།

冬迦仁蘭恰薩哇列，

魔障冤孽而顯現，

ཐུགས་ཀར་ཡི་གེ་དྲུག་མའི་འོད་ཟེར་གྱིས།

陀迦伊格智米敖賽吉，

心間六字大光明，

མཆོད་ཡུལ་མཉེས་བྱས་སྦྱིན་ཡུལ་སྡིག་སྒྲིབ་སྦྱངས།

卻隅寧希興隅德智江，

供淨樂施處淨罪，

ཁམས་གསུམ་མ་ལུས་དག་པའི་ཞིང་དུ་གྱུར།

康松瑪列達比香都吉。

三界無餘清淨土。

持誦咒：**唵 嘛呢叭咪吽。**（持誦百遍）

ཧྲཱིཿ

舍

བདག་ཉིད་ཐུགས་ལས་ཧཱུྃ་ཆད་ཡོངས་གྱུར་ལས།

達尼陀列種恰雲吉列，

從我心際種字一切斷，

སྟོང་གསུམ་དང་མཉམ་རིན་ཆེན་སྣོད་ནང་དུ།

冬松當娘仁欽努囊都，

三千與共珍寶情世間，

འབྲུག་གསུམ་ཞུ་ལས་བདུད་རྩིའི་རྒྱ་མཚོ་ནི།

珠松秀列都支嘉措尼，

願望融三龍甘露大海，

འདོད་ཡོན་ལོངས་སྤྱོད་ནམ་མཁའ་མཛོད་དུ་གྱུར།

哆雲龍覺南卡佐都吉。

化為妙欲受用虛空藏。

三界清淨剎土，三世間悲憫賓客，遍滿無餘食子，依法性作用威力，化為無盡朵瑪食子之藏而呈供施：

誦：**唵　阿　吽**（七遍）

誦：「**南瑪薩爾瓦達塔噶達，阿瓦洛噶帝……**」接誦：變億咒「**桑巴熱……**」百遍。同水滴、丸藥一同而施供。

從下麵應施賓客處，念誦多寶如來等四名號而行。之後供水：

འཕགས་པ་སྤྱན་རས་གཟིགས་དབང་གི།

帕巴堅熱詩旺格，

神聖大悲觀自在，

ཕྱག་ནས་འབབས་པའི་འོ་རྒྱུན་གྱིས།

夏內巴比敖金吉，

手中灑下奶常流，

ཡི་དྭགས་རྣམས་ནི་ཚིམས་བྱས་ནས།

伊達南尼次希內，

餓鬼諸眾滿足後，

ཁྲུས་བྱས་རྟག་ཏུ་བསིལ་བར་ཤོག།

赤希達都塞哇肖！

唯願洗淨永清涼！

唵嘛呢叭呢吽（念誦百遍），

此後在餓鬼處持誦：

唵乍拉梅達薩爾瓦智達巴雅娑哈。（三施已竟）

此時，餓鬼之眾如真實得到恒河水一樣，唯願受用足飽。

念誦：「諸惡莫作，眾善奉行……」

念誦：「憑以此廣施……」等等。

只有如是而修，老年男女，所知之中，種種愚癡，化為善友，從焰口母替死儀軌及善妙色等示現的諸種經典，從有無四相等二者微微區別，唯有佈施食子與饒益利他功德，實不可言喻。雖如是，但用一些弱智低能者不能承受水食子[115]的法事，由吉祥利心而自生金剛不壞。素煙[116]剎土周遍而有，稱曰：素煙周遍剎土。用潔淨白麵粉和白酥油和成漿汁，之堆，用淨水灑入炭火、煤等的溫和火灰中，示現羯沙流垝，繼之持誦皈依及發心前行：

ན་མོ།

南無

བདེ་གཤེགས་སྙིང་པོས་འགྲོ་བ་ཡོངས་ལ་ཁྱབ།

帝歇寧波卓哇雲拉恰，

如來法藏遍有情，

སེམས་ནི་རྒྱ་ཆེན་མཆོག་ཏུ་རབ་བསྐྱེད་དོ།

賽尼嘉欽卻都熱吉多，

心識廣大殊勝生，

འགྲོ་བ་འདི་དག་མ་ལུས་སངས་རྒྱས་རྒྱུ།

卓哇德達瑪列桑傑吉，

情眾無餘證佛道，

འདི་ན་སྣོད་མེན་སེམས་ཅམ་གང་ཡང་མེད།

德那努萌賽堅岡央美，

一切眾生有根器，

བཞེངས་ཤིག་བཞེངས་ཤིག་སྟོབས་བཅུ་མངའ་བའི་ལྷ།

央希央希多吉呃威拉，

請站起吧十力神，

དུས་ལ་མི་འདའ་ཐུགས་རྗེའི་དབང་གིས་ན།

德拉莫達陀吉旺格那，

臨命終時垂加持，

སེམས་ཅན་དོན་ལ་དགོངས་པའི་དཀོན་མཆོག་གསུམ།

賽堅冬拉貢比貢卻松，

三寶利樂眾有情，

ཡིད་ཀྱིས་སྤྲུལ་ཞིང་བཞུགས་པའི་གནས་འདི་རུ།

伊吉智香夏比內德如，

心觀已住壇城中，

རྒྱལ་བ་འཁོར་བཅས་མ་ལུས་གཤེགས་སུ་གསོལ།

嘉哇科吉瑪列歇蘇索。

佛及眷屬請降臨。

唯願剎土大海上中下品盡所有來應施者降臨，住於前方虛空。

唵　阿　吽（念誦七遍）

這時，妙欲佛母，身材端妙俱樂，妙音娓娓，馥郁馨香。凝脂柔潤，雙手執佛甘露，美味俱足。大藏寶瓶，供養雲堆，無量意樂。在情器世間，冒瀆晦氣[117]及能作一切昏聵之囟門中，多寶如來右手結施願印，憑以消除貧困，唯願化為妙欲無盡受用的智慧寶藏。

南瑪，薩爾哇達塔噶達，布雅白夏木切巴雅，薩爾哇達卡鄔噶帝，法爾那黑瑪噶噶納，康娑哈。

從南無法身普賢王如來至具德根本上師之中，所降密意表示耳聞傳承上師之座，諸如是等，無不具足。九乘次第，經幻心三部[118]，八大法行[119]內外續，內外別三種

時輪[120]壇誠聖眾，無量供養，我持明戒律及三昧耶誓言中一切所生，罪障過失，皆悉容納而去。祈賜共殊勝悉地無餘。唵 阿 吽，外器世間五佛母自性，內器世間，有情勇士空行宮，二十四伽母，黑忿怒母，獅面佛母，作明佛母，光明天母，財寶天母，八吉祥天母， 金剛忿怒母，葉衣佛母，大佛母等等密咒和密咒部佛母聖眾，而作供養。祈請我的三昧耶誓，一切退失之處，悉皆補足。四種事業，成就無礙，臨終不生肢解苦厄，有厭離心。

唵 阿 吽

象徵世尊. 出有壞釋迦牟尼佛的賢劫二根本千佛，十方歡喜吉祥佛、燃燈佛、毗婆屍勝觀佛等等三世佛之二勝[121]及曜羅尊者等等聲聞、八大比丘、二種獨覺、十六尊者、應供、阿羅漢及其徒眾，不可思議俱足供養。唯願由我一切違越別解脫清淨律儀，從三惡趣和無暇處解脫，證得小乘聲聞、緣覺果位。

唵 阿 吽

唯願父殊勝師利菩薩象徵之八大菩薩、金剛心和無盡智慧等等賢劫十六菩薩、法聖菩薩、常鳴菩薩等無量眾，而作供養，而提藏所言一切所犯墮罪，無餘而淨，消除大乘道障。

唵　阿　吽

智慧和事業成就的女護法兄妹，護法七十五華貢，父續母續，天龍地祇，贍部洲雪山居住的大善知識，善品護持名號，盡一切恭敬供養。諸佛護法，上首三寶，發出讚歎，祈在有情世間降下雨水時，疾病、饑餓、戰亂等等，皆悉消滅。我等瑜伽行者法障，得以加護，祈願施主、檀越、而住福田。

唵　阿　吽

復次天、龍、人、婆羅門、仙人真言成就之眾。夜叉、闍婆羅、俱生為首之神，舍神、土神中等福澤生起之四大神，山巒林苑神，而作供養。祈願我的一切妙善、善品生起之益友，吉祥如意。

唵　阿　吽

乾達婆王，貪愛賀受歌舞的極喜樂神，由人和一切城邑村落中出現的有種別而象徵的魔神，一切變化，形成宿債，仇恨之種五百羅剎怨女，一千零八十種邪魔厲鬼，而

作供施。鬼祟不作，福報不滅，恐怖、兇狠滅除。

唵 阿 吽

六趣有情，五輪迴道，四生受胎，一切成為彙集悲憫之客。二類貧窮餓鬼，得以轉化。昨天覺悟之始，從去歲年月時日，有過去身，無未來身輪迴中有之中，淒涼憂苦，剎那無依無佑，無有怙主救度，宿業無依，善助微弱，四種名蘊，自然受苦，恐怖幻想，折磨交迫，饑寒渴苦，壽命無著，如風吹鴻毛，隨風漂泊。中有眾生，冥諦中有，賜予一切所依。唯願捨友，受用飲食圓滿足飽、安樂。如是變化之即，從觀自在菩薩和除道障菩薩頂部，是在中有，而能識別幻象完畢，上師三寶，本尊所見隨念，惡業之障剎那淨除。證得自在智慧，唯願強力往生極樂世界和蓮花光增長的殊勝淨土。願以勝供歡喜，滿足願望。唯願六趣有情眾生滿願足飽，轉化業債。三界一切剎土，有悲憫得施之客，無餘遍食，以法性威懾，無盡受用妙欲之藏，諸惡莫作，增上法施迴向、發金剛以利他之智而安置。

（六十六）能依葷烟自他贖死[122]儀軌

དམར་གསུར་ལ་བརྟེན་ནས་རང་གཞན་གྱི་འཆི་བ་བསླུ་བ་བཞུགས་སོ།

瑪爾素拉登內讓燕吉齊哇勒瓦秀蘇

ཨོཾ་ ཨཱཿ ཧཱུྃ།

唵　阿　吽（念誦三遍）

དམར་གསུར་འདོད་ཡོན་རྒྱ་མཚོ་འདི།

瑪素多雲嘉措德，

葷煙妙欲之大海，

དཀོན་མཆོག་སྤྱི་ཞུའི་མགྲོན་རྣམས་ལ།

貢卻詩秀仲南拉，

敬侍三寶諸客中，

ཟས་ཀྱི་ཉེར་ལེན་མི་མངའ་ཡང་།

塞吉寧林莫呃央，

不俱事物的近取，

མཆོད་པའི་ཡུལ་དུ་དམིགས་ནས་འབུལ།

卻比游都莫內波。

所緣供境中呈獻。

བདག་ཅག་བསོད་ནམས་ཚོགས་རྫོགས་ནས།

達嘉索南措佐內，

我等福澤資糧圓，

མྱུར་དུ་ཡེ་ཤེས་མཐོང་བར་ཤོག

紐都伊希彤哇肖。

唯願疾速具智慧。

མགོན་པོ་ཡོན་ཏན་མགྲོན་རྣམས་ལ།

供波雲旦仲南拉，

怙主功德諸客人，

ཟག་མེད་བདུད་རྩིར་དམིགས་ནས་འབུལ།

薩美都支莫內波。

所緣無漏甘露供。

བྱང་ཆུབ་སྒྲུབ་ལ་བར་གཅོད་པའི།

香琪智拉哇覺比，

除障礙修習菩提，

འགལ་རྐྱེན་མི་མཐུན་ཕྱོགས་ལས་སྲུངས།

迦金莫彤肖列松，

逆緣不順方面護，

རིགས་དྲུག་སྙིང་རྗེའི་མགྲོན་རྣམས་ཀྱིས།

仁智寧吉仲南吉，

因悲憫六道諸賓，

རང་རང་འདོད་པའི་ལོངས་སྤྱོད་དུ།

讓讓哆比能覺都，

隨心所欲受用中，

མཐོང་ནས་ཟད་མེད་གཏེར་ལ་སྤྱོད།

彤內薩美帝拉覺，

所見受用無盡藏，

དགའ་མགུ་ཚིམས་ཤིང་ཡི་རང་ནས།

迦勾次香伊讓內，

心悅誠服且足飽，

སོ་སོའི་སྡུག་བསྔལ་བྲལ་བར་ཤོག

索索都呃扎哇肖。

唯願離種種苦厄。

བགེགས་རིགས་ལན་ཆགས་མགྲོན་རྣམས་ལ།

迦仁蘭恰仲南拉，

魔部冤孽諸食客，

ཕམ་རྒྱལ་འཐབ་རྩོད་མེད་པར་བསྔོ།

帕嘉塔佐美巴俄，

迴向諍鬥無勝負，

སོ་སོའི་ཡིད་ལ་གང་འདོད་པའི།

索索伊拉岡多比，

各自心中一切欲，

ཟད་མི་ཤེས་པའི་ལོངས་སྤྱོད་དུ།

薩莫希比龍覺都，

無盡了知在受用，

གྱུར་ནས་ཞ་འཁོན་བུ་ལོན་བྱང་།

吉內夏空哇龍香，

轉化仇恨除宿債，

གནོད་སེམས་འཁོན་འཛིན་དག་པར་ཤོག

努賽空增達巴肖。

唯願淨除懷禍心。

ཁྱད་པར་གཞན་གྱི་ལུས་སྲོག་ལ།

恰巴燕吉列梳拉，

特別彼之身命中，

རྣམ་པར་སྣང་བའི་གནོད་སྦྱིན་དང་།

南巴當威努興當，

瞋恚行相之夜叉，

ཤ་ཟ་སྲིན་པོ་འབྱུང་པོའི་གདོན།

夏薩珊波君波冬，

尋香羅刹部多魔，

ཚེ་བརྐུ་མདངས་འཕྲོག་སྲོག་ལེན་ཅིང་།

次勾當處梳林江，

損壽失魂傷性命，

ཤ་དང་ཁྲག་ལ་གདུང་བ་རྣམས།

夏當叉拉冬哇南，

血肉之中諸苦厄，

དམར་གསུར་འདོད་ཡོན་ཀུན་ཁྱབ་འདེབས།

瑪蘇多雲更恰德，

葷煙妙欲盡遍復，

ངོམས་ཤིང་ཚིམས་ལ་མཐུན་གྱུར་ཅིང་།

俄香次拉彤吉江。

唯願隨順而足飽。

ཁྲོ་ཞིང་གཏུམ་པའི་སེམས་པོར་ནས།

楚香都比賽烏內，

捨棄忿怒猛厲心，

བྱང་ཆུབ་སེམས་དང་ལྡན་པར་ཤོག

香琪賽當旦巴肖。

唯願俱足菩提心。

རྒྱུ་འབྲས་བསླུ་བ་མེད་པ་དང་།

吉遮勒哇美巴當，

因果真實不虛妄，

དཀོན་མཆོག་གསུམ་གྱི་བདེན་པ་དང་།

貢卻松吉旦巴當，

真實佛法僧三寶，

བདག་གི་ལྷག་བསམ་རྣམ་དག་མཐུས།

達格拉桑南達特，

我的意樂清淨力，

བྱམས་པའི་སྟོབས་ཀྱིས་གནོད་སྦྱིན་ལས།

強比多吉努興列，

以悲憫力度夜叉，

རང་གི་ཡུལ་ཁམས་བསྲུངས་པ་བཞིན།

讓格幼康松哇音，

如護持己之地域，

མཐར་ཐུག་རང་གཞན་དོན་ཡོད་ཅིང་།

塔陀讓燕冬幼江，

而有究竟自他利，

གནས་སྐབས་འཆི་བས་འཇིགས་པ་ལས།

內迦齊威吉巴列，

權且因死而恐懼，

འགྲོ་བ་མང་པོའི་སྲོག་ཐར་ཤོག།

卓哇芒波梳塔肖。

唯願情眾命解脫。

གང་ཞིག་འདི་རུ་ལྷགས་པ་ཡི།

岡希德如拉巴伊，

一旦臨命終時至，

ས་འམ་འོན་ཏེ་བར་སྣང་གནས།

薩阿文帝哇爾囊內，

地下或者虛空處，

འབྱུང་པོ་གདུག་པའི་སེམས་ལྡན་ཀུན།

君波都比賽旦江，

魑魅禍害之動物，

རྒྱུད་ལ་བྱང་ཆུབ་སེམས་སྐྱེས་ནས།

吉拉香琪塞吉內，

續發菩提心之後，

གཞན་ལ་འཚེ་བའི་བློ་སྤངས་ཏེ།

燕拉次威洛榜帝，

於彼禍心才斷除，

ཐར་པའི་ས་བོན་ཐེབས་པར་ཤོག།

塔比薩文特巴肖，

願達解脫之種子，

ཆོས་རྣམས་ཐམས་ཅད་རྒྱུ་ལས་བྱུང་།

切南塔堅吉列雄。

一切諸法從因生。

以上等等善品迴向。通常不定黃昏之時，彼諸夜叉，為了傷生害命，隨處遊動，若用葷煙供施，此眾夜叉，相續漂泊徘徊，悲憫菩提心俱，能轉為法施和共財施，其功德不可思議，如是悟境光明示現，佛法流行，摧請持明智慧如來。

（六十七）焦烟佈施淨罪親訓

在這焦煙物品之中，新脂溶酥，麵粉獻新部分，放入靈丹咒藥，僅七天佈施，一切罪過皆悉滅除。瑜伽相續迴向替身，帶來平安，替身焦煙盡一切隨一，以唵 阿吽三字總持及變億咒迴向加持：

ཧཱུྃ༔

火

སླུད་གཏོར་འདོད་ཡོན་ཀུན་ལྡན་འདི།

勒多哆雲更旦德，

替身佈施妙欲俱，

ཕྱོགས་འདིར་གནས་ཤིང་རྒྱུ་བ་ཡི།

肖德內香吉哇伊，

居住這方向漂流，

རེ་ཞིང་ཆགས་དང་གནོད་ཅིང་འཚེ།

惹香恰當努江次，

貪著愛染和障礙，

སྣ་ཚོགས་གཟུགས་ཅན་ཡོངས་འཚོལ་སེམས།

那措詩堅雲措賽，

種種有形心普育，

འབྱུང་པོའི་རིགས་སུ་གྱུར་རྣམས་ལ།

君波仁蘇吉南拉，

魑魅鬼蜮諸變化，

བསྔོ་བ་དགའ་མགུ་ཡི་རང་ཚིམས།

俄哇伽勾伊讓次，

迴向歡喜意滿足，

འགལ་རྐྱེན་སྡུག་བསྔལ་འཁྲུལ་སྣང་ཀུན།

伽金都呃赤囊更，

一切逆緣苦幻影，

བདེ་ཆེན་ཀློང་དུ་གྲོལ་གྱུར་ཅིག

帝欽隆都卓吉幾。

唯願大樂境解脫。

ཁྱེར་ཅིག་ཁྱེར་ཅིག་སྟོབས་ལྡན་རྣམས།

切吉切吉哆旦南，

請清除吧諸力士，

སྲེད་དང་ཆགས་དང་ཞེན་པ་དང་།

舍當恰當興巴當，

貪著愛染和耽戀，

དྲན་དང་གཟུང་དང་བསམ་དང་རིག།

詹當松當桑當惹，

所取念住和念觸，

སློང་དང་ཞི་དང་གྲོལ་བར་མཛོད།

隆當希當卓哇佐。

唯願悟境寂解脫。

阿 阿，以如是言說，消除誘死、疾病、老養而神通滅，盡除逆如願成就。

薩瑪雅，於甲辰三月四日，願智慧增長（帝帕爾）。

（六十八）妙欲施食法

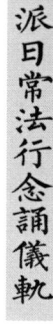

ༀ འདོད་ཡོན་གཏོར་མར་འབུལ།

哆雲朵瑪波

唵 、貝雜爾雅恰 吽， 唵貝雜爾乍拉阿那拉達哈巴乍瑪塔貝雜爾那吽拍。

唵 索巴瓦、悉達、薩爾瓦達爾瑪索巴瓦、悉埵杭。

誦持此咒，化為妙欲不可得空，從空性 唵 (ༀ) 字， 珍寶廣大器內、妙欲資財， 無淨漏色， 妙音、味香、甘甜、觸而柔滑等九欲受用圓滿 ， 清淨無礙， 體性妙善廣大、普賢本生， 而生供雲堆集，化為不可思議等量虛空。

唵 貝雜爾法爾那卡。

這是祈施自性之食，壽終之人，若汝受用這殊勝食子，願能以捨施之食生存。

接誦：「**唵 、貝雜爾薩埵薩瑪雅……**」百字明咒。

從此世間到彼岸世間，稱曰：「某人從活著而死去。」從這世間，若未證得遍智圓滿時，作種種佈施，以到達究竟。無漏之食，如須彌山，清淨之飲，猶如大海，美衣如南方飄怡之雲，從無愛染，無食欲門，化為受用之緣。此為自性忍辱食子，命終徒子！ 若汝受用殊勝食子，願能忍辱生存。

接誦百字明咒。

此稱曰：從這世間往生彼岸世間，命終某某，這些若未證得遍智圓滿之佛，若以清淨律儀而達究竟，則稱曰：「從這世間往生彼岸生時命終之某某。」這世若未證得遍智圓滿之佛，則作種種精進，清淨而究竟。無漏之食如須彌山，飲品如大海，美衣飄怡如雲，從無愛染，無貪欲門，化為受用之緣，這是禪定自然食子，今日命終之汝，若能受用此殊勝食，願以禪定食子而生存。

持誦百字明咒。

從這世間往生彼岸生時命終之時，稱曰壽終某某。這世若未證得遍智圓滿之佛，以清淨禪定而達究竟，無漏之食如須彌山，飲品如大海，美衣飄怡如雲，唯此之中，從無食欲，無愛染之門，化為受用之緣。

這是自生智慧食子，命終之善男子，若汝受用此殊勝食，願以智慧食子而生存。

持誦百字明咒。

從這世間往生彼岸生時命終之時，稱曰壽終某某。這世若未證得遍智圓滿之佛，以清淨禪定而達究竟，無漏之食如須彌山，飲品如大海，美衣飄怡如南方雲，唯此之中，從無食欲，無愛染之門，化為受用之緣。

ཧཱུྃ།

吽

བདུད་རྩི་ཇ་ཆང་ཞོ་དང་འོ་མ་སོགས།

都支嘉群肖當敖瑪索，

甘露茶酒優酪乳鮮奶等，

ཚེ་འདས་ཁྱོད་ལ་བཏུང་བའི་སྐལ་བར་བསྔོ།

次昂喬拉冬威伽哇俄，

迴向壽命亦因你飲緣，

འཇིག་རྟེན་བཏུང་བའི་ཞེན་པ་དག་གྱུར་ནས།

吉旦冬威興巴達吉內，

世間飲品貪欲淨化後，

མི་བཟད་ལོངས་སྤྱོད་བཏུང་དང་ལྡན་པར་ཤོག

莫薩龍覺冬當旦巴肖！

唯願無盡受用俱足飲！

持誦百字明咒。

從這世間往生彼岸生時命終之時，稱曰壽終某某。這世若未證得遍智圓滿之佛。以十波羅蜜多[123]清淨究竟之後，無漏之食如須彌山，飲品如大海，美衣飄怡如南方雲，唯此之中，從無食欲，無愛染之門，化為受用緣份。

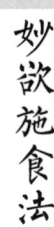

（六十九）佛刹深藏，芳香滿溢

སངས་རྒྱས་གླིང་པའི་ཟབ་གཏེར་ལས་བྱུང་བའི་དྲི་བསུར་ཁོལ་ཕྱུང་ངོ།

桑傑林比薩帝列雄威智蘇科群尼

南無多寶如來！

南無寶勝如來！

南無妙色身如來！

南無廣博身如來！

南無離怖畏如來！

以焦煙五妙欲俱足迴向化為施處：

英年夭亡、被殺、自盡、前身已棄，後身未得[124]，輪迴中有所住有情生命，一切男女，而作施食。中有之中，而能訣別，化為佛現前的受用圓滿身。如若不能，則在八無暇處 和惡趣胎藏[125]，而不停留，後從清淨西方極樂世界蓮花中化生，俱足出生殊勝因緣。

南無阿閦佛！

南無熱納扎雅耶，唵 ，噶噶尼噶噶尼，若乍尼若乍尼，卓扎尼卓扎尼，扎薩尼扎薩尼，扎帝哈那扎帝哈那，薩爾瓦薩爾麻，巴熱巴熱尼梅，薩爾瓦薩埵那乍伊娑哈。

བར་དོའི་སེམས་ཅན་ཀུན་ཚིམས་ནས།

哇多賽堅更次內，

中有有情眾足飽，

བཀྲེས་སྐོམ་སྡུག་བསྔལ་ཞི་གྱུར་ཅིག

扎果都呃希吉幾，

唯願饑餓苦厄除，

ཐམས་ཅད་ནམ་མཁའ་མཛོད་བཞིན་དུ།

塔堅南卡佐音都，

猶如一切虛空藏，

ལོངས་སྤྱོད་ཆད་པ་མེད་པར་ཤོག

龍覺恰巴美巴肖，

唯願不斷而受用，

རྩོད་པ་མེད་པ་འཚེ་མེད་པ།

佐巴美巴次美巴，

無有鬥爭無災難，

རང་དབང་དུ་ནི་སྤྱོད་པར་ཤོག

讓旺都尼覺巴肖。

唯願自作主行持。

（七十）吉祥贊

བཀྲ་ཤིས་ཚིགས་བཅད།

扎西次嘉

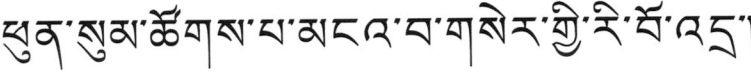

唵　伊達瑪爾，瑪嘿嘟扎巴哇，嘿嘟達恰，達塔噶嘟，哈雅瓦達打，帝恰雜約，尼若達，唉瓦哇帝，瑪哈寫爾瑪納娑哈。

ཕུན་སུམ་ཚོགས་པ་མངའ་བ་གསེར་གྱི་རི་བོ་འདྲ།

彭松措巴呃哇賽吉惹烏扎，

圓滿會供如金山，

འཇིག་རྟེན་གསུམ་གྱི་མགོན་པོ་དྲི་མ་གསུམ་སྤངས་པ།

吉旦松吉貢波智瑪松榜巴，

三世怙主三垢斷，

སངས་རྒྱས་པདྨ་འདབ་འདྲའི་སྤྱན་མངའ་བ།

桑傑貝瑪達扎堅呃哇，

如佛蓮瓣之有眼，

དེས་ནི་ཁྱོད་ལ་དེ་རིང་ཞི་བྱེད་བཀྲ་ཤིས་ཤོག

帝尼喬拉帝讓希西扎西肖。

您今消災願吉祥。

དེ་ཡི་ཉེ་བར་བསྟན་པའི་མཆོག་རབ་གཡོ་མེད་པ།

帝伊寧哇旦比卻熱優美巴，

佛法最殊勝不動，

འཇིག་རྟེན་གསུམ༔

吉旦松吉貢波智瑪松榜巴，

三世怙主三垢斷，

སངས་རྒྱས་པདྨ༔

桑傑貝瑪達扎堅呃哇，

如佛蓮瓣之有眼，

དེས་ནི༔

帝尼喬拉帝讓希西扎西肖。

您今消災願吉祥。

ན་གྲགས་ཞིང་ལྷ་དང་མི་ས་མཆོད་པ།

那扎香拉當米薩卻巴，

遍佈天人供養地，

ཆོས་ཀྱི་དམ་པ་སྐྱེ་རྒུ་རྣམས་ལ་ཞི་བྱེད་པ།

切吉達巴吉勾南拉希西巴，

妙法能息情眾災，

དེས་ནི་ཁྱེད་ལ་དེ་རིང་ཞི་བྱེད་བཀྲ་ཤིས་ཤོག

帝尼喬拉帝讓希西扎西肖。

您今消災願吉祥。

དམ་ཆོས་ལྡན་པ་ཐོས་པའི་བཀྲ་ཤིས་ཀྱིས་ཕྱུག་ཅིང་།

達切旦巴妥比扎西吉秀江，

聽聞妙法有吉祥，

དགེ་འདུན་མི་དང་ལྷ་དང་ལྷ་མིན་ཡོན་གྱི་གནས།

格登莫當拉當拉萌雲吉內，

僧人天神供養處，

ཚོགས་ཀྱི་མཆོག་རབ་ངོ་ཚ་ཤེས་དང་དཔལ་གྱི་གཞི།

措吉卻熱俄叉希當華吉伊，

會供懷愧吉祥地，

དེས་ནི་ཁྱེད་ལ་དེ་རིང་ཞི་བྱེད་བཀྲ་ཤིས་ཤོག

帝尼喬拉帝讓希西扎西肖。

您今消災願吉祥。

ཆེ་བའི་ཆེ་མཆོག་སྟོན་མཆོག་བླ་མ་མེད་།

切威切卻冬卻喇那美，

最為殊勝無上教，

ཆོས་རྒྱལ་ཉི་མ་རྒྱལ་བའི་བྱིན་རླབས་ཀྱིས།

切嘉尼瑪嘉威興拉吉，

法王勝日[126]賜加持，

བདུད་དང་བགེགས་རིགས་གནོད་པའི་དགྲ་ཞི་སྟེ།

都當迦仁努比扎西帝，

淨除魔障災難仇，

རྟག་ཏུ་དཔལ་གནས་ཉིན་མཚན་བཀྲ་ཤིས་ཤོག

達都華內寧參扎西肖。

吉祥地晝夜吉祥。

ཆོས་ཉིད་བདེན་པའི་ཆོས་མཆོག་བླ་ན་མེད།

切尼旦比切卻喇那美，

真實法性無上法，

དམ་ཆོས་བདུད་རྩི་བདེན་པའི་བྱིནརླབས་ཀྱིས།

達切都支旦比興拉吉，

妙法甘露諦加持，

ཉོན་མོངས་དུག་ལྔ་གདུང་བའི་དགྲ་ཞི་སྟེ།

紐萌都呃冬威扎西帝，

煩惱五毒怨仇除，

རྟག་ཏུ་དཔལ་གནས་ཉིན་མཚན་བཀྲ་ཤིས་ཤོག

達都華內寧參扎西肖。

吉祥地晝夜吉祥。

དགེ་འདུན་ཡོན་ཏན་རིན་ཆེན་དཔལ་འབར་བ།

格登雲旦仁欽華巴瓦，

僧伽功德珍寶威光照，

རྒྱལ་སྲས་ཕན་མཛད་བདེན་པའི་བྱིན་རླབས་ཀྱིས།

嘉舍盤作旦比興拉吉，

菩薩饒益真實垂加護，

ཉེས་པའི་སྐྱོན་བྲལ་དགེ་ཚོགས་རྣམ་པར་འཕེལ།

尼比君扎格措南巴帕，

遠離罪過善資糧增長，

རྟག་ཏུ་དཔལ་གནས་ཉིན་མཚན་བཀྲ་ཤིས་ཤོག

達都華內寧參扎西肖。

願吉祥地晝夜常吉祥。

སེམས་ཅན་གང་དག་འགྲོ་དང་མི་འགྲོ་བ།

賽堅岡達卓當莫卓哇，

所有一切有情行與住，

དེ་དག་ཐམས་ཅད་དེང་འདིར་བདེ་གྱུར་ཅིག

帝達塔堅當德帝吉幾！

唯願此諸一切今平安！

སྟོན་མཆོག་དམ་པ་ལྷ་མིའི་མཆོད་འོས་པ།

冬卻達巴拉莫卻呃巴，

淨妙正法天人應供養，

སངས་རྒྱས་ཕྱག་འཚལ་དེང་འདི་བདེ་ལེགས་ཤོག།

桑傑夏叉當德帝拉肖。

唯願頂禮如來今如意。

སེམས་ཅན་གང་དག་འགྲོ་དང་མི་འགྲོ་བ།

賽堅岡達卓當莫卓哇，

所有一切有情行與住，

དེ་དག་ཐམས་ཅད་དེང་འདིར་བདེ་གྱུར་ཅིག

帝達塔堅當德帝吉幾！

唯願此諸一切今平安！

ཞི་བ་ཆགས་བྲལ་ལྷ་མིའི་མཆོད་འོས་པ།

希哇恰扎拉莫卻呃巴，

涅槃離欲天人應供養，

ཆོས་ལ་ཕྱག་འཚལ་དེང་འདིར་བདེ་ལེགས་ཤོག

切拉夏叉當德帝拉肖！

唯願此諸一切今平安！

སེམས་ཅན་གང་དག་འགྲོ་དང་མི་འགྲོ་བ།

賽堅岡達卓當莫卓哇，

所有一切有情行與住，

དེ་དག་ཐམས་ཅད་དེང་འདིར་བདེ་གྱུར་ཅིག

帝達塔堅當德帝吉幾。

唯願此諸一切今平安。

ཚོགས་ཀྱི་དམ་པ་ལྷ་མིའི་མཆོད་འོས་པ།

措吉達巴拉莫卻呃巴，

淨妙會供天人應供養，

དགེ་འདུན་ཕྱག་འཚལ་དེང་འདིར་བདེ་ལེགས་ཤོག།

格登夏叉當德帝拉肖。

唯願頂禮僧迦今如意。

如是吉祥歡喜賜與之吉祥贊，唯願普賢如來、金剛薩埵、室利僧哈、蓮花生大士、空行智慧海勝佛母、俱六傳承次第上師、大圓滿諸上師吉祥！

རྒྱ་གར་པཎ་ཆེན་བོད་ལ་བཀའ་དྲིན་ཆེ།

嘉迦貝欽烏拉迦貞切，

印藏班智達大德，

པདྨ་འབྱུང་གནས་སྐུ་ལ་འདས་གྲོངས་མེད།

貝瑪君內格拉帝仲美，

蓮花生身永不死，

ད་ལྟ་ལྷོ་ནུབ་སྲིན་པོའི་ཁ་གནོན་མཛད།

達打洛努柵波卡龍作，

今世鎮西南羅刹，

ཨོ་རྒྱན་རིན་པོ་ཆེ་ཡི་བཀྲ་ཤིས་ཤོག།

鄔金仁波切伊扎西肖。

鄔金上師願吉祥。

ཆོས་སྐུ་གཟུང་འཛིན་བྲལ་བའི་ངང་ཉིད་ལས།

切格松增扎威俄尼列，

法身二取離心性，

ལོངས་སྤྱོད་རྫོགས་སྐུ་འཇའ་ཚོན་ལྟ་བུ་ལ།

龍覺佐格嘉璁達烏拉，

受用圓身如彩虹，

མཚན་དང་དཔེ་བྱད་ཕྱག་རྒྱ་ལྔ་ཡི་བརྒྱན།

參當會夏霞嘉呃伊堅，

相好五手印莊嚴，

ཡི་དམ་ལྷ་ཚོགས་རྣམས་ཀྱི་བཀྲ་ཤིས་ཤོག།

伊達拉措南吉扎西肖。

本尊聖眾願吉祥。

ཡུལ་ཉི་ཤུ་རྩ་བཞིའི་མཁའ་འགྲོ་དང་།

隅尼西乍伊卡卓當，

二十四處眾空行，

ཁྱད་པར་ཨོ་རྒྱན་དབེན་གནས་སུ།

恰巴鄔金文內蘇，

鄔金殊勝寂靜地，

དམ་ཚིག་ཅན་རྣམས་བསྲུང་མཛད་པའི།

達次堅南松乍比，

護佑誓願是諸眾，

མཁའ་འགྲོ་མ་རྣམས་ཀྱི་བཀྲ་ཤིས་ཤོག།

卡卓瑪南吉扎西肖。

諸空行母願吉祥。

བཅོམ་ལྡན་འདས་ཀྱི་སྤྱན་སྔ་རུ།

覺旦帝吉堅呃如，

世尊薄伽梵面前，

བསྒྲུབ་པ་མཛད་པའི་གང་ཟག་ལ།

智巴作比岡薩拉，

進行修持之人中，

བུ་བཞིན་སྐྱོང་བར་ཞལ་བཞེས་པའི།

烏音君哇夏伊比，

承諾如子作護佑，

ཆོས་སྐྱོང་སྲུང་མ་རྣམས་ཀྱི་བཀྲ་ཤིས་ཤོག།

切君松瑪南吉扎西肖。

護法聖眾願吉祥。

ནོར་གྱི་དབང་ཕྱུག་རིན་ཆེན་གཏེར་མངའ་ཞིང་།

努吉旺秀仁欽帝呃香，

主持自在珍寶藏，

གནོད་སྦྱིན་ནོར་འཆང་མང་པོ་ཀུན་གྱི་རྗེ།

努興努強芒波更吉傑，

財神持寶諸眾尊，

བྱང་ཕྱོགས་སྐྱོང་བའི་མགོན་པོ་ཛམྦྷ་ལ།

香肖君威貢波作巴拉，

北方護怙作巴拉，

དབུལ་བ་སེལ་བའི་ལྷ་མོ་ནོར་རྒྱུན་མ།

烏哇賽威拉母努金瑪，

消除貧窮財流母，

ནོར་ལྷ་གཏེར་བདག་རྣམས་ཀྱི་བཀྲ་ཤིས་ཤོག།

努拉帝達南吉扎西肖。

財神藏主願吉祥。

འབད་དང་རྩོལ་བ་མི་དགོས་པར།

巴當佐哇莫格巴，

精進賜與人所需，

ཡིད་བཞིན་ནོར་བུ་དཔག་བསམ་ཤིང་།

伊音努烏華桑香，

如意財寶如意樹，

སེམས་ཅན་རེ་བ་སྐོང་མཛད་པའི།

賽堅惹哇貢作比，

有情如願而以嘗，

བསམ་པ་འགྲུབ་པའི་བཀྲ་ཤིས་ཤོག།

桑巴智比紮西肖。

意樂成就願吉祥。

མི་འགྱུར་ལྷུན་པོ་སྐུ་ཡི་བཀྲ་ཤིས་ཤོག།

莫吉林波格伊扎西肖。

不動須彌身吉祥，

ཡན་ལག་དྲུག་ཅུ་གསུང་གི་བཀྲ་ཤིས་ཤོག།

燕拉智吉松格扎西肖，

六十分支語吉祥，

ཐ་དད་འབྲལ་མེད་ཐུགས་ཀྱི་བཀྲ་ཤིས་ཤོག།

塔達扎美陀吉扎西肖，

各個不離願吉祥，

རྒྱལ་བའི་སྐུ་གསུང་ཐུགས་ཀྱི་བཀྲ་ཤིས་ཤོག།

嘉哇格松陀吉扎西肖。

佛身語意願吉祥。

གནས་འདིར་ཉིན་མོ་བདེ་ལེགས་་མཚན་བདེ་ལེཏ།

內德寧母帝拉參帝拉，

這裡晝夜遍吉祥，

ཉི་མའི་གུང་ཡང་བདེ་ལེགས་ཤིང་།

尼瑪貢央帝拉香,

太陽午時亦吉祥,

ཉིན་མཚན་རྟག་ཏུ་བདེ་ལེ་ཏ་པ།

寧參達都帝拉巴,

晝夜六時恒吉祥,

དཀོན་མཆོག་གསུམ་གྱིས་བཀྲ་ཤིས་ཤོག།

貢卻松吉扎西肖。

唯願三聖寶吉祥。

ཇི་སྙེད་ཕན་བདེ་མ་ལུས་འབྱུང་བའི་གནས།

吉寧帕帝瑪列君威內,

盡得利樂無餘生起處,

ཐུབ་པའི་བསྟན་པ་སྤྱི་དང་ཁྱད་པར་དུ།

妥比旦巴金當恰巴都,

能仁佛法總持和特殊,

སྔ་འགྱུར་འོད་གསལ་རྡོ་རྗེ་སྙིང་པོའི་སྲོལ།

呃吉敖薩多傑寧波索,

初譯光明金剛藏教典,

ཕྱོགས་དུས་ཀུན་ཏུ་དར་ཞིང་རྒྱས་གྱུར་ཅིག།

肖德更都達香傑吉幾。

唯願十方三世普昌盛。

མདོ་སྔགས་ཆོས་ཚུལ་ཚང་ལ་མ་ནོར་བ།

哆呃切次倉拉瑪努哇，

經咒法戒一切無謬誤，

མཁས་ཤིང་གྲུབ་བརྙེས་རིག་འཛིན་བརྒྱུད་པའི་སྲོལ།

凱香智尼仁增吉比索，

善巧成就持明傳承教，

ཐུབ་བསྟན་སྙིང་པོ་གསང་སྔགས་སྔ་འགྱུར་བའི།

土登寧波桑呃呃吉威，

初譯密咒佛法甚深藏，

བསྟན་པ་འཕེལ་རྒྱས་འཛམ་གླིང་ཁྱབ་གྱུར་ཅིག།

旦巴帕吉作林恰吉幾。

唯願佛法贍洲遍昌盛。

བསླབ་གསུམ་འཕགས་པའི་ནོར་གྱིས་ལེགས་ཕྱུག་ཅིང་།

拉松帕比努吉拉秀江，

憑以三學聖寶善自在，

སྤང་སློག་འཁོར་ལོ་གསུམ་གྱིས་དུས་འདའ་བའི།

榜洛科洛松吉德達比，

憑以斷誦三輪過去時，

འདུས་པ་རྒྱ་མཚོས་གནས་འདི་ཡོངས་གང་ནས།

德巴嘉措內德雲岡內，

從這一切彙集大海處，

བསྟན་འགྲོའི་ཕན་བདེའི་རྫོགས་ལྡན་གསར་འཆར་ཤོག།

旦卓帕帝佐旦薩恰肖。

佛眾利樂圓滿新升起。

འོག་མིན་ས་ལ་སྤྱོད་པ་དཔལ་གྱི་ཞིང་།

敖萌薩拉覺巴華吉香，

密嚴刹土吉祥修行地，

པདྨ་དགྱེས་པ་འོད་གསལ་རྡོ་རྗེའི་མཛོད།

貝瑪姬巴敖薩多傑佐，

蓮花歡喜光明金剛藏，

རིག་འཛིན་ཌཱ་ཀིའི་འདུ་གླིང་དགའ་བའི་ཚལ།

仁增扎格都林迦威叉，

持明空行集洲歡喜苑，

སྲིད་པའི་རྒྱན་གྱུར་རྟག་ཁྱབ་བདེ་ལེགས་ཤོག།

詩比堅吉達恰帝拉肖。

唯願世間莊嚴盡如意。

ཨེ་ཝཾ་ཟུང་འཇུག་བདེ་ཆེན་མུ་ཁྱུད་ཀླུམ།

唉哇松吉帝欽莫齊都，

唉哇雙運⑫⑦大樂周邊圍，

མདོ་སྔགས་ཆོས་འཁོར་བཤད་སྒྲུབ་རྫིབས་སྟོང་བཀྲ།

哆呃切科夏智支冬扎，

經咒法輪講修千幅飾，

མཚུངས་མེད་རྫ་ཡབ་གླིང་པའི་རིང་ལུགས་འདི།

聰美呃雅林比讓勒德，

不同拂塵洲的是主義，

སྲིད་མཐའི་བར་དུ་མི་ཉམས་འཕེལ་རྒྱས་ཤོག།

詩塔哇都莫娘帕吉肖。

唯願有邊⑫⑧ 無與倫比增。

རྒྱལ་བ་ཀུན་གྱི་ཉེ་ལམ་གཅིག་པུ་རུ།

嘉哇更吉寧拉木吉波如，

一切佛法唯一之捷徑，

རྒྱལ་བས་ཡོངས་བསྔགས་ཐེག་མཆོག་རྫོགས་པ་ཆེ།

嘉哇雲呃乘卻佐巴切，

佛教密乘最殊勝圓滿，

རྒྱལ་དབང་པདྨ་རིང་ལུགས་སྔ་འགྱུར་བའི།

嘉旺貝瑪讓勒呃吉比，

初譯蓮花佛王之義理，

རྒྱལ་བསྟན་ཕྱོགས་མཐར་ཁྱབ་པའི་བཀྲ་ཤིས་ཤོག།

嘉旦肖塔恰比扎西肖。

唯願佛教盡一切吉祥。

སྟོན་པ་འཇིག་རྟེན་ཁམས་སུ་བྱོན་པ་དང་།

冬巴吉旦康蘇興巴當，

佛教世間降臨之剎土，

བསྟན་པ་ཉི་འོད་བཞིན་དུ་གསལ་བ་དང་།

旦巴尼敖音都薩哇當，

猶如佛法示現日光明，

བསྟན་འཛིན་ཕུ་ནུ་བཞིན་དུ་མཐུན་པ་ཡིས།

旦增普努音都彤巴伊，

猶如佛教上師眷隨順，

བསྟན་པ་ཡུན་རིང་གནས་པའི་བཀྲ་ཤིས་ཤོག།

旦巴音讓內比扎西肖。

唯願佛法永久住吉祥。

如是猶如與時代吻合的發願和說吉祥次第，在廣大範圍昌盛如意。

（六十九）
三根本護法供養念頌儀軌（一）

རྩ་གསུམ་སྐྱོང་བཅས་པའི་བསྐང་བསྡུས་བཞུགས་སོ།

作松君吉比岡德秀索

ན་མོ།

南無！

བདེ་གཤེགས་སྙིང་པོས་འགྲོ་བ་ཡོངས་ལ་ཁྱབ།

帝歇寧波卓哇雲拉恰，

如來法藏遍有情，

སེམས་ནི་རྒྱ་ཆེན་མཆོག་ཏུ་རབ་བསྐྱེད་ཅིང་།

賽尼嘉欽卻都燃吉江，

心中生起大殊勝，

འགྲོ་བ་འདི་དག་མ་ལུས་སངས་རྒྱས་རྒྱུ།

卓哇德達瑪列桑傑吉，

一切眾生無餘佛，

འདི་ནི་སྣོད་མིན་སེམས་ཅན་གང་ཡང་མེད།

德納努萌賽堅岡央美，

無有無根器情眾，

བཞེངས་ཤིག་བཞེངས་ཤིག་སྟོབས་བཅུ་མངའ་བའི་ལྷ།

央希央希哆吉呃威拉，

請起立吧十力神，

དུས་ལས་མི་འདའ་ཐུགས་རྗེས་དབང་གིས་ན།

德列莫達陀吉旺格那，

命終悲憫垂灌頂，

སེམས་ཅན་དོན་ལ་དགོངས་པའི་དཀོན་མཆོག་གསུམ།

賽堅冬拉貢比貢卻松 ，

三寶密意利有情，

ཡིད་ཀྱིས་སྤྲུལ་ཞིང་བཤམས་པའི་གནས་འདི་རུ།

伊吉智香夏比內德如，

心化剎土陳列處，

རྒྱལ་བ་འཁོར་བཅས་མ་ལུས་གཤེགས་སུ་གསོལ།

嘉哇科吉瑪列歇蘇索。

佛眷無餘請降臨。

咒：**貝雜爾薩瑪雅扎，貝瑪迦瑪拉伊達。**

ཨོཾ

唵

ཀུན་བཏགས་སྣང་བ་སྣོད་ཀྱི་གཏོར་གཞོང་དུ།

更達囊哇努吉多雲都，

食子從根現遍計，

གཞན་དབང་སྲིད་པ་བཅུད་ཀྱི་གཏོར་མར་སྦྱངས།

燕旺詩巴傑吉朵瑪江，

依他世精⑫⁹食子淨，

ཡོངས་གྲུབ་ཆོས་དབྱིངས་ཀློང་ཆེན་དགོངས་པ་ཡིས།

雲智切央隆欽貢巴伊，

遍成法界悟境意，

སྣང་སྲིད་གཞིར་བཞེངས་ཀུན་བཟང་མཆོད་པའི་སྤྲིན།

囊詩伊央更桑卻比貞，

情世遍佈供養雲，

འཕོ་མེད་ནམ་མཁའ་མཛོད་དུ་མངའ་དབང་བསྒྱུར།

普美南卡佐都呃旺吉。

主宰不死虛空藏。

南瑪，薩爾瓦達塔迦達，卓拜夏莫切巴雅，薩爾瓦達卡鄔噶帝，法爾那黑瑪木，噶噶納康娑哈。

ཧཱུྃ༔

吽

བཀའ་གསང་རྨད་དུ་བྱུང་བའི་དཀྱིལ་འཁོར་དུ།

迦桑瑪都雄威吉科都，

密教稀有曼陀羅，

བླ་མ་ཡི་དམ་ལྷ་ཚོགས་ཡོངས་རྫོགས་ལ།

喇麻伊達拉措雲左拉，

上師本尊遍聖眾，

རང་བྱུང་ཆོས་ཀྱི་དབྱིངས་ཀྱི་སྐོང་བུ་རུ།

讓雄切吉央吉貢烏如，

自生法界之願足，

རིག་པའི་ཡེ་ཤེས་མར་མེ་གཏམས་ཏེ་འབུལ།

仁比伊希瑪美達帝布，

明智酥油燈供養，

རྩ་བརྒྱད་ཡན་ལག་སྟོང་སྦྱར་ཨ་མྲི་ཏ།

乍嘉燕拉冬雅阿梅達，

八根本千支甘露，

སྐུ་ལྔ་ཡེ་ཤེས་ཡོངས་རྫོགས་མཆོད་པ་འབུལ།

格呃伊希雲佐卻巴波，

五身智慧盡供養，

གཏོར་གཞོང་རྣམ་དག་དལ་གྱི་གཏོར་མས་གཏམས།

朵雲南達華吉朵瑪達，

潔淨供盤堆食子，

འདོད་ཡོན་ཡོངས་སུ་རྫོགས་པའི་མཆོད་པར་འབུལ།

哆云云蘇佐比卻巴波，

一切妙欲來供養，

ཁམས་གསུམ་འཁོར་བ་ཡོངས་སྒྲོལ་མཁའ་དབྱིངས་དག།

康松科哇雲卓卡央達，

三界輪迴渡空淨，

ཆགས་མེད་རཀྟ་དམར་གྱི་མཉེས་མཆོད་འབུལ།

恰美熱達瑪姬寧卻波，

無欲密甘露供養，

འབྲུ་བཅུད་སྟོང་ལ་སྦྱར་བ་དཔའ་བོའི་རྫས།

智吉冬拉嘉哇華烏次，

穀物精華配財寶，

གཟི་བྱིན་བསྐྱེད་ཕྱིར་ཛཿ་གད་མཆོད་པ་འབུལ།

詩興吉希作迦卻巴波，

加持供品作供養，

ཨ་ལ་ལ་ཧོ་དགྱེས་པར་བཞེས་སུ་གསོལ།

阿拉拉帝吉巴伊蘇索。

阿哈哈呀請降臨。

རཾ་ཡཾ་ཁཾ་ཨོཾ་ཨཱཿཧཱུྃ།

讓央康唵阿吽

སྐད་ཅིག་དྲན་རྫོགས་རང་མདུན་ཐོད་སྐྱེད་སྟེང་།

迦吉棧佐讓冬妥吉當，

剎那觀想圓滿[130]上，

དུས་གཅིག་ཀཱ་པ་ལ་ཡི་སྣོད་ནང་དུ།

都吉迦巴拉伊努囊都，

一時天靈蓋骨顱器中，

ཤ་ལྔ་བདུད་རྩི་ལྔ་སོགས་སྦྱོར་སྒྲོལ་རྫས།

夏呃都支呃索覺卓次，

盛滿五肉五甘露度物，

སྒྲོ་བསྡུས་འཕྲུལ་གྱི་རྒྱལ་ཀུན་གསང་གསུམ་བཅུད།

卓德赤吉嘉更桑松吉，

喜聚幻化遍勝三密力，

སྤྱན་གཟིགས་གཏོར་མའི་རྫས་དང་དབྱེར་མེད་གྱུར།

堅詩朵米次當傑美吉，

迎請施食之物無分別，

དངོས་འཛིན་དྲི་མས་མ་སྦག་མཆོད་གཏོར་རྫས།

俄增智米瑪哇卻朵次，

執實污垢不染供施食，

ཕྱི་ནང་གསང་བའི་དཔལ་ཡོན་ལྡན་པར་གྱུར།

希囊桑威華雲旦巴吉。

內外密咒威德最俱足。

ཨོཾ་ ཨཱཿ ཧཱུྃ།

唵　阿　吽

མཆོག་གསུམ་རྩ་གསུམ་བཀའ་སྲུང་ཆོས་སྐྱོང་སྤྱི།

卻松乍松迦松切君金，

三寶三尊總持護教眾，

ཁྱད་པར་སྔགས་སྲུང་ཨེ་ཀ་ཛ་ཏི་དང་།

恰巴俄松厄迦叉帝當，

特別護密咒戹迦叉帝[131]，

འདོད་ཁམས་བདག་མོ་དཔལ་ལྡན་རེ་མ་ཏི།

哆康達母華旦惹瑪帝，

欲界佛母吉祥惹瑪帝，

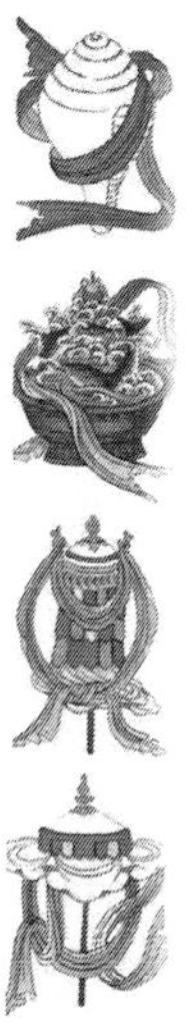

ཧོ་ན་ས་བདག་བདག་ཉིད་མ་གཞི་དང་།

秀納薩達達尼瑪伊當，

胡納地祇四主宰天母，

མིང་པོ་གསུམ་སོགས་ཕུར་བའི་བཀའ་སྲུང་མ།

芒波松索普巴迦松瑪，

三兄妹等普巴護教母，

དཀར་སྲུང་དུར་ཁྲོད་ལྷ་མོ་མིང་སྲིང་བརྒྱད།

果松都楚拉母芒松嘉，

護財屍林天女八姊妹，

ཚེ་རིང་མཆེད་ལྔ་བརྟན་མ་བཅུ་གཉིས་དང་།

次仁切呃旦瑪姬尼當，

長壽五仙女十二旦瑪，

རྡོ་རྗེ་གཡུ་སྒྲོན་རྡོ་རྗེ་ཉི་གཞོན་སོགས།

多傑隅仲多傑尼雲索，

隅燈金剛金剛日童等，

སྔགས་སྲུང་མ་མོ་མོ་རྒྱུད་ཐམས་ཅད་དང་།

呃松瑪母母吉塔堅當，

護密天母普一切母續，

དཔལ་མགོན་མ་ནིང་ཚོགས་ཀྱི་བདག་པོ་སོགས།

華貢瑪囊措吉達波索，

無相吉祥依怙眾主等，

སྐུ་གསུང་ཐུགས་མགོན་ཕྱོགས་བཅུའི་སྡེ་བརྒྱད་མགོན།

格松陀貢肖吉帝嘉貢，

身語意怙十方八部眾，

ལྷ་དམག་བྱེ་བ་དུང་ཕྱུར་ཡང་འཁོར་བཅས།

拉母希哇冬秀央科吉，

千萬億萬天兵及眷屬，

གྲོལ་གིང་རྡོར་ལེགས་སྐྱེ་བུ་ར་ཡིས་མཚན།

卓格朵拉傑烏熱伊參，

卓格善金剛子熱伊參，

དམ་ཅན་མགར་བ་ལས་ཀྱི་སྤུ་གྲི་སོགས།

達堅迦哇列吉波智索，

騎羊護法事業執刀劍，

མཆེད་འཁོར་སུམ་བརྒྱ་དྲུག་ཅུའི་ཚོགས་རྣམས་དང་།

切科松嘉智吉措南當，

三百六十兄弟眷屬眾，

ཁྱབ་འཇུག་ཆེན་པོ་གཟའ་བརྒྱད་གདུང་མོ་བཞི།

恰吉欽波薩嘉冬母伊，

大遍入天八曜四冬姆，

གནོད་སྦྱིན་ཙིའུ་དམར་བཙན་རྒོད་འབར་བ་བདུན།

努興支瑪贊果巴哇登，

夜叉紅鼠山妖七凶煞，

གྲི་བཙན་ཆེན་པོ་རྡོ་རྗེ་དགྲ་འདོམས་རྒྱལ།

智贊欽波多傑扎覺乍，

鋒利大刀金剛破敵尊，

ཁམས་གསུམ་དབང་སྡུད་ལྷ་ཆེན་ཚོགས་ཀྱི་བདག།

康松旺帝拉欽措吉達，

主宰三界大自在眾主，

བཀའ་ཡི་བསྲུང་མའི་ཕོ་རྒྱུད་ཐམས་ཅད་དང་།

迦伊松瑪普吉塔堅當，

一切父續護教眾天母，

སློབ་དཔོན་ཆེན་པོ་པདྨ་འབྱུང་གནས་ཀྱི།

洛本欽波貝瑪君內吉，

教授上師鄔金蓮花生，

སྤྱན་སྔར་ཁས་བླངས་བཀའ་སྲུང་གཏེར་སྲུང་དང་།

堅呃開朗迦松帝松當，

面前承諾護教護藏眾，

ཕྱི་ནང་གསང་བ་མཆོག་གི་སྡེ་བརྒྱད་དང་།

希囊桑哇卻格帝嘉當，

內外密咒天龍八部眾，

འཛམ་གླིང་སྤྱི་ཡི་གནས་བདག་སྲུང་མ་དང་།

乍林金伊內達松瑪當，

南贍部洲地主護法女，

ཁྱད་པར་བོད་ཡུལ་ཁ་བ་ཅན་གྱི་ཡུལ།

恰巴鄔隅卡哇堅吉隅，

殊勝藏地雪山廣大地，

བསྲུང་བའི་དཀར་ཕྱོགས་སྐྱོབ་པའི་སྣང་སྲིད་ཀྱི།

松威迦肖覺威囊詩吉，

護持善品護持情世間，

ལྷ་སྲིན་སྡེ་བརྒྱད་འཁོར་དང་ཡང་འཁོར་བཅས།

拉珊帝嘉科當央科吉，

八部鬼神眷屬之眷屬，

མཆོད་ཅིང་བསྟོད་དོ་་བསྐང་ངོ་མངའ་གསོལ་ལོ།

卻江哆多岡俄呃索洛。

供養禮贊足願請降臨。

དགྱེས་ཤིང་ཚིམ་པར་མཛོད་ལ་ཉམ་ཆཏ་བཤཏ།

吉香次巴左拉娘恰夏，

歡喜足飽信受而懺悔，

རབ་འབྱམས་ཕྲིན་ལས་གང་བཅོལ་འགྲུབ་པ་དང་།

燃嘉赤列岡覺智巴當，

一切無邊事業囑成就，

འཕྲལ་ཕྱུག་ཡོངས་དགེ་དགའ་བདེ་དཔལ་ཡོན་ལ།

叉普雲格迦帝華雲拉，

現在未來一切善吉祥，

སྐྱོད་བཞིན་ཚེ་གཅིག་སངས་རྒྱས་འགྲུབ་པར་ཤོག།

覺音次吉桑傑智巴肖。

終生修持唯願成佛道。

以上為諸位掘藏師所講的自我解脫法。其供法可用火供，亦可用煨桑煙供，亦可用酒食張供。

རཾ ཡཾ ཁཾ ཨོཾ ཨཱཿ ཧཱུྃ

讓 雅 康 唵 阿 吽 （三遍）

ཧཱུྃ།

吽

བླ་མ་ཡི་དམ་མཁའ་འགྲོ་ཆོས་སྐྱོང་རྣམས།

喇嘛伊達卡卓切君南，

上師本尊空行護法眾，

འདིར་གཤེགས་དགྱེས་པའི་གདན་ལ་བཞུགས་སུ་གསོལ།

德歇吉比旦拉秀蘇索，

祈請降臨歡喜金剛座，

བྱིན་རླབས་ཀློངས་ཡངས་རྩ་བརྒྱུད་བླ་མ་དང་།

興拉龍央作吉喇嘛當，

廣大加持根本傳承師，

དངོས་གྲུབ་སྤྲིན་འཁྲིགས་ཡི་དམ་ཞི་ཁྲོའི་ལྷ།

俄智貞赤伊達希楚拉，

成就雲繞靜猛本尊佛，

དགོས་འདོད་ཆར་འབེབས་དཔའ་བོ་མཁའ་འགྲོ་ཚོགས།

咳多恰白華烏卡卓措，

欲願降雨空行眾勇士，

མཆོད་གཏོར་འདི་བཞེས་བརྩོལ་བའི་ཕྲིན་ལས་མཛོད།

卻多德伊覺威赤列佐。

受用供施囑託事業藏。

མཁའ་ལྟར་ཁྱབ་པ་ལེགས་ལྡན་ཚོགས་ཀྱི་བདག།

卡達恰巴拉旦措吉達，

遍滿虛空具善會供主，

ཡེ་ཤེས་མགོན་པོ་ཕྱག་བཞི་ཕྱག་དྲུག་པ།

伊希貢波夏伊夏智巴，

四臂六臂智慧聖怙主，

ཞལ་བཞི་མ་ནིང་སྐུ་གསུང་ཐུགས་ཡོན་ཏན།

夏伊瑪囊格松陀雲旦，

四面適中身語意功德，

ཕྲིན་ལས་མགོན་པོ་ཡབ་ཡུམ་འཁོར་དང་བཅས།

赤列貢波雅優科當吉，

事業依怙父母眾眷屬，

མཆོད་གཏོར་འདི༔

卻多德伊覺威赤列佐。

受用供施囑託事業藏。

མཐུ་སྟོབས་དུས་མཐུའི་རླུངས་དང་བསྐལ་པའི་མེ།

陀多德陀龍當迦比美，

威力時力之風和劫火，

རྡོ་རྗེ་བེར་ཆེན་ལྷ་མོར་རང་བྱུང་མ།

多傑白欽拉母讓雄瑪，

金剛盛裝大鷺法界母，

སྔགས་སྲུང་ཨེ་ཀ་ཛ་ཏི་སྲོག་སྒྲུབ་མ།

呃松厄迦叉帝梳智瑪，

護密厄迦叉帝修命母，

ཞན་པ་དམར་ནག་ལས་བྱེད་དྲེགས་པའི་ཚོགས།

獻巴瑪那列希扎比措，

黑紅司命作業憍慢眾，

མཆོད་གཏོར་འདི༔

卻多德伊覺威赤列佐。

受用供施囑託事業藏。

སྲིན་པའི་རླུང་ཞགས་དབང་ཕྱུག་ལྷ་ཆེན་ཡབ།

栅比龍夏旺秀拉欽雅，

羅刹風索大自在天父，

ཨུ་མ་དེ་ཝ་ཡུམ་བཅས་མཁའ་འགྲོའི་ཚོགས།

鄔瑪帝瓦幼吉卡卓措，

鄔瑪帝瓦母眷眾空行，

ལྷ་སྲིན་ཀུན་གྱི་དམག་དཔུང་སྤྲིན་ལྟར་སྡུད།

拉栅更吉瑪宏貞達都，

一切天龍軍旅如雲集，

དྲང་སྲོང་ཆེན་པོའི་གཟའ་མཆོག་རཱ་ཧུ་ལ།

章松欽波薩卻惹胡拉，

大仙殊勝星曜惹胡拉，

མཆོད་གཏོར་འདི༔

卻多德伊覺威赤列佐。

受用供施囑託事業藏。

གཏུམ་ཆེན་རྔམ་པའི་ང་རོ་འབྲུག་ལྟར་སྒྲོགས།

都欽呃比呃若珠達卓，

猛厲威風吼聲如雷轟，

ཞིང་སྐྱོང་སེངྒེའི་གདོང་ཅན་ཡབ་དང་ཡུམ།

香君桑格冬堅雅當優，

護土獅面佛父和佛母，

རྒྱལ་ཆེན་རྣམས་མང་ཐོས་སྲས་རྟ་སྔོན་ཅན།

嘉欽南芒特舍達俄堅，

多聞天王徒眾青馬王，

དུར་ཁྲོད་བདག་པོ་བདག་མོ་ངེས་ནུས་མ།

都楚達波達母呃努瑪，

屍陀林主⑫鬼物定力母，

ལས་ཀྱི་གཤིན་རྗེ་དམ་ཅན་རྡོ་རྗེ་ལེགས།

列吉興吉達堅多傑拉，

業的閻羅護法善金剛，

མཆོད་གཏོར་འདི་༔

卻多德伊覺威赤列措。

受用供施囑託事業藏。

ཕྲིན་ལས་དངོས་གྲུབ་ཐོགས་མེད་གློག་ལྟར་འཁྱུག།

赤列俄智陀美洛達齊，

事業成就無礙如電掣，

ཚེ་རིང་མཆེད་ལྔ་མ་ཕྱི་གཡུ་སྒྲོན་མ།

次仁切呃瑪希隅珍瑪，

長壽五姊妹後玉珍瑪，

ཁ་རག་ཁྱུང་བཙུན་ལ་སོགས་བརྟན་མའི་ཚོགས།

卡燃群贊拉索旦瑪措，

銅嘴大鵬等等旦瑪眾，

གནོད་སྦྱིན་ཞང་བློན་པེཧཪ་ཚོགས་ཀྱི་བདག།

努興香龍威格乍措達，

夜叉戚臣威格乍眾主，

ཛཾ་ལྷ་རིགས་ལྔ་ཏ་བདག་ཀུ་བེ་ར།

乍拉仁呃達打勾白燃，

世間五神馬王格白燃，

ཀུན་འཁྱིལ་མཆེད་གསུམ་ལ་སོགས་ནོར་བདག་རྣམས།

更齊切松拉索努達南，

遍漩三兄妹等眾寶王，

མཆོད་གཏོར་འདི༔

卻多德伊覺威赤列佐。

受用供施囑託事業藏。

དྲག་སྔགས་མཐུ་རྩལ་ཐོགས་སེར་བཞིན་དུ་འབེབས།

扎呃陀作妥賽音都白，

密咒猛厲威力如雹降，

རྟ་ནག་དྲེགས་པ་ཤ་ཟ་ཁ་མོ་ཆེ།

達那扎巴夏薩卡母切，

憍慢黑馬食肉大牝鹿，

སྡེ་དཔོན་སུམ་ཅུ་སྔགས་བདག་བཅོ་བརྒྱད་དང་།

帝本松吉呃達覺嘉當，

三十酋長十八密咒主，

ཤྭ་ནས་བདག་དེ་ཉིད་སྐྱེས་བུ་སོགས།

夏內達帝尼吉烏索，

即此麻衣地主士夫等，

གཟའ་གདོང་གིང་ལྷ་བདུད་ཤན་ཙིས་ཀྱི་བདག།

薩冬格呃都獻支吉達，

曜魔五鬼屠魔鼠之王，

མཆོད་གཏོར་འདི༔

卻多德伊覺威赤列佐。

受用供施囑託事業藏。

དགྲ་བོའི་སྟེང་དུ་རླུང་ལྟར་ཇག་པར་རྒྱུག།

扎烏當都龍達嘉巴吉，

冤仇之上如風匪盜竄，

སྤུ་གྲི་མཆེད་གསུམ་སྔགས་བདག་སྨྱོ་ཁ་དང་།

波智切松呃達紐卡當，

利刃三兄妹密主狂言，

ཇག་པ་མི་ལེན་ཀླུ་བཙན་སྤུན་བདུན་དང་།

嘉巴莫林勒贊本冬當，

劫人盜匪妖龍七兄弟，

དྲེགས་པ་སྡེ་ལྔ་དཔེ་ཧར་ཙི་སྨན་ར།

扎巴帝呃惠哈支瑪熱，

五部驕傲豔麗支瑪日，

ཟབ་གཏེར་བཀའ་ཡི་སྲུང་མ་ཐམས་ཅད་ཀྱིས།

薩帝迦伊松瑪塔堅吉，

甚深教藏一切護法女，

མཆོད་གཏོར་འདི༔

卻多德伊覺威赤列佐。

受用供施囑託事業藏。

སྒྲུབ་པའི་མཐུན་རྐྱེན་དབྱེར་གྱི་དཔལ་ལྟར་སྤེལ།

智比彤金雅吉華達白，

順緣修行如夏增吉祥，

ཐང་ལྷ་སྦྲག་གི་བཙན་རྒོད་སྤོམ་ར་ཆེ།

唐拉扎格贊果波日切，

唐拉山神吉成大山妖，

མགུར་ལྷ་བཅུ་གསུམ་དགེ་བསྙེན་ཉེར་ཅིག་དང་།

勾拉吉松格寧尼吉當，

十三喜神二十一居士，

ཆོས་འཁོར་སྒྲུབ་གནས་དབེན་གནས་ཆོས་བཞིན་སྐྱོངས།

切科智內文內切音君，

修法輪處蘭若如法護，

གཉུག་མར་གནས་དང་གློ་བུར་ལྷགས་པ་ཡི།

尼瑪內當洛烏拉巴伊，

常住之人及忽來臨者，

གཞི་བདག་ཕོ་མོ་འཁོར་དང་བཅས་པ་རྣམས།

伊達普母科當吉巴南，

男女地祇及諸眷屬眾，

མཆོད་གཏོར་འདི༔

卻多德伊覺威赤列佐。

受用供施囑託事業藏。

སངས་རྒྱས་བསྟན་སྲུང་དཀོན་མཆོག་དབུ་འཕང་བསྟོད།

桑傑旦松貢卻烏榜哆，

護持佛法贊三寶威德，

དགེ་འདུན་སྡེ་སྐྱོང་རྣལ་འབྱོར་ཚེ་དཔལ་སྤེལ།

格登帝君那覺次華白，

護持僧團瑜伽壽增長，

སྙན་པའི་དར་ཕྱར་གྲགས་པའི་དུང་བུས་ལ།

寧比達夏扎比冬威拉，

遍傳悅耳和諧海螺聲，

འཁོར་དང་ལོངས་སྤྱོད་རྒྱས་པ་ཉིད་དུ་མཛོད།

科當龍覺吉巴尼都佐，

唯此受用輪圓滿具足，

ཞི་རྒྱས་དབང་དྲག་ལས་རྣམས་མ་ལུས་པ།

希吉旺扎列南瑪列巴，

息增懷誅四業諸無餘，

འབད་མེད་ལྷུན་གྱིས་འགྲུབ་པར་མཛད་དུ་གསོལ།

巴美林吉智巴作都索，

祈請事業任運而成就，

རྟེན་ལ་བཞུགས་སམ་རང་གནས་ཅི་བདེར་གཤེགས།

旦拉秀薩讓內吉帝歇，

所依自己遍處盡如來，

སྲིད་ཞི་དགེ་ལེགས་རྒྱས་པའི་བཀྲ་ཤིས་ཤོག།

詩希格拉吉比扎西肖。

唯願有寂妙善增吉祥。

如是感受之中，一切化為殊勝完整而記，加持降福！ 唯發天人之心，特別與佛在相當的成合[133]之中而寫，善哉！善哉！薩爾瓦瑪噶拉！

注　釋

①外道六師：釋迦佛在世時的六派哲學創始人，即富蘭那迦葉，末迦梨拘賒梨子，刪闍夜毗羅胝子，阿耆多翅舍欽婆羅，迦羅鳩馱迦旃延和尼健陀若提子。

②提婆達多：意譯無授，釋迦牟尼佛從弟名。曾持反對釋迦牟尼佛破壞佛法的主張。

③佛母：此處指摩耶夫人。

④廣嚴城：梵音譯作毗舍厘，在恒河岸，古中印度境，今作毗薩爾。

⑤波羅奈斯：印度恒河流域羅河和奈斯河中間一城市名，譯言江繞城。釋迦牟尼佛成道後，於此城東北十餘里之鹿野苑，為五比丘初轉四諦法輪。

⑥唐冬佳波：（一三八五年至一四六四年）系藏傳佛教寧瑪派和噶舉派著名僧人，他一生中除從事各種佛事活動外，在藏族橋樑建築上是有貢獻的。相傳他還是藏戲的創始人，十七世紀初期，他的再傳弟子尊巴•居邁德欽著有《唐東傑波》傳，一九八二年，四川民族出版社出版。

⑦三中般：三種於中有身般涅槃者：中有生無間而般涅槃，非於中有正中而般涅槃和中有晚期久般涅槃。

⑧南迦巴瓦頂：在西藏米林縣境，雅魯藏布江的大灣裡，海拔七千七百五十六米。

⑨藍黑三角：指藍黑三角形誅法壇城。

⑩地拉：梵語，一天神名。

⑪印度金剛座：此地在中印度甘達城的西南方。是釋迦牟尼最初成佛之地，有菩提樹和佛塔。

⑫供女台：密宗壇城週邊供養天女所站臺階。

⑬六種妙欲：指色、聲、香、味、觸、法等六種，分別以銅鏡、琵琶、海螺中香水、果實和綾羅等代表。

⑭當頭星：正對羅睺星前面的星。

⑮傑卓洛：蓮師忿怒身，為蓮師八種化身之一。

⑯梅陀離：譯言猛厲火，臍輪火或絕地火。

⑰因果義顯：開示因果義理的上師。

⑱和合度：為結合救度之義，此為結合解脫的殊勝法門。

⑲顯達日阿格恰：梵文，指寂護，藏文譯為希瓦措。

⑳善巧智慧卻賽：又譯為婆羅流支，古印度一著名佛學家名。

㉑薩霍爾：藏史記載，謂古印度東部一小國地名，在今孟加國。

㉒桑耶欽普：古地名，在今扎囊縣桑耶區。見《拔協》《桑耶寺志》《衛藏聖跡志》等古籍中。

㉓王臣：這裡指二十五王臣。

㉔門隅：指西藏南部的門巴族地區。

㉕後五百年：佛法住世十期，最後一期五百年為唯相期，此期佛法衰微，僅餘外表形相。

㉖霍爾：不同時期，所指民族不同，唐、宋時指回紇，元代蒙古人，元明之間指吐谷渾人，現代指藏北牧民及青海土族。

㉗洋裡肖：聖地名，位於尼泊爾國，蓮師曾在此地岩窟隨帕巴哈帝上師學習普巴金剛法。

㉘欽普：古地名，在今扎囊縣桑耶區。見《拔協》《桑耶寺志》《衛藏聖跡志》等古籍中。

㉙三字種：即唵阿吽三金剛字。

㉚四道：即瓶灌頂為生起次第，密灌頂為解脫道，慧灌頂為方便道，句灌頂為甚密道。

㉛五無間罪：又譯為五無間業：弒父、弒母、弒阿羅漢、破僧和合、噁心出佛身血。

㉜秋天月：指孟秋、仲秋。指藏曆七、八、九或五、六、七三個月之兩種說法。

㉝七世間：一說為六道及中有，一說為三惡趣、欲界天、欲界人、上界二天；即欲界五趣，色界天及無色界天，共為三界七世間。

㉞召力母：召引威力的度母。

㉟起屍：屍體復起。

㊱披髮；披散長垂的頭髮，

㊲破魔；指破敗魔障。佛教徒所謂一種能害人命，障礙人的善事，使人遭遇種種不幸的妖精。

㊳種；意思是以 種子字而消除之義。

㊴密咒朵瑪；經過念誦經咒用以驅魔的三角錐形食子。

㊵年災月難；從五行中所算出。依各人出生年月日時定期出現的災難。

㊶七沖：十二地支中從某支起，其第七支與之相沖，如子午相沖。

㊷贍部河金：上品赤金，純金之義。

㊸溶酥：乳品融化，去其殘渣水分，而剩純淨部分。

㊹普光之地：指第十一地，佛地。

㊺香拔拉的妙吉祥法王；又譯為法中王。在傳時輪金剛灌頂時，把日東仙人等許多不同法種的梵淨仙人，合為一個金剛法種兄弟同時傳授，因而得到這個稱號，其後

世亦襲此稱號，共有二十五代。

㊻噶，焦，祥氏三師：八世紀中，吐蕃王朝赤松德贊時，噶瓦拜則，焦若•魯堅贊和祥•也協德三位藏族青年譯師的簡稱。

㊼三律儀：密乘，菩薩和別解脫三種律儀。

㊽四念住：指心，受、心、法。

㊾四正斷：律儀斷，已生惡不善法令斷；斷斷，末生惡不善法令不生，修斷，末生善法令生，防護斷，已生善法增長。三十七菩提分法中之一類。

㊿暇滿：指八有暇和十圓滿。

51五蘊身：由五蘊集聚而成的動物形體。

52三喜：指財、物、服侍，以此三喜承事上師。

53十自在：凡夫常有十種損害，不能自在。菩薩位中得十自在。正相對治不受如是十種損害：命自在，心自在，資具自在，業自在，受生自在，解自在，願自在，神力自在，法自在，智自在。

54菩提分法；成為證得聲聞、獨覺、無上三種菩提的一種方法。

55四名蘊：即受，想、行、識四者集聚成蘊，即意身。謂身、心兩分中之屬於心的一分者。

(56)無學道：三乘各自應得究竟斷證功德或已證內得聲聞、獨覺和佛果者。

(57)二藏；指大乘經論和小乘經論。

(58)金剛三明王：指身王，語王，意王。

(59)諸別解脫：持戒人自己從惡趣及生死輪四中解脫出來。

(60)輕安：身心悅適堪任善法，能滅粗重之心。十一善心所之一。

(61)三十二相：佛身體上三十二種妙相，即手顯輪相，足若龜狀，手足縵網，手足細軟，七處充滿，手指細長，足根滿足，身廣洪直，足踝端厚，身毛上翳，，泥耶腨，立手摩膝，勢峰藏密，身金色，皮膚細滑，毛髮右旋，眉間白毫，獅子上身，肩頭圓滿，肩膊圓滿，得最上味，身分圓滿，烏瑟膩沙。另有說法：頂有肉髻，廣長舌，得梵音聲，獅子頷輪，齒鮮白，齒平整，齒齊密，四十齒，目紺青，牛王睫，共三十二妙相。

(62)八十隨好：如來所有八十種微妙細相。屬於爪甲者三，，指者三，脈絡者二，足者三，步態者七，頭部者三，發者六，目者五，眉者四，耳者二，鼻者二，口者二，舌者三，齒者五，語者二，手者二，手紋者三，全

身功德者十，身無瑕疵者四，下體者四，臍者二，總行止者三，總共有八十。

⑥³三門：指身、語、意或行動、語言和思想。

⑥⁴無賜取：非賜與的物品而私自取。

⑥⁵破尼：指姦污比丘尼。

⑥⁶三佛田：指三所依，身所依、語所依、意所依。

⑥⁷四他勝罪：比丘四種根本罪，不淨行，不與取，弑生和妄說上人法。

⑥⁸十三僧殘：比丘所應斷除之殘餘罪，分為因貪欲有情者五，因貪欲資具者二，因損惱者二，因違諫者四，總為十三。

⑥⁹捨墮：《律經》中所說別解脫戒五墮之一，應先捨棄因何犯戒之物，如未加持之衣褥等，而後如儀改作，如不改作，即墮惡趣。

⑦⁰向彼悔：梵語為提舍尼。比丘所斷五種墮罪之一，謂以哀傷之情，各別懺悔部分。此分由出家事所犯和由在家事所犯。

⑦¹八粗墮：密乘所說八種支墮罪，祈禦明妃無三昧耶，大眾壇城造作鬥爭，從系無相明妃采甘露，不為來學弟子講授密乘，對於淨信向佛法者講授異教，在聲聞中住

滿七日，無瑜伽智矯飾密乘行者和為非器者講甚深法。

(72)不動、寶生、不空成：此句指不動明王、寶生如來及不空成就如來。

(73)七種珍寶：指金輪寶、神珠寶、玉女寶、主藏臣寶、白象寶、紺馬寶和將軍寶。

(74)八無暇：地獄有情、傍生、餓鬼、長壽天、邊土生人、諸根不全、執邪見和如來不出世。

(75)光明部莊嚴經：據云為藏文初創不久，從梵文譯出的經典之一，今之《甘珠爾》中未見著錄。

(76)平等捨：於身於心無損害故不欲遠離，無利樂故不欲值遇，平等正直無功用住。

(77)轉年時：前一年已經終了，轉入下一年的時刻。

(78)銅色吉祥山：世界西南方羅刹國內蓮花生的住處。

(79)支達：梵語，山名。

(80)人馬宮：十二宮的第九宮。按宮日計算的太陽平行度，從第十八宿起入人馬宮，南洲東區中，線上冬至。

(81)三士道：指上士道、中士道、下士道三次第。

(82)錐刺：刺針出血。

(83)二現：承認內心和處境分別存在的感覺。

(84)四時：四種時；指圓滿時，三分時，二分時，諍爭時。

⑧⑤眾續：持續不斷迴向福德資糧和智慧資糧無餘有情眾生。

⑧⑥肢解：遭受身體筋絡根節在病死時被氣息分解，橫死時被兵器等割裂。

⑧⑦洛班：梵語，指譯師和學者。

⑧⑧三部菩薩：指密教三部：佛部、金剛部和蓮花部。

⑧⑨薩霍爾：藏文記載；謂古印度東部一小國名，在今孟加拉。

⑨⑩二見：增益見和減損見。亦作有見和無見。

⑨①大法性遍盡：舊密大圓滿所說四相之一。一切現分化為大光明點，心識假立諸法，遍盡於法性境界之中，即此法性，亦皆趨於無可感受，遍尽之极现见法身。

⑨②圣物：经过诵咒加持的器物或药物等。

⑨③彩箭：藏俗婚礼和祈寿招福等活动中习惯使用的一枚系有彩色的哈达、小镜、绿松石等物的箭。

⑨④糌粑團：指糌粑油團，是糌粑酥油混合而成，於新年或其他節日放置盤內擺在桌上的食品。

⑨⑤三續：薩迦派正修道果時，總集密咒金剛乘中諸基、道、果成為三續而修習之；基位為因續，持生死涅槃無二無別之見。體位為方便續，修四灌頂相屬之道。究竟

位為果續，現五身五智慧之德。

⑯修持使授：指只向別人傳法，不從事著述。在寂靜處進行修行為主的上師及其弟子之傳承。

⑰薄伽：因薄伽梵曾安住於彼地，故名。

⑱穀祥格：舊名祥雄，西藏扎達縣地名，吐蕃王朗達瑪四世孫德祖袞於北宋初年領有此地，後嗣因名谷格王朝，明代猶存，其宮室城堡遺址今猶可見。

⑲不可得空：內外諸法，隨於過去、現在、未來，實有事皆不可得。為十六空之一。

⑳驅魔芥子：向芥子念咒、吹氣、灑出驅除邪魔者。

(101)焰口母替死儀軌：給餓鬼女王焰口母施放替死物品以求禳災除病的儀軌。

(102)三分食子：佛事活動中分施用的食子為三分；一分上供諸佛菩薩，一分獻十方護法，一分下施六道眾生和邪魔厲鬼的三類朵瑪。

(103)指頭麵團：用拇指按糌粑成碗狀小塊，以補佛事活動中祭祀的朵瑪不足之數者。

(104)糌粑燈碗：用糌粑做成小盞，內盛酥油或清油以燃燈供神者。

(105)十護方神：帝釋天、焰摩天、水天、藥叉、火天、羅剎、風天、部多、梵天、地母。

⑯天生鐵橛：從地下掘出的金剛杵橛等金屬器物，叩之發音清純，光澤油潤暗黑，功能驅邪魔，鎮驚狂。

⑰捨身：以自己肉身作為上供下施物品。藏傳佛教決域派修行儀軌之一。

⑱第六金剛持：此處指蓮師。

⑲血肉佈施：宰殺牛羊進行佈施的一種佛事活動。

⑩素供：用酪、乳、酥等乳製品進行佈施。

⑪樂神：欲界天中，司伎樂之神。

⑫麻吉拉：西藏一佛學家名，依帕•當巴桑傑為師，是希傑決魯派教法的主要傳出者，生於西元1031年，卒於1129年。

⑬行茶僧：為誦經喇嘛行茶供飯的僧徒。

⑭羯沙流波坭尊者：空行，觀世音菩薩的一種化身。

⑮水食子：在銅盤中，連水乳等一同施放的供神食子。

⑯素煙：不攙和血肉等葷腥，單用糌粑和乳製品拌成的祭祀熏煙。

⑰冒瀆晦氣：此處指違越三昧耶誓言招致的不祥。

⑱經、幻、心三部：指舊密生圓、大圓滿三部主要密乘經典：《經部．密意集合經》、《續部．幻網經》、即

《吉祥秘密心經》、《心部：十八母子經》。

⑲八大法行：寧瑪派生次所修出世五法行和世間三法行。前五者為妙吉祥身，蓮花語，真實意，甘露功德，金剛撅事業；後三者為召遣非人，猛咒詛詈，供奉世間神。

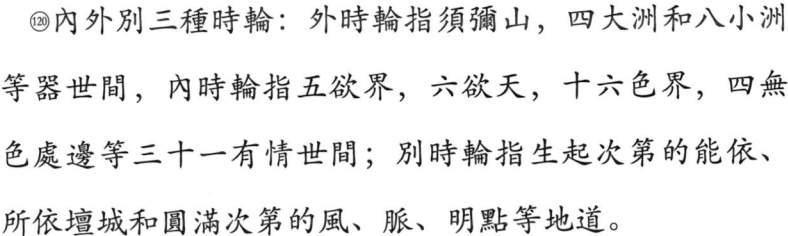

⑳內外別三種時輪：外時輪指須彌山，四大洲和八小洲等器世間，內時輪指五欲界，六欲天，十六色界，四無色處邊等三十一有情世間；別時輪指生起次第的能依、所依壇城和圓滿次第的風、脈、明點等地道。

㉑二勝：指兩個第一；即釋迦牟尼佛弟子中舍利佛智慧第一，目犍連神通第一。

㉒贖死：贖回要死的人之命。

㉓十波羅蜜多：在六波羅蜜多之上加入方便、力、願、智四者為十。

㉔前身已棄，後身未得：即死後未投生中間，即中陰身。

㉕惡趣胎藏：指三惡趣的子宮口。

㉖勝日：藏曆每月初三日為第一勝日，從此每隔五日，次第各為第二乃至第六勝日。

㉗唉哇雙運：指方便與智慧雙運。

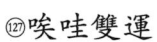

⑱有邊：生死流轉邊際。

⑲世精：世間食子的精華。

⑳對生：對面生起。指在行者對面虛空中圓滿生起壇城，預備壇城入於彩粉，智道入於一切，並得供贊。

㉑呃迦叉帝：梵語，總持護法之義。又是蓮師的忿怒化身。

㉒屍陀林主：狀如一對男女骷髏的鬼物。

㉓成合：七曜有七個成合，太陽會軫宿，月亮會牛宿，火星會婁宿，水星會房宿，木星會鬼宿，金星會奎宿，土星會畢宿。占星相者說是大吉。

本書注釋曾參照西北民族大學王沂暖教授主編的《漢藏佛學大辭典》。